高等职业教育土木建筑类专业新形态教材

建筑工程资料管理

主　编　庞业涛　吴　思
副主编　陈　耕　唐亚男
参　编　王汁汁　王彦琦　郑杰珂　洪　丹
　　　　王仪萍　刘　娜　周淑金
主　审　袁亚军

北京理工大学出版社
BEIJING INSTITUTE OF TECHNOLOGY PRESS

内 容 提 要

本书按照教学做一体化的编写思路，强调讲练结合，采用项目制的编写形式，注重实践技能的培养，采用最新的标准规范，结合资料管理软件应用，突出实用性。全书共分为7个项目，主要内容包括建设工程资料管理概述、建设单位资料（A卷）管理、监理单位资料（B卷）管理、施工单位资料管理、竣工图的编制与整理、建筑工程资料的组卷和归档、建筑工程资料管理软件应用等。

本书可作为高职高专院校建筑工程技术等相关专业的教学用书，也可作为相关技术工程人员和资料员岗位人员的参考书。

版权专有　侵权必究

图书在版编目(CIP)数据

建筑工程资料管理 / 庞业涛，吴思主编 .—北京：北京理工大学出版社，2023.2 重印
ISBN 978-7-5682-5055-9

Ⅰ.①建… Ⅱ.①庞… ②吴… Ⅲ.①建筑工程－技术档案－档案管理－高等学校－教材　Ⅳ.① G275.3

中国版本图书馆 CIP 数据核字（2017）第 309037 号

出版发行 / 北京理工大学出版社有限责任公司	
社　　址 / 北京市海淀区中关村南大街5号	
邮　　编 / 100081	
电　　话 /（010）68914775（总编室）	
（010）82562903（教材售后服务热线）	
（010）68944723（其他图书服务热线）	
网　　址 / http://www.bitpress.com.cn	
经　　销 / 全国各地新华书店	
印　　刷 / 北京紫瑞利印刷有限公司	
开　　本 / 787毫米 × 1092毫米　1/16	
印　　张 / 13.5	责任编辑 / 申玉琴
字　　数 / 327千字	文案编辑 / 申玉琴
版　　次 / 2023年2月第1版第7次印刷	责任校对 / 周瑞红
定　　价 / 38.00元	责任印制 / 边心超

图书出现印装质量问题，请拨打售后服务热线，本社负责调换

前　言

　　本书的编写目的是满足高职高专院校工程管理类相关专业的教学需求，使学生系统地掌握建筑工程资料管理的基本理论和方法，具备从事工程资料管理的基本职业能力。

　　本书依据《建设工程文件归档规范》(GB/T 50328—2014)、《建设工程监理规范》(GB/T50319—2013)和《建筑工程施工质量验收统一标准》(GB 50300—2013)等最新标准规范，结合资料员的任职要求及资料员考试内容，系统介绍了建筑工程资料管理的主要内容。

　　在编写的过程中，针对高职高专教育教学的特点，突出资料管理的实践性，采用教学做一体化的编写思路，采用项目制的编写形式，注重实践技能的培养。每个项目及任务都安排了相应的练习题，能够做到教学与练习的有效结合，培养学生从事资料管理工作的职业能力。另外，采用二维码的形式提供知识拓展链接。

　　本书由重庆房地产职业学院庞业涛、吴思担任主编，由重庆房地产职业学院陈耕、四川科技职业学院唐亚男担任副主编，重庆房地产职业学院王汁汁、王彦琦、郑杰珂、洪丹、王仪萍、刘娜、周淑金参与了本书部分章节的编写工作。具体编写分工为：庞业涛、王汁汁、王彦琦共同编写项目1、项目2；庞业涛、吴思共同编写项目3；陈耕、郑杰珂、洪丹共同编写项目4、项目5；吴思、王仪萍、刘娜、唐亚男共同编写项目6、项目7；周淑金负责部分任务的编写。本书由庞业涛和吴思统稿、修改和定稿。全书由重庆林鸥监理咨询有限公司袁亚军主审，并对全书的编写给予了精心的指导，提出了很多宝贵意见。

　　本书在编写过程中得到了重庆品茗科技有限公司彭震明的大力支持，在此表示衷心感谢！本书编写参考和引用了大量文献资料，在此一并致谢！

　　由于编者水平有限，书中难免存在疏漏和不妥之处，恳请读者批评指正。

编　者

目 录

项目1　建设工程资料管理概述 ………… 1
　任务1.1　工程项目建设的程序及资料形成
　　　　　过程 ……………………………… 1
　　1.1.1　工程项目建设的程序 ………… 2
　　1.1.2　工程项目建设各阶段的工作内容 … 2
　　1.1.3　资料形成过程 ………………… 3
　任务1.2　建设工程资料 …………………… 6
　　1.2.1　建设工程资料的基本概念 …… 6
　　1.2.2　建设工程资料的组成 ………… 6
　　1.2.3　建设工程资料的特征 ………… 7
　　1.2.4　建设工程资料的分类 ………… 7
　　1.2.5　建设工程资料的编号 ………… 19
　任务1.3　建设工程资料管理 …………… 23
　　1.3.1　建设工程资料管理的作用 …… 23
　　1.3.2　建设工程资料管理的职责 …… 23
　任务1.4　资料员的工作职责、基本要求
　　　　　与工作内容 …………………… 26
　　1.4.1　资料员的工作职责 …………… 26
　　1.4.2　资料员的基本要求 …………… 27
　　1.4.3　资料员的工作内容 …………… 28

项目2　建设单位资料（A类）管理 …… 34
　任务2.1　建设单位资料管理概述 ……… 34
　　2.1.1　建设单位文件的管理规定 …… 34
　　2.1.2　建设单位文件的管理流程 …… 36
　任务2.2　建设单位资料管理 …………… 37
　　2.2.1　决策立项文件 ………………… 38
　　2.2.2　建设用地、征地与拆迁文件 … 40
　　2.2.3　勘察、测绘与设计文件 ……… 43
　　2.2.4　工程招投标与承包合同文件 … 46
　　2.2.5　开工文件 ……………………… 48
　　2.2.6　商务文件 ……………………… 50
　　2.2.7　竣工验收与备案文件 ………… 51

　　2.2.8　其他文件 ……………………… 58

项目3　监理单位资料（B类）管理 …… 63
　任务3.1　监理单位资料管理概述 ……… 63
　　3.1.1　监理单位资料管理的概念 …… 64
　　3.1.2　监理文件档案资料管理的意义 … 64
　　3.1.3　监理单位资料管理的规定 …… 64
　　3.1.4　监理单位文件资料的编制
　　　　　内容及其要求 ………………… 64
　　3.1.5　监理单位资料的种类 ………… 66
　　3.1.6　监理单位资料管理流程 ……… 66
　任务3.2　监理管理资料 ………………… 67
　　3.2.1　监理规划 ……………………… 68
　　3.2.2　监理实施细则 ………………… 69
　　3.2.3　监理月报 ……………………… 70
　　3.2.4　监理会议纪要 ………………… 71
　　3.2.5　监理日志 ……………………… 73
　　3.2.6　监理工作总结 ………………… 75
　任务3.3　监理工作记录 ………………… 76
　　3.3.1　施工组织设计（方案）报审表 … 77
　　3.3.2　施工控制测量成果报验表 …… 78
　　3.3.3　工程进度控制资料 …………… 79
　　3.3.4　工程质量控制资料 …………… 88
　　3.3.5　工程造价控制资料 …………… 94
　　3.3.6　工程竣工验收资料 …………… 98
　　3.3.7　其他资料 ……………………… 99

项目4　施工单位资料管理 ……………… 105
　任务4.1　施工单位资料管理概述 …… 106
　　4.1.1　施工单位资料管理的概念 … 106
　　4.1.2　施工资料管理的重要性 …… 106
　　4.1.3　施工单位资料管理制度 …… 107
　　4.1.4　施工单位文件资料的种类 … 107

| 任务4.2 工程施工管理资料 …………… 110
    4.2.1 工程概况表 ………………… 110
    4.2.2 工程开工报审表 …………… 111
    4.2.3 施工组织设计（施工方案）… 112
    4.2.4 施工现场质量管理检查记录表… 113
    4.2.5 技术交底记录 ……………… 114
    4.2.6 施工日志 …………………… 115
    4.2.7 工程质量事故调查处理资料… 116
    4.2.8 见证取样与送检管理资料 … 118
任务4.3 工程施工物资资料 …………… 121
    4.3.1 工程物资资料管理 ………… 121
    4.3.2 施工物资资料常用表格 …… 122
任务4.4 工程施工测量记录 …………… 138
    4.4.1 工程定位测量及复测的基本
         要求 ………………………… 138
    4.4.2 工程定位测量及复测记录用表… 139
任务4.5 工程施工技术资料 …………… 143
    4.5.1 施工技术交底 ……………… 143
    4.5.2 图纸会审和设计交底记录用表… 144
    4.5.3 设计变更 …………………… 145
任务4.6 工程施工记录 ………………… 148
    4.6.1 隐蔽工程验收记录 ………… 148
    4.6.2 隐蔽工程常用资料表格 …… 149
任务4.7 工程施工试验记录 …………… 156
    4.7.1 施工试验报告和记录 ……… 156
    4.7.2 钢筋原材料与接头试验报告
         和记录 ……………………… 157
    4.7.3 混凝土施工试验报告与记录 … 160
    4.7.4 砂浆试验报告与记录 ……… 162

项目5 竣工图的编制与整理 ………… **171**
任务5.1 竣工图的编制范围、内容、
        原则及依据 ………………… 171
    5.1.1 竣工图的编制范围 ………… 172
    5.1.2 竣工图的编制内容 ………… 172
    5.1.3 竣工图的编制原则及依据 … 173
任务5.2 竣工图的编制主体 …………… 174
    5.2.1 竣工图的编制时间 ………… 174
    5.2.2 竣工图的编制套数 ………… 175
    5.2.3 竣工图的编制单位 ………… 175
    5.2.4 竣工图的编制人员 ………… 176
    5.2.5 竣工图的编制费用 ………… 176
任务5.3 竣工图的编制步骤与基本方法… 177
    5.3.1 收集和整理各种依据性文件
         资料 ………………………… 177
    5.3.2 分阶段编制竣工图 ………… 177
    5.3.3 竣工图的审核 ……………… 177
    5.3.4 竣工图的编制基本方法 …… 178
任务5.4 竣工图的编制技术要求与
        竣工总平面图 ……………… 179
    5.4.1 竣工图的编制技术要求 …… 179
    5.4.2 竣工图的编制质量要求 …… 180
    5.4.3 竣工图的编制注意事项 …… 181
    5.4.4 竣工总平面图在竣工图中的
         地位和作用 ………………… 181
    5.4.5 竣工总平面图的编绘时间 … 182
    5.4.6 竣工总平面图的内容 ……… 182
    5.4.7 竣工总平面图的分类 ……… 182
    5.4.8 竣工总平面图的附件 ……… 183
    5.4.9 竣工总平面图的质量要求 … 183

项目6 建筑工程资料的组卷和归档 … **186**
任务6.1 建筑工程资料的组卷 ………… 186
    6.1.1 建筑工程资料组卷的基本原则… 186
    6.1.2 组卷的质量要求 …………… 187
    6.1.3 卷内文件的排列 …………… 187
    6.1.4 案卷封面 …………………… 187
    6.1.5 案卷目录 …………………… 188
    6.1.6 宗卷备考表 ………………… 188
任务6.2 建筑工程资料的归档与质量
        要求 ………………………… 189
    6.2.1 建筑工程资料的归档 ……… 189
    6.2.2 归档资料的质量要求 ……… 190
任务6.3 建筑工程资料的验收与移交 … 192
    6.3.1 建筑工程资料的验收 ……… 192
    6.3.2 建筑工程资料的移交 ……… 193

项目7 建筑工程资料管理软件的应用… **197**
任务7.1 建筑工程资料管理软件 ……… 197
任务7.2 软件的应用 …………………… 198

参考文献 ……………………………… **210**

项目 1　建设工程资料管理概述

项目目标

建设工程资料贯穿于工程建设的全过程，与工程质量有着密不可分的关系，加强建设工程资料管理具有十分重要的意义。通过本项目的学习，熟悉建设工程资料管理在工程建设中所起到的作用，掌握资料管理的基本知识，为后续的学习打下基础。

教学要求

学习任务	知识点要求
任务1.1　工程项目建设的程序及资料形成过程	(1)了解工程项目建设程序与内容； (2)了解资料形成过程
任务1.2　建设工程资料	(1)熟悉建设工程资料的基本概念、特征、组成； (2)掌握建设工程资料的分类； (3)掌握建设工程资料的编号
任务1.3　建设工程资料管理	(1)了解建设工程资料管理的作用； (2)熟悉建设工程资料管理的职责
任务1.4　资料员的工作职责、基本要求与工作内容	(1)熟悉资料员的工作职责； (2)了解资料员的基本要求； (3)熟悉资料员的工作内容

任务 1.1　工程项目建设的程序及资料形成过程

任务导入

建设工程资料管理是工程建设全过程中的一项重要管理工作，是工程质量管理的主要组成部分。一套完整的建设工程资料，需要在工程项目建设的各个阶段，逐渐积累，逐步形成。作为"资料员",应熟悉工程项目建设的程序、内容以及资料的形成过程。

1.1.1 工程项目建设的程序

工程项目建设程序是指工程项目从策划、评估、决策、设计、施工到竣工验收、投入生产或交付使用的整个建设过程中,各项工作必须遵循的先后工作次序。工程项目建设程序是工程建设过程客观规律的反映,是建设工程项目科学决策和顺利进行的重要保证。按照我国现行规定,一般大、中型及限额以上的工程项目的建设程序可以分为以下几个阶段:

(1)根据国民经济和社会发展的长远规划,结合行业和地区发展规划的要求,提出项目建议书。
(2)在勘察、试验、调查研究及详细技术经济论证的基础上编制可行性研究报告。
(3)根据项目的咨询评估情况,对建设项目进行决策。
(4)根据可行性研究报告编制设计文件。
(5)初步设计批准后,做好施工前的各项准备工作。
(6)组织施工,并根据工程进度,做好生产准备。
(7)项目按批准的设计内容建成并经竣工验收合格后,正式投产,交付生产使用。
(8)生产运营一段时间后(一般为两年),进行项目后评价。

1.1.2 工程项目建设各阶段的工作内容

1. 项目建议书阶段

项目建议书是向国家提出建设某一项目的建议性文件,是建设程序中最初阶段的工作,是投资决策前对拟建项目的轮廓设想。其主要作用是通过论述拟建项目的建设必要性、可行性,以及获利、获益的可能性,向国家推荐建设项目、供国家选择并确定是否进行下一步工作。

项目建议书是由建设单位根据拟建项目规模报送有关部门审批。项目建议书批准后,项目即可列入项目建设前期工作计划,可以进行下一步的可行性研究工作。

2. 可行性研究阶段

可行性研究是指在项目决策之前,通过调查、研究、分析与项目有关的工程、技术、经济等方面的条件和情况,对可能的多种方案进行比较论证,同时,对项目建成后的经济效益进行预测和评价的一种投资决策分析方法和科学分析活动。其主要作用是为建设项目投资决策提供依据,同时,也为建设项目设计、银行贷款、申请开工建设、建设项目实施、项目评估、科学试验、设备制造等提供依据。可行性研究主要解决项目建设是否必要,技术方案是否可行,生产建设条件是否具备,项目建设是否经济合理等问题。

3. 设计工作阶段

设计是对拟建工程的实施在技术上和经济上所进行的全面而详细的安排,是项目建设计划的具体化,是组织施工的依据。设计质量直接关系到建设工程的质量,是建设工程的决定性环节。一般项目进行两阶段设计,即初步设计和施工图设计。技术上复杂而又缺乏设计经验的项目,在初步设计后加技术设计。

4. 建设准备阶段

在工程开工建设之前，应当切实做好各项准备工作。其中包括：组建项目法人；征地、拆迁和场地平整；做到水通、电通、路通；组织设备、材料订货；准备必要的施工图纸；建设工程报建；委托工程监理；组织施工招标投标，择优选定施工单位；办理施工许可证。

5. 施工安装阶段

工程项目经批准开工建设，项目即进入了施工安装阶段。施工安装活动应按照工程设计要求、施工合同条款及施工组织设计，在保证工程质量、工期、成本及安全、环保等目标的前提下进行，达到竣工验收标准后，由施工单位移交给建设单位。

6. 生产准备阶段

对于生产性工程建设项目而言，生产准备是项目投产前由建设单位进行的一项重要工作。其是衔接建设和生产的桥梁，是项目建设转入生产经营的必要条件。生产准备的内容很多，不同类型的项目对生产准备的要求也各不相同，但从总的方面看，生产准备的主要内容有招收和培训人员、生产组织准备、生产技术准备、生产物资准备。

7. 竣工验收阶段

建设工程按设计文件规定的内容和标准全部完成，并按规定将工程内外全部清理完毕后，达到竣工验收条件，建设单位即可组织勘察、设计、施工、监理等有关单位进行竣工验收。竣工验收是考核建设成果、检验设计和施工质量的关键步骤，是由投资成果转入生产或使用的标志。竣工验收合格后，建设工程方可交付使用。竣工验收后，建设单位应及时向建设行政主管部门或其他有关部门备案并移交建设项目档案。

8. 后评价阶段

项目后评价是工程项目竣工投产、生产运营一段时间后，再对项目的立项决策、设计施工、竣工投产、生产运营等全过程进行系统评价的一种技术经济活动，是固定资产投资管理的一项重要内容，也是固定资产投资管理的最后一个环节。通过建设项目后评价，可以达到肯定成绩、总结经验、研究问题、吸取教训、提出建议、改进工作、不断提高项目决策水平和投资效果的目的。

项目后评价的内容包括立项决策评价、设计施工评价、生产运营评价和建设效益评价。在实际工作中，可以根据建设项目的特点和工作需要而有所侧重。

建设程序反映了工程建设过程的客观规律。坚持建设程序在以下几个方面具有重要的意义：依法管理工程建设，保证正常建设秩序；科学决策，保证投资效果；顺利实施建设工程，保证工程质量；顺利开展建设工程监理。

1.1.3 资料形成过程

在工程项目建设的准备阶段、实施阶段和竣工验收阶段，会形成以建设单位、监理单位和施工单位为责任主体的诸多资料。建设工程资料的形成过程如图 1-1 所示。在后续项目的学习中，将按照建设单位、监理单位和施工单位分别介绍各单位资料的形成过程。

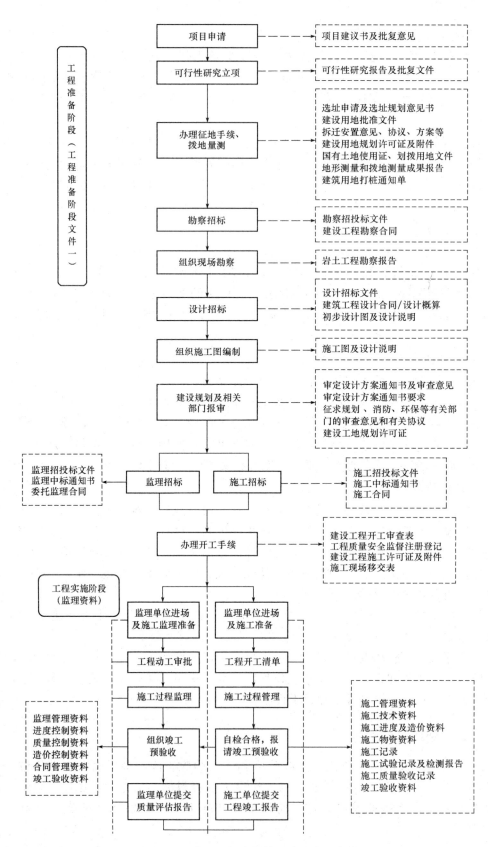

图 1-1 建设工程资料的形成过程示意

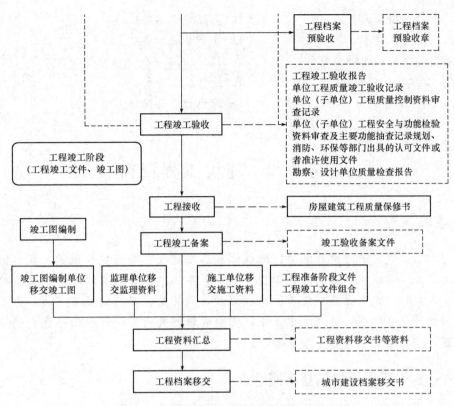

图 1-1　建设工程资料的形成过程示意(续)

任务练习

1. _____是向国家提出建设某一项目的建议性文件，是建设程中最初阶段的工作，是投资决策前对拟建项目的轮廓设想。

2. 可行性研究是对工程项目在_____上是否可行和_____上是否合理进行科学的分析和论证。

3. _____经过正式批准后，将作为初步设计的依据，不得随意修改和变更。

4. 工程项目的设计工作一般划分为两个阶段，即_____和_____。

5. _____是工程项目竣工投产、生产运营一段时间后，再对项目的立项决策、设计施工、竣工投产、生产运营等全过程进行系统评价的一种技术经济活动

6. 程项目建设的8个阶段分别是_____、_____、设计工作阶段、建设准备阶段、施工安装阶段、生产准备阶段、竣工验收阶段、_____。

7. 可行性研究立项工作形成的资料是(　　)。
   A. 项目建议书　　　　　　　B. 可行性研究报告及批复文件
   C. 可行性研究报告　　　　　D. 项目建议书及批复意见

8. (　　)批准后，项目即可列入项目建设前期工作计划。
   A. 项目建议书　　　　　　　B. 可行性研究报告
   C. 设计文件　　　　　　　　D. 合同文件

9. 生产准备的主要内容有(　　)。

  A. 招收和培训人员   B. 生产组织准备
  C. 生产技术准备   D. 生产物资准备
10. 项目后评价的内容包括(　　)。
  A. 立项决策评价   B. 设计施工评价
  C. 生产运营评价   D. 建设效益评价

任务1.2　建设工程资料

任务导入

凡是与工程建设有关的重要活动,能够记载工程建设主要过程和现状,具有保存价值的各种载体的文件和资料,都是建设工程资料。多年来,在全国各地建筑市场的检查过程中,经常会发现,各地工程资料管理得比较混乱,尤其是在资料的翔实方面。为了加强建设工程资料的规范化管理,提高管理水平,资料管理相关人员应掌握工程资料的组成、特征及分类等,确保工程资料的完备与真实。

1.2.1　建设工程资料的基本概念

在工程建设过程中形成的各种形式的信息记录经整理、汇编形成的文件,统称为建设工程资料,简称为工程资料。

1.2.2　建设工程资料的组成

建设工程资料包括工程技术资料和工程管理资料。

1. 工程技术资料

工程技术资料是工程建设过程中形成的有关工程技术、质量的文件,是整个工程资料的主体。其包括以下内容:

(1)施工质量管理资料。施工质量管理资料包括工程概况,质量及安全报监手续,施工许可证(开工报告),施工组织设计,施工方案,技术交底,岩土工程、地质勘查报告结论,技术处理方案,人工地基检测报告结论,深基坑检测记录,施工现场质量管理检查记录等。

(2)检验批、分项工程质量验收资料。检验批、分项工程质量验收资料包括根据相应的专业施工质量验收规范规定分别对检验批质量验收表中的主控项目和一般项目,由施工单位自检评定填制表格,经监理单位检查验收确认合格后所形成的工程质量核心资料和分项工程质量验收资料。

(3)工程质量控制资料。工程质量控制资料包括图纸会审记录,设计变更记录,工程定位测量、放线记录,原材料、构配件的出厂合格证及见证取样送检试验报告,施工试验报告,施工记录,隐蔽工程验收记录,地基基础和主体结构的检验及抽样检测资料,管线系统检验记录,设备调试记录,分项分部工程质量验收记录,工程质量事故及事故调查处理记录,地基验槽记录,新材料、新工艺施工记录等一系列对控制工程质量起决定性作用的关键资料。

(4)工程安全和功能检验及主要功能抽查资料。工程安全和功能检验及主要功能抽查资料包括屋面淋水试验记录，地下室防水效果检查记录，有防水要求的地面蓄水试验记录，建筑物垂直度、标高、全高测量记录，抽气(风)道检查记录，幕墙及外窗气密性、水密性、耐风压检测报告，建筑物沉降观测测量记录，节能、保温测试记录，室内环境检测报告，以及各种设备试验、试运行记录。

(5)竣工验收综合资料。竣工验收综合资料包括参加竣工验收各方的质量评价及验收结论、实体检测记录、功能抽查记录、安全抽查记录、单位工程观感质量检查记录等。

(6)竣工图。项目竣工验收后形成的整套竣工图纸包括在原始施工图纸的基础上发生的所有变更情况。

2. 工程管理资料

工程管理资料是指工程建设过程中形成的有关工程审批、管理的资料。其内容包括：项目立项文件，建设用地、征地、拆迁文件，勘察、测绘、设计文件，招投标文件，工程开工文件，财务文件等。

1.2.3 建设工程资料的特征

1. 真实性

建设工程文件和档案资料只有全面真实地反映项目的各类信息，包括发生的事故和存在的隐患，才具有实用价值。否则一旦引用会起到误导作用，造成难以想象的后果。因此，建设工程文凭和档案资料必须真实全面地反映工程的实际情况，来不得片面和虚假。

2. 完整性

工程建设是一个长期的过程，由于其生产工艺复杂，建筑材料种类繁杂，受影响因素多，故工程资料只有保证其齐全完整，才能全面反映工程建设过程的信息。

3. 时效性

有时工程文件和档案资料一经生成，就必须及时传达到有关部门，否则如果有关单位或部门不予认可，将会产生严重的后果。因此，建设工程文件和档案资料具有很强的时效性，另外，随着施工工艺水平、新材料以及管理水平的不断提高，文件和档案资料的价值也会随着时间的推移而衰减，但文件和档案资料仍可以被借鉴、继承，积累经验。

4. 复杂性

由于建设工程资料涉及工程建设的各个专业、多种学科，依附于不同的专业对象，综合了质量、进度、造价、合同、组织、协调等方面的内容，故其具有综合性和复杂性。

1.2.4 建设工程资料的分类

1. 分类原则

(1)建设工程资料的分类是按照文件资料的来源、类别、形成的先后顺序及收集和整理单位的不同来进行分类的，以便于资料的收集、整理、组卷。

(2)施工单位的资料应根据类别和专业系统划分。参见《建设工程文件归档规范》(GB/T 50328—2014)、《建筑工程施工质量验收统一标准》(GB 50300—2013)。

(3)施工资料的分类、整理和保存除执行《建设工程文件归档规范》(GB/T 50328—2014)或地方标准及规程外，还应执行相应的国家法律法规及行业或地方的有关规定。

2. 分类规定

从总体上将全部的资料划分为五大类，即可分为工程准备阶段文件资料、监理单位的文件资料、施工单位的文件资料、竣工图资料、工程竣工验收文件资料。其中，建设单位的文件资料又划分为立项文件，建设用地、拆迁文件，勘察设计文件，招投标文件，开工审批文件，工程造价文件，工程建设基本信息七小类；监理单位的文件资料划分为监理管理资料、进度控制文件、质量控制文件、造价控制文件、工期管理文件、监理验收文件资料六小类；施工单位的文件资料划分为施工管理文件、施工技术文件、进度造价文件、施工物资出厂质量证明及进场检测文件、施工记录文件、施工试验记录及检测文件、施工质量验收文件、施工验收文件资料八小类；竣工图资料不分类，包含12小项；工程竣工验收文件资料分为竣工验收与备案文件、竣工决算文件、工程声像资料、其他工程文件四小类。在每一小类中，再细分为若干种文件、资料或表格。具体见表1-1。

表1-1 建设工程文件归档范围和保管期限表

类别	归档文件	保存单位				
		建设单位	设计单位	施工单位	监理单位	城建档案馆
工程准备阶段文件（A类）						
A1	立项文件					
1	项目建议书批复文件及项目建议书	▲				▲
2	可行性研究报告批复文件及可行性研究报告	▲				▲
3	专家论证意见、项目评估文件	▲				▲
4	有关立项的会议纪要、领导批示	▲				▲
A2	建设用地、拆迁文件					
1	选址申请及选址规划意见通知书	▲				▲
2	建设用地批准书	▲				▲
3	拆迁安置意见、协议、方案等	▲				△
4	建设用地规划许可证及其附件	▲				▲
5	土地使用证明文件及其附件	▲				▲
6	建设用地钉桩通知单	▲				▲
A3	勘察、设计文件					
1	工程地质勘察报告	▲	▲			▲
2	水文地质勘察报告	▲	▲			▲
3	初步设计文件（说明书）	▲	▲			▲
4	设计方案审查意见	▲	▲			▲
5	人防、环保、消防等有关主管部门（对设计方案）审查意见	▲	▲			▲
6	设计计算书	▲	▲			△

续表

类别	归档文件	建设单位	设计单位	施工单位	监理单位	城建档案馆
7	施工图设计文件审查意见	▲	▲			▲
8	节能设计备案文件	▲				▲
A4	招投标文件					
1	勘察设计招投标文件	▲	▲			
2	勘察设计合同	▲	▲			▲
3	施工招投标文件	▲		▲	△	
4	施工合同	▲		▲	△	▲
5	工程监理招投标文件	▲			▲	
6	监理合同	▲			▲	▲
A5	开工审批文件					
1	建设工程规划许可证及其附件	▲		△	△	▲
2	建设工程施工许可证	▲		▲	▲	▲
A6	工程造价文件					
1	工程投资估算材料	▲				
2	工程设计概算材料	▲				
3	招标控制价格文件	▲				
4	合同价格文件	▲		▲		△
5	结算价格文件	▲		▲		△
A7	工程建设基本信息					
1	工程概况信息表	▲		△		▲
2	建设单位工程项目负责人及现场管理人员名册	▲				▲
3	监理单位工程项目总监及监理人员名册	▲			▲	▲
4	施工单位工程项目经理及质量管理人员名册	▲		▲		▲
监理文件(B类)						
B1	监理管理文件					
1	监理规划	▲			▲	▲
2	监理实施细则	▲		△	▲	▲
3	监理月报	△			▲	
4	监理会议纪要	▲		△	▲	
5	监理工作日志				▲	
6	监理工作总结	▲			▲	▲
7	工作联系单	▲		△	△	

续表

类别	归档文件	保存单位				
		建设单位	设计单位	施工单位	监理单位	城建档案馆
8	监理工程师通知	▲		△	△	△
9	监理工程师通知回复单	▲		△	△	△
10	工程暂停令	▲		△	△	▲
11	工程复工报审表	▲		▲	▲	▲
B2	进度控制文件					
1	工程开工报审表	▲		▲	▲	▲
2	施工进度计划报审表	▲		△	△	
B3	质量控制文件					
1	质量事故报告及处理资料	▲		▲	▲	▲
2	旁站监理记录	△		△	▲	
3	见证取样和送检人员备案表	▲		▲	▲	
4	见证记录			▲	▲	
5	工程技术文件报审表			△		
B4	造价控制文件					
1	工程款支付	▲		△	△	
2	工程款支付证书	▲		△	△	
3	工程变更费用报审表	▲		△	△	
4	费用索赔申请表	▲		△	△	
5	费用索赔审批表	▲		△	△	
B5	工期管理文件					
1	工期延期申请表	▲		▲	▲	▲
2	工期延期审批表	▲			▲	▲
B6	监理验收文件					
1	竣工移交证书	▲		▲	▲	▲
2	监理资料移交书	▲			▲	
施工文件（C类）						
C1	施工管理文件					
1	工程概况表	▲		▲	▲	△
2	施工现场质量管理检查记录			△		
3	企业资质证书及相关专业人员岗位证书	△		△	△	△
4	分包单位资质报审表	▲		▲	▲	
5	建设单位质量事故勘察记录	▲		▲	▲	▲

续表

类别	归档文件	保存单位				
		建设单位	设计单位	施工单位	监理单位	城建档案馆
6	建设工程质量事故报告书	▲		▲	▲	▲
7	施工检测计划	△		△	△	
8	见证试验检测汇总表	▲		▲	▲	▲
9	施工日志			▲		
C2	施工技术文件					
1	工程技术文件报审表	△		△	△	
2	施工组织设计及施工方案	△		△	△	△
3	危险性较大分部分项工程施工方案	△		△	△	
4	技术交底记录	△		△		
5	图纸会审记录	▲	▲	▲	▲	▲
6	设计变更通知单	▲	▲	▲	▲	▲
7	工程洽商记录(技术核定单)	▲	▲	▲	▲	▲
C3	进度造价文件					
1	工程开工报审表	▲		▲	▲	▲
2	工程复工报审表	▲		▲	▲	▲
3	施工进度计划报审表			△	△	
4	施工进度计划			△	△	
5	人、机、料动态表			△		
6	工程延期申请表	▲		▲	▲	▲
7	工程款支付申请表	▲		△	△	
8	工程变更费用报审表	▲		▲	▲	
9	费用索赔申请表	▲		△	△	
C4	施工物资出厂质量证明及进场检测文件					
	出厂质量证明文件及检测报告					
1	砂、石、砖、水泥、钢筋、隔热、保温、防腐材料、轻集料出厂证明文件	▲		▲	▲	△
2	其他物资出厂合格证、质量保证书、检测报告和报关单或商检证等	△		▲	△	
3	材料、设备的相关检验报告、型式检测报告、3C强制认证合格证书或3C标志	△		▲	△	
4	主要设备、器具的安装使用说明书	▲		▲	△	

续表

类别	归档文件	建设单位	设计单位	施工单位	监理单位	城建档案馆
5	进口的主要材料设备的商检证明文件	△		▲		
6	涉及消防、安全、卫生、环保、节能的材料、设备的检测报告或法定机构出具的有效证明文件	▲		▲	▲	△
7	其他施工物资产品合格证、出厂检验报告					
	进场检验通用表格材料、构配件进场检验记录、设备开箱检验记录、设备及管道附件试验记录					
	进场复试报告					
1	钢材试验报告	▲		▲	▲	▲
2	水泥试验报告	▲		▲	▲	▲
3	砂试验报告	▲		▲	▲	
4	碎(卵)石试验报告	▲		▲	▲	
5	外加剂试验报告	△		▲	▲	
6	防水涂料试验报告	▲		▲	△	
7	防水卷材试验报告	▲		▲	△	
8	砖(砌块)试验报告	▲		▲	▲	▲
9	预应力筋复试报告	▲		▲	▲	▲
10	预应力锚具、夹具和连接器复试报告	▲		▲	▲	▲
11	装饰装修用门窗复试报告	▲		▲	△	
12	装饰装修用人造木板复试报告	▲		▲	△	
13	装饰装修用花岗石复试报告	▲		▲	△	
14	装饰装修用安全玻璃复试报告	▲		▲	△	
15	装饰装修用外墙面砖复试报告	▲		▲	△	
16	钢结构用钢材复试报告	▲		▲	▲	▲
17	钢结构用防火涂料复试报告	▲		▲	▲	▲
18	钢结构用焊接材料复试报告	▲		▲	▲	▲
19	钢结构用高强度大六角头螺栓连接副复试报告	▲		▲	▲	▲
20	钢结构用扭剪型高强螺栓连接副复试报告	▲		▲	▲	▲
21	幕墙用铝塑板、石材、玻璃、结构胶复试报告	▲		▲	▲	
22	散热器、供暖系统保温材料、通风与空调工程绝热材料、风机盘管机组、低压配电系统电缆的见证取样复试报告	▲		▲	▲	▲
23	节能工程材料复试报告	▲		▲	▲	▲
24	其他物资进场复试报告					
C5	施工记录文件					
1	隐蔽工程验收记录	▲		▲	▲	▲

续表

类别	归档文件	保存单位				
		建设单位	设计单位	施工单位	监理单位	城建档案馆
2	施工检查记录			△		
3	交接检查记录			△		
4	工程定位测量记录	▲		▲	▲	▲
5	基槽验线记录	▲		▲	▲	▲
6	楼层平面放线记录			△	△	△
7	楼层标高抄测记录			△	△	△
8	建筑物垂直度、标高观测记录	▲		▲	△	
9	沉降观测记录	▲		▲	△	▲
10	基坑支护水平位移监测记录			△	△	
11	桩基、支护测量放线记录			△	△	
12	地基验槽记录	▲	▲	▲	▲	▲
13	地基钎探记录	▲		▲	△	▲
14	混凝土浇灌申请书			△	△	
15	预拌混凝土运输单			△		
16	混凝土开盘鉴定			△	△	
17	混凝土拆模申请单			△	△	
18	混凝土预拌测温记录			△		
19	混凝土养护测温记录			△		
20	大体积混凝土养护测温记录			△		
21	大型构件吊装记录	▲		△	△	▲
22	焊接材料烘焙记录			△		
23	地下工程防水效果检查记录	▲		△	△	
24	防水工程试水检查记录	▲		△	△	
25	通风(烟)道、垃圾道检查记录	▲		△	△	
26	预应力筋张拉记录	▲		▲	△	▲
27	有粘结预应力结构灌浆记录	▲		▲	△	
28	钢结构施工记录	▲		▲	△	
29	网架(索膜)施工记录	▲		▲	△	▲
30	木结构施工记录	▲		▲	△	
31	幕墙注胶检查记录	▲		▲	△	
32	自动扶梯、自动人行道的相邻区域检查记录	▲		▲	△	
33	电梯电气装置安装检查记录	▲		▲	△	
34	自动扶梯、自动人行道电气装置检查记录	▲		▲	△	
35	自动扶梯、自动人行道整机安装质量检查记录	▲		▲	△	
36	其他施工记录文件					

续表

类别	归档文件	保存单位				
		建设单位	设计单位	施工单位	监理单位	城建档案馆
C6	施工试验记录及检测文件					
	通用表格					
1	设备单机试运转记录	▲		▲	△	△
2	系统试运转调试记录	▲		▲	△	△
3	接地电阻测试记录	▲		▲	△	△
4	绝缘电阻测试记录	▲		▲	△	△
	建筑与结构工程					
1	锚杆试验报告	▲		▲	△	△
2	地基承载力检验报告	▲		▲	△	▲
3	桩基检测报告	▲		▲	△	▲
4	土工击实试验报告	▲		▲	△	△
5	回填土试验报告（应附图）	▲		▲	△	▲
6	钢筋机械连接试验报告	▲		▲	△	△
7	钢筋焊接连接试验报告	▲		▲	△	△
8	砂浆配合比申请书、通知单			△	△	△
9	砂浆抗压强度试验报告	▲		▲	△	▲
10	砌筑砂浆试块强度统计、评定记录	▲		▲	△	△
11	混凝土配合比申请书、通知单	▲		△	△	△
12	混凝土抗压强度试验报告	▲		▲	△	▲
13	混凝土试块强度统计、评定记录	▲		▲	△	△
14	混凝土抗渗试验报告	▲		▲	△	△
15	砂、石、水泥放射性指标报告	▲		▲	△	△
16	混凝土碱总量计算书	▲		▲	△	△
17	外墙饰面砖样板粘结强度试验报告	▲		▲	△	△
18	后置埋件抗拔试验报告	▲		▲	△	△
19	超声波探伤报告、探伤记录			▲	△	△
20	钢构件射线探伤报告	▲		▲	△	△
21	磁粉探伤报告	▲		▲	△	△
22	高强度螺栓抗滑移系数检测报告	▲		▲	△	△
23	钢结构焊接工艺评定			△	△	△
24	网架节点承载力试验报告	▲		▲	△	△
25	钢结构防腐、防火涂料厚度检测报告	▲		▲	△	△
26	木结构胶缝试验报告	▲		▲	△	△
27	木结构构件力学性能试验报告	▲		▲	△	△
28	木结构防腐剂试验报告	▲		▲	△	△

续表

类别	归档文件	保存单位				
		建设单位	设计单位	施工单位	监理单位	城建档案馆
29	幕墙双组分硅酮结构胶混匀性及拉断试验报告	▲		▲	△	△
30	幕墙的抗风压性能、空气渗透性能、雨水渗透性能及平面内变形性能检测报告	▲		▲	△	△
31	外门窗的抗风压性能、空气渗透性能和雨水渗透性能检测报告	▲		▲	△	△
32	墙体节能工程保温板材与基层粘结强度现场拉拔试验	▲		▲	△	△
33	外墙保温浆料同条件养护试件试验报告	▲		▲	△	△
34	结构实体混凝土强度验收记录	▲		▲	△	△
35	结构实体钢筋保护层厚度验收记录	▲		▲	△	△
36	围护结构现场实体检验	▲		▲	△	△
37	室内环境检测报告	▲		▲	△	△
38	节能性能检测报告	▲		▲	△	▲
39	其他建筑与结构施工试验记录与检测文件					
给水排水及供暖工程						
1	灌(满)水试验记录	▲			△	△
2	强度严密性试验记录	▲		▲	△	△
3	通水试验记录	▲			△	△
4	冲(吹)洗试验记录	▲		▲	△	
5	通球试验记录	▲			△	△
6	补偿器安装记录				△	
7	消火栓试射记录	▲		▲	△	
8	安全附件安装检查记录				△	
9	锅炉烘炉试验记录	▲			△	
10	锅炉煮炉试验记录				△	
11	锅炉试运行记录	▲		▲	△	
12	安全阀定压合格证	▲		▲	△	
13	自动喷水灭火系统联动试验记录	▲		▲	△	
14	其他给水排水及供暖施工试验记录与检测文件					
建筑电气工程						
1	电气接地装置平面示意图表	▲		▲	△	△
2	电气器具通电安全检查记录	▲		△	△	
3	电气设备空载试运行记录	▲		▲	△	△
4	建筑物照明通电试运行记录	▲		▲	△	△
5	大型照明灯具承载试验记录	▲		▲	△	

续表

类别		归档文件	保存单位				
			建设单位	设计单位	施工单位	监理单位	城建档案馆
6		漏电开关模拟试验记录	▲		▲	△	
7		大容量电气线路结点测温记录	▲		▲	△	
8		低压配电电源质量测试记录	▲		▲	△	
9		建筑物照明系统照度测试记录	▲		△	△	
10		其他建筑电气施工试验记录与检测文件					
	智能建筑工程						
1		综合布线测试记录	▲		▲	△	△
2		光纤损耗测试记录	▲		▲	△	△
3		视频系统末端测试记录	▲		▲	△	△
4		子系统检测记录	▲		▲	△	△
5		系统试运行记录	▲		▲	△	△
6		其他智能建筑施工试验记录与检测文件					
	通风与空调工程						
1		风管漏光检测记录	▲		△	△	
2		风管漏风检测记录	▲		▲	△	
3		现场组装除尘器、空调机漏风检测记录			△	△	
4		各房间室内风量测量记录	▲		△	△	
5		管网风量平衡记录	▲		△	△	
6		空调系统试运转调试记录	▲		▲	△	△
7		空调水系统试运转调试记录	▲		▲	△	△
8		制冷系统气密性试验记录	▲		▲	△	
9		净化空调系统检测记录	▲		▲	△	△
10		防排烟系统联合试运行记录	▲		▲	△	△
11		其他通风与空调施工试验记录与检测文件					
	电梯工程						
1		轿厢平层准确度测量记录	▲		△	△	
2		电梯层门安全装置检测记录	▲		▲	△	
3		电梯电气安全装置检测记录	▲		▲	△	
4		电梯整机功能检测记录	▲		▲	△	
5		电梯主要功能检测记录	▲		▲	△	
6		电梯负荷试运行试验记录	▲		▲	△	△
7		电梯负荷运行试验曲线图表	▲		▲	△	
8		电梯噪声测试记录	△		△	△	
9		自动扶梯、自动人行道安全装置检测记录	▲		▲		
10		自动扶梯、自动人行道整机性能、运行试验记录	▲		▲	△	△

续表

类别	归档文件	保存单位				
		建设单位	设计单位	施工单位	监理单位	城建档案馆
11	其他电梯施工试验记录与检测文件					
C7	施工质量验收文件					
1	检验批质量验收记录	▲		△	△	
2	分项工程质量验收记录	▲		▲	▲	
3	分部(子分部)工程质量验收记录	▲		▲	▲	▲
4	建筑节能分部工程质量验收记录	▲		▲	▲	▲
5	自动喷水系统验收缺陷项目划分记录	▲		▲	△	
6	程控电话交换系统分项工程质量验收记录	▲		▲	△	
7	会议电视系统分项工程质量验收记录	▲		▲	△	
8	卫星数字电视系统分项工程质量验收记录	▲		▲	△	
9	有线电视系统分项工程质量验收记录	▲		▲	△	
10	公共广播与紧急广播系统分项工程质量验收记录	▲		▲	△	
11	计算机网络系统分项工程质量验收记录	▲		▲	△	
12	应用软件系统分项工程质量验收记录	▲		▲	△	
13	网络安全系统分项工程质量验收记录	▲		▲	△	
14	空调与通风系统分项工程质量验收记录	▲		▲	△	
15	变配电系统分项工程质量验收记录	▲		▲	△	
16	公共照明系统分项工程质量验收记录	▲		▲	△	
17	给水排水系统分项工程质量验收记录	▲		▲	△	
18	热源和热交换系统分项工程质量验收记录	▲		▲	△	
19	冷冻和冷却系统分项工程质量验收记录	▲		▲	△	
20	电梯和自动扶梯系统分项工程质量验收记录	▲		▲	△	
21	数据通信接口分项工程质量验收记录	▲		▲	△	
22	中央管理工作站及操作分站分项工程质量验收记录	▲		▲	△	
23	系统实时性、可维护性、可靠性分项工程质量验收记录	▲		▲	△	
24	现场设备安装及检测分项工程质量验收记录	▲		▲	△	
25	火灾自动报警及消防联动系统分项工程质量验收记录	▲		▲	△	
26	综合防范功能分项工程质量验收记录	▲		▲	△	
27	视频安防监控系统分项工程质量验收记录	▲		▲	△	
28	入侵报警系统分项工程质量验收记录	▲		▲	△	
29	出入口控制(门禁)系统分项工程质量验收记录	▲		▲	△	
30	巡更管理系统分项工程质量验收记录	▲		▲	△	
31	停车场(库)管理系统分项工程质量验收记录	▲		▲	△	

续表

类别	归档文件	保存单位				
		建设单位	设计单位	施工单位	监理单位	城建档案馆
32	安全防范综合管理系统分项工程质量验收记录	▲		▲	△	
33	综合布线系统安装分项工程质量验收记录	▲		▲	△	
34	综合布线系统性能检测分项工程质量验收记录	▲		▲	△	
35	系统集成网络连接分项工程质量验收记录	▲		▲	△	
36	系统数据集成分项工程质量验收记录	▲		▲	△	
37	系统集成整体协调分项工程质量验收记录	▲		▲	△	
38	系统集成综合管理及冗余功能分项工程质量验收记录	▲		▲	△	
39	系统集成可维护性和安全性分项工程质量验收记录	▲		▲	△	
40	电源系统分项工程质量验收记录	▲		▲	△	
41	其他施工质量验收文件					
C8	施工验收文件					
1	单位(子单位)工程竣工预验收报验表	▲		▲		▲
2	单位(子单位)工程质量竣工验收记录	▲	△	▲		▲
3	单位(子单位)工程质量控制资料核查记录	▲		▲		▲
4	单位(子单位)工程安全和功能检验资料核查及主要功能抽查记录	▲		▲		▲
5	单位(子单位)工程观感质量检查记录	▲		▲		▲
6	施工资料移交书	▲		▲		
7	其他施工验收文件					
竣工图(D类)						
1	建筑竣工图	▲		▲		▲
2	结构竣工图	▲		▲		▲
3	钢结构竣工图	▲		▲		▲
4	幕墙竣工图	▲		▲		▲
5	室内装饰竣工图	▲		▲		
6	建筑给水排水及供暖竣工图	▲		▲		▲
7	建筑电气竣工图	▲		▲		▲
8	智能建筑竣工图	▲		▲		▲
9	通风与空调竣工图	▲		▲		▲
10	室外工程竣工图	▲		▲		▲
11	规划红线内的室外给水、排水、供热、供电、照明管线等竣工图	▲		▲		▲
12	规划红线内的道路、园林绿化、喷灌设施等竣工图	▲		▲		▲
工程竣工验收文件(E类)						

续表

类别	归档文件	保存单位				
		建设单位	设计单位	施工单位	监理单位	城建档案馆
E1	竣工验收与备案文件					
1	勘察单位工程质量检查报告	▲		△	△	▲
2	设计单位工程质量检查报告	▲	▲	△	▲	▲
3	施工单位工程竣工报告	▲		▲	▲	▲
4	监理单位工程质量评估报告	▲		△	▲	▲
5	工程竣工验收报告	▲	▲	▲	▲	▲
6	工程竣工验收会议纪要	▲	▲	▲	▲	▲
7	专家组竣工验收意见	▲	▲	▲	▲	▲
8	工程竣工验收证书	▲	▲	▲	▲	▲
9	规划、消防、环保、民防、防雷等部门出具的认可文件或准许使用文件	▲	▲	▲	▲	▲
10	房屋建筑工程质量保修书	▲		▲		▲
11	住宅质量保证书、住宅使用说明书	▲		▲		▲
12	建设工程竣工验收备案表	▲	▲	▲	▲	▲
13	建设工程档案预验收意见	▲			△	▲
14	城市建设档案移交书	▲				▲
E2	竣工决算文件					
1	施工决算文件	▲		▲		△
2	监理决算文件	▲			▲	△
E3	工程声像资料等					
1	开工前原貌、施工阶段、竣工新貌照片	▲		△	△	▲
2	工程建设过程的录音、录像资料(重大工程)	▲		△	△	▲
E4	其他工程文件					

注：表中符号"▲"表示必须归档保存；"△"表示选择性归档保存。

1.2.5 建设工程资料的编号

1. 类别编号

各大类的编号：分别用大写的英文字母"A""B""C""D""E"来表示建设单位的文件资料、监理单位的文件资料、施工单位的文件、竣工图资料、工程竣工验收文件资料，即分别编为 A 类、B 类、C 类、D 类、E 类。

工程档案表格

各小类的编号：对于 A 类资料中所含的 7 小类资料，分别按照 A1、A2、A3、A4、A5、A6、A7 的顺序来依次排列编号；B 类资料中所含的 6 小类资料，分别按照 B1、B2、B3、B4、B5、B6 的顺序来依次排列编号；C 类资料中所含的 8 小类资料，分别按照 C1、C2、C3、C4、C5、C6、C7、C8、的顺序来依次排列编号；D 类资料中所含的 1 小类资料；

E类资料中所含的4小类资料，分别按照E1、E2、E3、E4的顺序来依次排列编号。

2. 施工资料的编号

在五大类资料中最复杂的是施工资料，施工资料编号应填入右上角的编号栏。

(1)通常情况下，资料编号应为7位编号，由分部工程代号(2位)、资料类别编号(2位)和顺序号(3位)组成，每部分之间用横线隔开。关于分部(子分部)工程代号规定应参考《建筑工程施工质量验收统一标准》(GB 50300—2013)的分部(子分部)工程划分原则与国家质量验收推荐表格编码要求，见表1-2。

表1-2 分部(子分部)工程划分及代号

序号	分部工程名称	分部工程代号	应单独组卷的子分部	应单独组卷的子分部代号
1	地基与基础	01	基础	02
			基坑支护	03
			地下水控制	04
			土方	05
2	主体结构	02	混凝土结构	01
			钢管混凝土结构	04
			型钢混凝土结构	05
			铝合金结构	06
3	建筑装饰装修	03	幕墙	09
4	屋面	04	基层与保护	01
5	建筑给水排水及采暖	05	热源及辅助设备	13
6	通风与空调	06	排风系统	02
7	建筑电气	07	变配电室	02
8	智能建筑	08	智能化集成系统	01
			用户电话交换系统	03
			信息网络系统	04
			综合布线系统	05
			移动通信室内信号覆盖系统	06
			公共广播系统	09
9	建筑节能	09	围护系统节能	01
10	电梯	10	液压电梯	02

7位编号形式如下：

$$\underset{①}{\times\times}—\underset{②}{\times\times}—\underset{③}{\times\times\times} \quad \text{一共7位编号}$$

①为分部工程代号(共2位)，应根据资料所属的分部工程，按表1-2规定的代号填写。
②为资料的类别编号(共2位)，应根据资料所属类别，按表1-1规定的类别编号填写。
③为顺序号(共3位)，应根据相同表格、相同检查项目，按时间自然形成的先后顺序号填写。

7位编号示例，如图1-2所示。

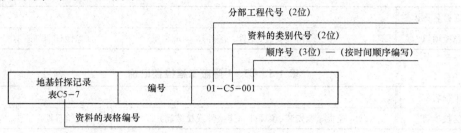

图1-2 资料编号示例(7位编号)

(2)对于专业化程度高、施工工艺复杂、技术先进的子分部工程应分别单独组卷。应单独组卷的子分部工程(表1-2)，资料编号应为9位编号，由分部工程代号(2位)、子分部工程代号(2位)、资料的类别编号(2位)和顺序号(3位)组成，每部分之间用横线隔开。

9位编号形式如下：

$$×× —— ×× —— ×× —— ×××\quad 共9位编号$$
$$①\qquad ②\qquad ③\qquad ④$$

①为分部工程代号(2位)，应根据资料所属的分部工程，按表1-2规定的代号填写。

②为子分部工程代号(2位)，应根据资料所属的子分部工程，按表1-2规定的代号填写。

③为资料的类别编号(2位)，应根据资料所属类别，按表1-1规定的类别编号填写。

④为顺序号(共3位)，应根据相同表格、相同检查项目，按时间自然形成的先后顺序号填写。

9位编号示例，如图1-3所示。

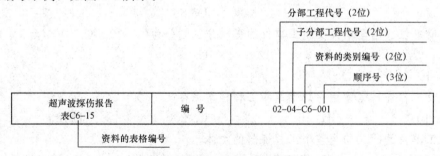

图1-3 资料编号示例(9位编号)

(3)顺序号填写原则。

①对于施工专用表格，顺序号应按时间先后顺序，用阿拉伯数字从001开始连续标注。

②对于同一施工表格(如隐蔽工程检查记录、预检记录等)涉及多个(子)分部工程时，顺序号应根据(子)分部工程的不同，按(子)分部工程的各检查项目分别从001开始连续标注。举例见表1-3~表1-5。

表1-3　C5-1隐蔽工程检查记录　　　　　编号：03-C5-001

工程名称			
隐检项目	门窗安装(预埋件、锚固件或螺栓)	隐检日期	

表 1-4　C5—1 隐蔽工程检查记录　　　　　　　编号：03—C5—002

工程名称			
隐检项目	吊顶安装(龙骨、吊件)	隐检日期	

表 1-5　C5—1 隐蔽工程检查记录　　　　　　　编号：03—C5—003

工程名称			
隐检项目	轻质隔墙安装(预埋件、连接件或拉结筋)	隐检日期	

（4）无统一表格或外部提供的施工资料，应根据表 1-1，在资料的右上角注明编号。

任务练习

1. 在工程建设过程中形成的各种形式的信息记录称为（　　）。
   A. 工程技术资料　　　　　　　　B. 建设工程资料
   C. 工程管理资料　　　　　　　　D. 工程质量验收资料

2. 建筑工程资料，简称为（　　）。
   A. 施工材料　　　　　　　　　　B. 工程资料
   C. 交工资料　　　　　　　　　　D. 竣工资料

3. 施工资料编号应填入（　　）的编号栏。
   A. 左上角　　　　　　　　　　　B. 右下角
   C. 左下角　　　　　　　　　　　D. 右上角

4. 资料编号应（　　）位编号，由分部工程代号、资料类别编号和顺序号组成。
   A. 5　　　　　　　　　　　　　B. 6
   C. 7　　　　　　　　　　　　　D. 8

5. 建设单位、监理单位及施工单位的资料分别划分为（　　）、（　　）、（　　）小类。
   A. 7　　　　B. 8　　　　C. 6　　　　D. 9
   E. 10

6. 建设工程资料保管期为短期是指工程档案保存（　　）年以下。
   A. 10　　　　B. 15　　　　C. 20　　　　D. 30

7. 施工单位的（　　）是整个工程资料的主体。
   A. 技术资料　　B. 管理资料　　C. 监理资料　　D. 竣工资料

8. 建设工程档案的特征是（　　）。
   A. 复杂性　　B. 时效性　　C. 真实性　　D. 随时性

9. 下列（　　）均属于建筑工程资料的内容。
   A. 工程准备阶段资料　　　　　　B. 监理资料
   C. 施工资料　　　　　　　　　　D. 工程后评估资料
   E. 竣工验收资料

10. 建设工程资料的特征有（　　）。
    A. 真实性　　B. 完整性　　C. 时效性　　D. 复杂性
    E. 临时性

任务 1.3　建设工程资料管理

任务导入

建设工程资料管理是保证工程质量与安全的重要环节,是建筑工程施工管理程序化、规范化和制度化的具体体现。建设工程资料管理实行分级管理,由建设、监理、施工等单位负责人负责工程项目建设全过程的资料管理工作。

1.3.1　建设工程资料管理的作用

1. 确保工程项目竣工验收顺利完成

工程项目进行竣工验收包括两个方面的内容:一是"硬件",指的是建筑物本身(包括所安装的建筑设备);二是"软件",指的是反映项目进行竣工验收时,必须对其软件—施工技术资料同时进行验收。对于未经档案馆验收或者档案验收不合格的项目,不得进行项目竣工验收、鉴定。

2. 保证工程项目规范化建设

建筑物日常的维修、保养(如对其中的水、电、气、通风线路管道的维修和保养)以及对建筑物的改建、扩建、拆建等,都离不开一个十分重要的依据,即反映建筑物全貌及联系的真实记录——竣工图及其他有关的施工技术资料。

3. 维护企业自身利益和社会声誉

施工技术资料反映了工程项目形成的过程,是现场组织生产活动的真实记录,直接或间接地记录了与工程施工效益紧密相关的施工面积,使用材料的品种、数量和质量,采用的技术方案和技术措施,劳动力与承包方双方进行合同结算的重要依据,也是企业维护自身利益的依据。同时,施工技术资料作为接受业主和社会有关各方验收的"软件",其质量就如同建筑物质量一样,反映了施工队伍的素质和技术水平。因此,它是企业信誉窗口的一个十分重要的组成部分。

4. 开发利用企业资源

企业档案是企业生产、经营、科技、管理等活动的真实记录,也是企业上述各方面知识、经验、成果的积累和储备,因此,它是企业的重要资源。施工技术资料是企业科技(工程)档案的来源,所以,它是形成企业资源的一个组成部分。

1.3.2　建设工程资料管理的职责

1. 通用职责

(1)工程的参建各方应该将工程资料的形成和积累纳入工程管理的各个环节和相关人员的职责范围。

(2)工程档案资料应该实行分级管理,由建设、勘察、设计、监理、施工等单位的主管

(技术)负责人组织各自单位的工程资料管理的全过程工作。在工程建设过程中，工程资料的收集、整理和审核工作应由熟悉业务的专业技术人员负责。

(3)工程资料应该随着工程进度同步收集、整理和立卷，并按照有关规定进行移交。

(4)工程各参建单位应该确保各自资料的真实、准确、有效、完整、齐全，字迹清楚，无未了事项。所用表格应按相关规定统一格式，若有特殊要求需要增加表格时，就近按照有关规定统一归类。

(5)工程参建各方所提供的文凭和资料，必须符合国家或地方的法律法规、《建筑工程施工质量统一验收标准》(GB 50300—2013)、《建设工程文件归档整理规范》(GB/T 50328—2014)及工程合同等的相关要求与规定。

(6)对工程的文件、资料进行涂改、伪造、随意抽撤或损毁、丢失的，应按照有关规定给予处罚。情节严重的，还应依法追究法律责任。

2. 建设单位职责

(1)负责本单位工程档案资料的管理工作，并应安排专人进行收集、整理、立卷和归档工作。

(2)在参建各方签订合同或协议时，应该对工程档案资料的编制责任、套数、费用、质量和移交期限等内容提出明确要求。

(3)向勘察、设计、施工、监理等参建各方提供所需的工程资料，并保证所提供的资料真实、准确、齐全。

(4)对本单位自行采购的建筑材料、构配件和设备等，应该保证符合设计文件和合同的要求，并保证相关质量证明文件的完整、齐全、真实、有效。

(5)监督和检查参建各方工程资料的形成、积累和立卷工作。也可以委托监理单位或其他单位监督和检查参建各方工程资料的形成、积累与立卷工作。

(6)对需本单位签字的工程资料应及时签署意见。

(7)及时收集和汇总勘察、设计、监理和施工等参建各方立卷归档的工程资料。

(8)组织竣工图的绘制、组卷工作。可自行完成，也可以委托设计单位或监理单位、施工单位来完成。

(9)工程开工前，与城建档案馆签订《建设工程竣工档案责任书》，工程竣工验收前，提请城建档案馆对列入城建档案馆接收范围的工程档案进行预验收。

(10)在工程竣工验收后3个月内，将一套符合规范、标准规定的工程档案原件，移交给城建档案馆，并与城建档案馆办理好移交手续。

3. 监理单位职责

(1)应设熟悉业务的专业技术人员来负责监理资料的收集、整理、归档等方面的管理工作。

(2)依据合同约定，在工程的勘察、设计阶段，对勘察、设计文件的形成、积累、立卷、归档工作进行监督和检查；在施工阶段，对施工资料的形成、积累、立卷、归档进行监督和检查，使施工资料符合有关规定，并确保其完整、齐全、准确、真实、可靠。

(3)负责对施工单位报送的施工资料进行审查、签字。

(4)对列入城建档案馆接收范围内的监理资料，应在工程竣工验收后，及时移交给建设单位。

4. 施工单位职责

(1)负责施工资料的管理工作,实行技术负责人负责制,逐级建立健全施工资料管理岗位责任制。

(2)总包单位负责汇总各分包单位编制的施工资料,分包单位负责其分包范围内施工资料的收集、整理、汇总及其提供资料的真实性、完整性及有效性。

(3)在工程竣工验收前,负责施工资料的整理、汇总和立卷。

(4)按照合同的要注和有关规定,负责编制施工资料,自行保存一套。其他几份资料须及时移交建设单位。

5. 勘察、设计单位职责

(1)按照合同和规范的要求及时提供完整的勘察、设计文件。

(2)对需要勘察、设计单位签字的工程资料应签署意见。

(3)在工程竣工验收时,应据实签署本单位对工程质量检查验收的意见。

6. 城建档案馆职责

(1)负责对建设工程档案的接收、收集、保管和利用等日常性的管理工作。

(2)负责对建设工程档案的编制、整理、归档工作,进行监督、检查、指导。

(3)组织精通业务的专业技术人员,对国家和省、市重点工程项目建设过程中工程档案的编制、整理和归档等工作进行业务指导。

(4)在工程开工前,与建设单位签订《建设工程竣工档案责任书》;在工程竣工验收前,对工程档案施行预验收,并出具《建设工程竣工档案预验收意见》。在工程竣工后的3个月内,对工程档案进行正式验收。合格后,接收入馆,并发放《工程项目竣工档案合格证》。

任务练习

1. 工程资料应该随着工程进度_____收集、整理和立卷,并按照有关规定进行移交。

2. 工程开工前,与城建档案馆签订_____,工程竣工验收前,提请城建档案馆,对列入城建档案馆接收范围的工程档案,进行预验收。

3. 建设单位在工程竣工验收后_____个月内,将_____套符合规范、标准规定的工程档案原件,移交给城建档案馆,并与城建档案馆办理好移交手续。

4. 对列入城建档案馆接收范围内的监理资料,应在工程竣工验收后,及时移交给_____。

5. 城建档案馆在工程竣工后的_____个月内,对工程档案进行正式验收。合格后,接收入馆,并发放_____。

6. 工程项目竣工验收包括两个方面的内容,"硬件"指建筑本身,"软件"指的是(   )。
   A. 计算机的运行程序　　　　　　B. 工程管理资料
   C. 计算机　　　　　　　　　　　D. 反应建筑物自身及形成的施工技术资料

7. 企业档案是企业生产、经营、科技、管理等活动的真实记录,也是企业上述各方面知识、经验、成果的积累和储备,因此,它是企业的(   )。
   A. 技术标准　　B. 管理标准　　C. 重要资源　　D. 科技标准

8. (   )负责工程档案的最后验收,并对编制报送工程档案进行业务指导、督促和检查。

A. 建设单位   B. 施工单位   C. 地方城建档案馆   D. 设计单位

9. 建设工程档案归档管理职责分为(　　)。

    A. 通用职责   B. 建设单位职责   C. 总监理单位职责   D. 施工单位职责

10. 建设工程资料的意义有(　　)。

    A. 保证工程竣工的需要   B. 维护企业经济效益和社会信誉的需要

    C. 开发利用企业资源的需要   D. 维护公民合法权益的需要

11. 工程资料为工程的(　　)提供可靠的依据。

    A. 检查、管理   B. 使用、维护   C. 改造扩建   D. 整理、立卷

    E. 保养

任务 1.4　资料员的工作职责、基本要求与工作内容

任务导入

建设工程的质量具体反映在建筑物的实体质量，即所谓硬件；另外是该项工程技术资料质量，即所谓软件。这些资料的形成主要靠资料员的收集、整理、编制成册，因此，资料员在施工过程中担负着十分重要的责任。

1.4.1　资料员的工作职责

1. 负责工程项目资料、图样等档案的收集、管理

(1)负责工程项目所有图样的接收、清点、登记、发放、归档、管理工作。在收到工程图样并进行登记以后，按规定向有关单位和人员签发，由收件方签字确认。负责收存全部工程项目图样，且每一项目应收存不少于两套正式图样，其中至少一套图样有设计单位图样专用章。竣工图采用散装方式折叠，按资料目录的顺序，对建筑平面图、立面图、剖面图、建筑详图、结构施工图等建筑工程图样进行分类管理。

(2)收集整理施工过程中所有技术变更、洽商记录、会议纪要等资料并归档。负责对每日收到的管理文件、技术文件进行分类、登录、归档。负责项目文件资料的登记、受控、分办、催办、签收、用印、传递、立卷、归档和销毁等工作。负责做好各类资料积累、整理、处理、保管和归档立卷等工作，注意保密的原则。来往文件资料收发应及时登记台账，视文件资料的内容和性质准确及时地递交项目经理批阅，并及时送交有关部门办理。确保设计变更、洽商的完整性，要求各方严格执行接收手续，所接收到的设计变更、洽商，须经各方签字确认，并加盖公章。设计变更(包括图样会审纪要)原件存档。所收存的技术资料须为原件，无法取得原件的，应详细背书，并加盖公章。做好信息收集、汇编工作，确保管理目标的全面实现。

2. 参加分部分项工程的验收工作

(1)负责备案资料的填写、会签、整理、报送、归档。负责工程备案管理，实现对竣工验收相关指标(包括质量资料审查记录、单位工程综合验收记录)作备案处理。对桩基工程、基础工程、主体工程、结构工程备案资料核查。严格遵守资料整编要求，符合分类方案、

编码规则，资料份数应满足资料存档的需要。

（2）监督检查施工单位施工资料的编制、管理，做到完整、及时，与工程进度同步。对施工单位形成的管理资料、技术资料、物资资料及验收资料，按施工顺序进行全程督查，保证施工资料的真实性、完整性、有效性。

（3）按时向建设单位档案室移交有关资料。在工程竣工后，负责将文件资料、工程资料立卷移交建设单位。文件材料移交与归档时，应有"归档文件材料交接表"，交接双方必须根据移交目录清点核对，履行签字手续。移交目录一式两份，双方各持一份。

（4）负责向市城建档案馆的档案移交工作。提请城建档案馆对列入城建档案馆接收范围的工程档案进行预验收，取得"建设工程竣工档案预验收意见"，在竣工验收后将工程档案移交城建档案馆。

（5）指导工程技术人员对施工技术资料（包括设备进场开箱资料）的保管。指导工程技术人员把施工组织设计及施工方案、技术交底记录、图样会审记录、设计变更通知单、工程洽商记录等技术资料分类保管交资料室。指导工程技术人员把工作活动中形成的、经过办理完毕的、具有保存价值的文件材料，一项基本建设工程进行鉴定验收时归档的科技文件材料，已竣工验收的工程项目的工程资料分级保管交资料室。

3. 负责计划、统计的管理工作

（1）负责对施工部位、生产值完成情况的汇总、申报，按月编制施工统计报表。在平时统计资料基础上，编制整个项目当月进度统计报表和其他信息统计资料。编制的统计报表要按现场实际完成情况严格审查核对，不得多报、早报、重报、漏报。

（2）负责与项目有关的各类合同的档案管理。负责对签订完成的合同进行收编归档，开列编制目录。做好借阅登记，不得擅自抽取、复制、涂改、不得遗失，不得在案卷上随意画线、抽拆。

（3）负责向销售策划提供工程主要形象进度信息。向各专业工程师了解工程进度，随时关注工程进展情况，为销售策划提供准确、可靠的工程信息。

4. 负责工程项目的内业管理工作

（1）协助项目经理做好对外协调、接待工作。协助项目经理对内协调施工单位部门之间，对外协调施工单位之间的工作。做好与有关部门及外来人员的联络接待工作，树立企业形象。

（2）负责工程项目的内业管理工作。汇总各种内业资料，及时准确统计，登记台账，报表按要求上报。通过实时跟踪、反馈监督、信息查询、经验积累等多种方式，保证汇总的内业资料反映施工过程中的各种状态和责任，能够真实地再现施工时的情况，从而找到施工过程中的问题所在。对产生的资料进行及时收集和整理，确保工程项目的顺利进行。有效地利用内业资料记录、参考、积累，为企业发挥它们的潜在作用。

（3）负责工程项目的后勤保障工作。负责做好文件收发、归档工作。负责部门成员考勤管理和日常行政管理等经费报销工作。负责对竣工工程档案整理、归档、保管，便于有关部门查阅调用。负责公司文字及有关表格等打印。保管工程印章，对工程盖章登记，并留存备案。

1.4.2 资料员的基本要求

要当好资料员除本身有认真、负责的工作态度外，还必须了解建筑工程项目的概况，熟悉本工程的施工图（包括建筑、结构、电气、给水排水等），施工基础知识，施工技术规范，施工质量验收规范，建筑材料的技术性能、质量要求及使用方法，有关政策、法规和地方性法规、条文等。还需要了解掌握施工管理的全过程，掌握分部、分项的施工过程和验收要点，掌握每项资料在什么时候产生。

由于资料员工作结交面广泛，所以必须处理好各方面的关系。只有这样才能做好资料工作。一般应处理好的关系有以下几个方面：

(1)与项目经理的关系——责任承包关系。

(2)与技术主管的关系——业务领导关系。

(3)与相关部门的关系——协同保证关系。

(4)与上级主管部门的关系——局部与整体关系。

(5)与监理部门的关系——监督与管理关系。

(6)与业主的关系——合同关系。

(7)与档案部门的关系——监督、指导关系。

1.4.3 资料员的工作内容

资料员的工作内容按不同的阶段可划分为施工前期阶段、施工阶段、竣工验收阶段。

1. 施工前期阶段

(1)熟悉建设项目的有关资料和施工图。

(2)协助编制施工技术组织设计(施工技术方案)，并填写施工组织设计(方案)报审表给现场监理机构要求审批。

(3)填报开工报告，填报工程开工报审表，填写开工通知单。

(4)协助编制各工种的技术交底材料。

(5)协助制订各种规章制度。

2. 施工阶段

(1)及时搜集整理进场的工程材料、构配件、成品、半成品和设备的质量保证资料(出厂质量证明书、生产许可证、准用证、交易证)，填报工程材料、构配件、设备报审表，由监理工程师审批。

(2)与施工进度同步，做好隐蔽工程验收记录及检验批质量验收记录的报审工作。

(3)及时整理施工试验记录和测试记录。

(4)阶段性地协助整理施工日记。

3. 竣工验收阶段

(1)建筑工程竣工资料组卷。

1)单位(子单位)工程质量验收资料。

2)单位(子单位)工程质量控制资料核查记录。

3)单位(子单位)工程安全与功能检验资料核查及主要功能抽查资料。

4)单位(子单位)工程施工技术管理资料。

(2)归档资料(提交城建档案馆)。

1)施工技术准备文件，包括图样会审记录、控制网设置资料、工程定位测量资料、基槽开挖线测量资料。

2)工程图样变更记录,包括设计会议会审记录、设计变更记录、工程洽谈记录等。

3)地基处理记录,包括地基钎探记录、钎探平面布置点、验槽记录、地基处理记录、桩基施工记录、试桩记录等。

4)施工材料预制构件质量证明文件及复试试验报告。

5)施工试验记录,包括土壤试验记录、砂浆混凝土抗压强度试验报告、商品混凝土出厂合格证和复试报告、钢筋接头焊接报告等。

6)施工记录,包括工程定位测量记录、沉降观测记录、现场施工预应力记录、工程竣工测量、新型建筑材料、施工新技术等。

7)隐蔽工程检查记录,包括基础与主体结构钢筋工程、钢结构工程、防水工程、高程测量记录等。

8)工程质量事故处理记录。

9)工程质量检验记录,包括基础、主体工程验收记录,幕墙工程验收记录,分部(子分部)工程质量验收记录。

任务练习

1. 资料员与项目经理的关系是(   )。
   A. 业务领导关系   B. 局部与整体关系
   C. 合同关系   D. 责任承包关系
2. 资料员与档案部门的关系是(   )。
   A. 业务领导关系   B. 监督、指导关系
   C. 合同关系   D. 责任承包关系
3. 属于资料员在施工阶段的工作内容是(   )。
   A. 协助编制技术交底资料 B. 熟悉施工图
   C. 整理测试记录   D. 资料归档
4. 关于资料员的基本要求的叙述,下列错误的是(   )。
   A. 掌握分部工程的验收要点 B. 熟悉施工基础知识
   C. 处理好与技术主管的业务领导关系 D. 处理好与业主的责任承包关系
5. 施工日记(日志)应由(   )记录或签字确认。
   A. 施工员   B. 资料员   C. 监理员   D. 技术负责人
6. 资料员工作结交广泛,必须处理好各方面的关系才能做好资料工作。一般应处理好与(   )的关系。
   A. 项目经理   B. 技术主管   C. 供货商   D. 监理部门
7. 资料员在施工准备阶段的工作内容有(   )。
   A. 熟悉建设项目的有关资料和施工图 B. 协助编制施工组织设计
   C. 编写开工报告   D. 工程资料组卷
8. 下列(   )属于资料员的工作职责。
   A. 参加分部分项工程的验收工作
   B. 负责对施工部位、产值完成情况的汇总、申报,按月编制施工统计报表
   C. 负责工程项目资料、图样等档案的收集、管理
   D. 负责原材料的取样检测工作

E. 负责做好文件收发、归档工作

9. 在竣工验收阶段，资料员应做好(　　)。
   A. 整理施工试验记录　　　　　　B. 工程竣工资料的组卷
   C. 归档资料　　　　　　　　　　D. 编制各工种的技术交底资料
10. 在施工准备阶段，资料员应填写(　　)。
    A. 工程材料表　　　　　　　　　B. 开工通知单
    C. 工程开工报审表　　　　　　　D. 施工组织设计报审表
11. 资料员的工作内容按不同阶段划分，可分为(　　)。
    A. 决策阶段　　　　　　　　　　B. 施工前期阶段
    C. 施工阶段　　　　　　　　　　D. 施工验收阶段
12. 下列(　　)属于资料员施工阶段的工作内容。
    A. 填写开工报告　　　　　　　　B. 填报工程材料、构配件、设备报审表
    C. 及时整理施工试验记录和测试记录　D. 协助制定各种规章制度
13. 资料员的基本要求包括(　　)。
    A. 要有认真、负责的工作态度　　B. 必须了解建筑工程项目的概况
    C. 熟悉检测方案　　　　　　　　D. 熟悉质量验收规范

任务总结

本项目介绍了建筑工程资料管理的基本知识、工程项目建设的程序、工程项目建设的8个阶段的工作内容以及建设过程所形成的资料。建设工程资料包括工程技术资料和工程管理资料。建设工程资料特征分别是真实性、时效性、完整性、复杂性。资料划分为四大类，即建设单位的文件资料、监理单位的文件资料、施工单位的文件资料和竣工图资料。工程资料的编号方法有7位编号和9位编号两种。建筑工程资料管理职责包括通用职责，施工单位职责，勘察、设计单位职责和城建档案馆职责。资料员担负着十分重要的职责，资料员的工作内容按不同的阶段可划分为施工前期阶段、施工阶段、竣工验收阶段。

巩固训练

一、单项选择题

1. 对列入城建档案馆接受范围内的工程，工程竣工验收后的(　　)内向城建档案馆移交一套符合规定的工程档案。
   A. 15天　　　　　B. 1个月　　　　　C. 2个月　　　　　D. 3个月
2. 施工单位对工程实行总承包的，总包单位负责收集、汇总各分包单位形成的工程档案并及时向(　　)移交。
   A. 监理单位　　　B. 建设单位　　　　C. 城建档案馆　　　D. 质量监督站
3. 一个建设工程由多个单位工程组成时，工程文件应按(　　)组卷。
   A. 单项工程　　　B. 单位工程　　　　C. 分部工程　　　　D. 分项工程

4. （　　）是施工单位用以指导、规范和科学化施工的资料。
   A. 施工管理质量
   B. 施工技术资料
   C. 施工物资资料
   D. 施工监测资料

5. 建筑工程资料简称为（　　）。
   A. 施工材料　　　　　　　　B. 工程资料
   C. 交工资料　　　　　　　　D. 竣工资料

6. 施工单位的文件资料采用（　　）的英文编号。
   A. "A"　　　　　　　　　　B. "B"
   C. "C"　　　　　　　　　　D. "D"

7. （　　）是指在工程项目竣工验收活动中形成的资料，包括工程验收总结，竣工验收记录，财务文件和声像、缩微、电子档案等。
   A. 监理管理资料　　　　　　B. 监理工作记录
   C. 竣工验收资料　　　　　　D. 交工资料

8. 建设单位的文件资料采用（　　）的英文编号。
   A. "A"　　　　　　　　　　B. "B"
   C. "C"　　　　　　　　　　D. "D"

9. 按照一定原则和方法，将有保存价值的文件分门别类地整理成案卷，称为（　　）。
   A. 资料整理　　　　　　　　B. 验收
   C. 立卷　　　　　　　　　　D. 归档

10. 所有竣工图应加盖（　　）。
    A. 设计单位章
    B. 监理单位章
    C. 施工单位章
    D. 竣工图章

11. 工程文件可以采用的书写材料是（　　）。
    A. 红色墨水　　　　　　　　B. 纯蓝墨水
    C. 铅笔　　　　　　　　　　D. 蓝黑墨水

12. 工程文件立卷时，案卷不宜过厚，一般不超过（　　）mm。
    A. 20　　　　　　　　　　　B. 30
    C. 40　　　　　　　　　　　D. 50

13. 填写施工组织设计报审表是资料员（　　）阶段的工作。
    A. 竣工验收　　　　　　　　B. 可行性研究
    C. 施工准备　　　　　　　　D. 施工

14. 对档案资料进行加工利用的方式是（　　）。
    A. 摘录　　　　　　　　　　B. 汇编
    C. 复制　　　　　　　　　　D. 借阅

15. 对工程档案进行涂改情节严重的，应（　　）。
    A. 不予追究　　　　　　　　B. 经济处罚

C. 追究法律责任 D. 行政处罚
16. 不属于竣工图的是( )。
   A. 建筑、结构竣工图 B. 施工日志
   C. 装饰、装修竣工图 D. 施工组织设计

二、多项选择题

1. 资料员的工作内容按不同阶段划分,可分为( )。
   A. 决策阶段   B. 施工前期阶段   C. 施工阶段   D. 施工验收阶段
2. 建筑工程竣工资料的组卷包括( )。
   A. 单位(子单位)工程质量验收资料
   B. 建筑工程设计、监理文件
   C. 单位(子单位)工程质量控制资料核查记录
   D. 单位(子单位)工程安全与功能检验资料核查与主要功能抽查资料
   E. 单位(子单位)工程施工技术管理资料
3. 下列( )属于资料员施工阶段的工作内容。
   A. 填写开工报告 B. 填报工程材料、构配件、设备报审表
   C. 及时整理施工试验记录和测试记录 D. 协助制定各种规章制度
   E. 阶段性协助整理施工日记
4. 下列( )属于资料员的工作职责。
   A. 参加分部分项工程的验收工作
   B. 负责对施工部位、产值完成情况的汇总、申报,按月编制施工统计报表
   C. 负责工程项目资料、图样等档案的收集、管理
   D. 负责原材料的取样检测工作
   E. 负责做好文件收发、归档工作
5. 工程资料为工程的( )提供可靠的依据。
   A. 检查、管理 B. 使用、维护
   C. 改造扩建 D. 整理、立卷
   E. 保养
6. 施工管理资料包括( )资料。
   A. 施工日记 B. 施工安全日记
   C. 工程开/复工报告 D. 工程竣工报告
   E. 工程质量保修书
7. 建设工程施工许可证需要保存的单位是( )。
   A. 建设单位 B. 施工单位
   C. 设计单位 D. 监理单位
   E. 勘察单位
8. 竣工图资料的分类( )。
   A. 综合竣工图 B. 室外专业竣工图
   C. 专业竣工图 D. 施工检测资料
   E. 施工测量记录
9. 竣工图的内容应按专业、系统进行整理,包括( )。

A. 装饰竣工图 　　　　　　　　B. 总图(室外)工程竣工图
C. 建筑专业竣工图 　　　　　　D. 结构竣工图

10. 对竣工图章的要求有(　　)。
   A. 所有竣工图均应加盖竣工图章,用不易褪色的红印泥加盖
   B. 竣工图章的尺寸略有不同,但内容基本一致
   C. 要按规定填写图章上的各项内容、相关人员必须在审核后签字确认
   D. 原施工蓝图的封面、图纸目录也要加盖竣工图章,作业竣工图归档并置于各专业图纸之前

三、判断题

1. 资料的保管期限分为永久、长期、短期三种期限。　　　　　　　　　　(　　)
2. 工程档案一般不少于两套,一套由建设单位保管,另一套移交当地城建档案馆。
　　　　　　　　　　　　　　　　　　　　　　　　　　　　　　　　(　　)
3. 建设单位的文件资料采用 A 的英文符号。　　　　　　　　　　　　　(　　)
4. 施工技术资料暂时划分为九个分部。　　　　　　　　　　　　　　　(　　)
5. 建筑工程资料分为 3 类。　　　　　　　　　　　　　　　　　　　　(　　)
6. 资料员的工作内容按不同的阶段可划分为:工程准备阶段,施工阶段,竣工验收阶段。　　　　　　　　　　　　　　　　　　　　　　　　　　　　　　(　　)
7. 工程技术资料是工程建设过程中形成的有关工程技术、质量的文件。　(　　)
8. 项目建议书由施工单位根据拟建项目规模报送有关部门审批。　　　　(　　)
9. 项目后评价的内容包括立项决策评价、设计施工评价、生产运营评价和建设效益评价。　　　　　　　　　　　　　　　　　　　　　　　　　　　　　　(　　)
10. 设计是对拟建工程的实施在技术上和经济上所进行的全面而详细的安排,是项目建设计划的具体化,是组织施工的依据。　　　　　　　　　　　　　　　(　　)

四、问答题

1. 列举建筑工程包括的分部工程(列举出 7 个即可)。
2. 建筑工程资料管理的职责有哪些?
3. 建设单位文件资料的组成有哪些?
4. 监理单位资料的组成有哪些?
5. 施工单位资料的组成有哪些?

项目 2　建设单位资料(A 类)管理

项目目标

建设单位资料管理的成熟与否直接影响到工程项目的推进、工程验收以及文件归档。通过本项目的学习，熟悉建设单位文件资料的形成过程，掌握如何收集、编制、整理建设单位文件资料及相关的申请程序。

教学要求

学习任务	知识点要求
任务 2.1　建设单位资料管理概述	(1)了解建设单位文件管理规定； (2)熟悉建设单位文件资料的形成过程
任务 2.2　建设单位资料管理	(1)了解建设项目决策立项文件的编制和报批流程； (2)熟悉建设用地、征地与拆迁文件，勘察、测绘与设计文件的编制和相关申请程序； (3)掌握工程招投标与承包合同文件、开工文件、商务文件、竣工验收与备案文件的编制和相关申请程序

任务 2.1　建设单位资料管理概述

任务导入

建设单位资料管理是建设工程资料管理的重要组成部分。建设单位作为参建单位的引导者，在建设项目的启动、资料的提供、归档工作等方面起到决定性的作用。从建设单位的角度，我们需要了解资料管理的基本规定，并熟悉管理流程。

2.1.1　建设单位文件的管理规定

建设单位的资料管理持续时间为整个工程的开工到竣工，主要可分为三个阶段：一是工程准备阶段；二是工程施工阶段；三是工程验收阶段。

1. 建设单位文件管理目的

建设单位文件管理的目的是完善和规范工程内业资料管理，加强工程施工过程中的资料监控，最终形成完整、准确、系统、有效的工程档案，并充分发挥工程资料档案在投资、开发工作中的重要作用，为公司提高工程管理和投资效益提供更好的服务。

2. 建设单位文件管理职责

(1)负责本单位工程资料管理工作,并安排人员进行收集、整理、立卷和归档工作。

(2)在与参建各方签订合同中,应该对工程档案资料的编制责任、套数、费用、质量和移交期限等内容提出明确要求。

(3)向勘察、设计、监理等参建各方提供所需的工程资料,并保证所提供的资料真实、准确、齐全。

(4)本单位自行采购的建筑材料、构配件和设备等,应该保证符合设计文件和合同的要求,并保证相关质量证明文件的完整、齐全、真实有效。

(5)监督和检查参建各方工程资料形成、积累和立卷工作。也可以委托监理单位或其他单位监督和检查参建各方工程资料形成、积累和立卷工作。

(6)对需要本单位签字的工程资料应及时签署意见。

(7)及时收集和汇总勘察、设计、监理和施工等参建各方立卷、归档的工程资料。

(8)组织竣工图的绘制、组卷工作。可自行完成,也可以委托设计单位、施工单位来完成。

(9)工程开工前,与城建档案馆签订《建筑工程竣工档案责任书》,工程竣工验收前,提请城建档案馆对列入城建档案馆接收范围的工程档案进行预验收。未取得《建筑工程竣工档案预验收意见》的,不得组织工程竣工验收。

(10)在工程竣工验收后3个月内,将一套符合规范、标准规定的工程档案原件,移交给城建档案馆办理好移交手续。

3. 基建文件管理

(1)基建文件的管理规定。基建文件是建设单位从立项申请到依法进行项目申报、审批、开工、竣工及备案全过程所形成的全部资料。基建文件管理的基本规定有以下几项:

1)新建、扩建、改建的建设项目,其基建文件必须按有关行政主管部门的规定和要求进行申报、审批,并保证开、竣工手续和文件完整、齐全。

2)建设单位必须按照基本建设程序开展工作,配备专职或兼职档案资料管理人员。档案资料管理人员应负责及时收集基本建设程序各个环节所形成的文件资料,并按类别和形成时间进行登记、立卷、保管,于工程竣工后按规定进行移交。

3)工程竣工验收应由建设单位组织勘察、设计、监理、施工等有关单位进行,并形成竣工验收文件。

4)工程竣工后,建设单位应负责工程竣工备案工作。按照关于竣工备案的有关规定,提交完整的竣工备案文件,报竣工备案管理部门备案。

(2)基建文件的主要内容。

1)决策立项文件。

2)建设用地、征地与拆迁文件。

3)勘察、测绘与设计文件。

4)工程招投标与承包合同文件。

5)开工文件。

6)商务文件。

7)竣工验收与备案文件。

8)其他文件。

2.1.2 建设单位文件的管理流程

在建设工程资料的形成中,建设单位有着举足轻重的作用。建设单位文件资料的形成流程,如图2-1所示。

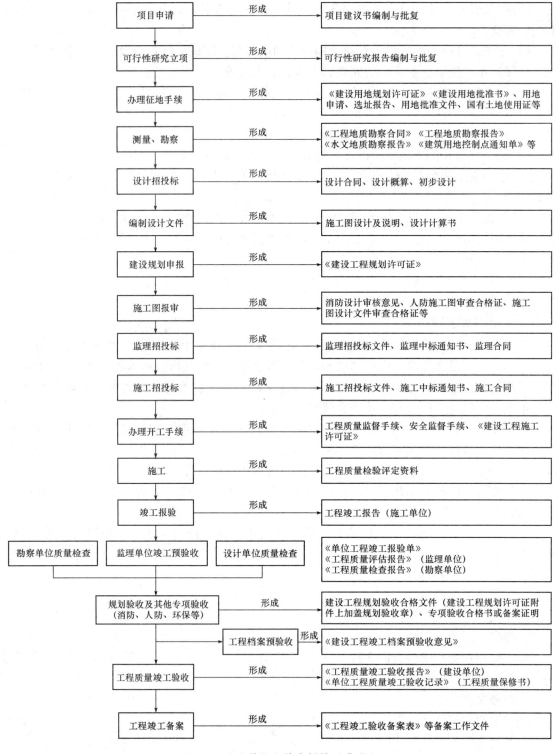

图2-1 建设单位文件资料的形成流程

任务练习

1. 负责基建文件的管理工作,并设专人对基建文件进行收集、整理和归档是属于(　　)。
   A. 建设单位职责　　　　　　　　　B. 勘察、设计单位职责
   C. 监理单位职责　　　　　　　　　D. 施工单位职责

2. 下列属于建设单位对工程资料管理职责的是(　　)。
   A. 对需要本单位签字的工程资料应及时签署意见
   B. 按照合同和规范的要求及时提供完整的勘察设计文件
   C. 对施工单位报送的施工资料应负责进行审查、签字
   D. 负责对建设工程档案的日常性管理工作

3. 《建设工程施工许可证》由(　　)办理。
   A. 施工单位　　　B. 建设单位　　　C. 监理单位　　　D. 勘察、设计单位

4. 建设单位职责包括(　　)。
   A. 应负责基建文件的管理工作
   B. 在工程招标及与参建各方签合同或协议时,应对工程资料和工程档案的编制责任、套数、费用、质量和移交期限等提出明确要求
   C. 必须向参与工程建设的勘察、设计、施工、监理等单位提供与建设工程有关的资料
   D. 应按合同和规范要求提供勘察、设计文件
   E. 设专人对基建文件进行收集、整理和归档

5. 基建文件是建设单位在工程建设过程中形成的文件,分为(　　)。
   A. 工程准备文件　　　　　　　　　B. 竣工验收文件
   C. 勘察、设计文件　　　　　　　　D. 工程招标投标
   E. 承包合同文件

6. 建设单位的资料管理持续时间为整个工程开工到竣工,主要分为三个阶段:一是_____;二是_____;三是_____。

7. 《工程质量竣工验收报告》由_____编制。

8. 工程竣工验收后_____个月内,应将_____套符合规范、标准规定的工程档案原件,移交给城建档案馆办理好移交手续。

9. 施工招投标应形成_____、_____、_____。

10. 工程质量竣工验收形成_____、_____、_____。

任务 2.2　建设单位资料管理

任务导入

建设单位是工程建设的投资者和组织者,对项目的形成起到至关重要的作用。从项目规划开始到竣工验收的整个过程中,建设单位需要编制各种资料文件并获得政府相关部门的审核及批准。文件主要包括:决策立项文件,建设用地、征地与拆迁文件,勘察、测绘

与设计文件，工程招投标与承包合同文件，开工文件，商务文件，竣工验收与备案文件等。

2.2.1 决策立项文件

决策立项文件是指建设单位为了让工程项目获得发展改革部门批准，在项目实施以前所提交的文件。其包括项目建议书、可行性研究报告等。

1. 项目建议书

项目建议书是由建设单位自行编制或委托其他有相应资质的咨询单位编制并申报的文件。其目的是为国家选择建设项目、制订基本建设计划和管理部门确定是否进行下一步可行性研究工作提供依据。

(1)项目建议书的内容。
1)建设项目的必要性和依据说明。
2)产品方案、拟建条件、建设地点的初步设想。
3)资源情况、建设条件、协作关系的初步分析。
4)投资估算和资金筹措的设想。
5)项目的进度安排。
6)对经济效果、投资效益的初步估计。

(2)项目建议书的撰写要点。
1)是否符合国家的建设方针和长期规划。
2)产品是否符合市场需要，论证是否充分。
3)建设地点是否符合城市规划。
4)经济效益的估算是否合理，是否与资金投入相一致。
5)对遗漏和论证不足之处进行补充、修改。
6)对需办理有关手续的是否办理齐全，需补办手续的是否补办齐全。

(3)项目建议书批复文件。

项目建议书批复文件是建设单位的上级主管单位或国家有关主管部门(一般是发展改革部门)对该项目建议书的批复文件。其包括以下几项：
1)建设项目名称。
2)建设规模及主要建设内容。
3)总投资及资金来源。
4)建设年限。
5)批复意见说明，批复单位及时间。

(4)项目建议书编制及报批程序。

包括项目建议书从酝酿、编制、报批、审批同意，到发给前期工作通知书，相关编制及报批，如图2-2所示。

2. 可行性研究报告

可行性研究是指工程建设项目投资决策前进行技术经济分析论证的一种科学方法和工作手段。可行性研究报告是根据可行性成果编制的综合报告，它是由项目法人通过招标投标或委托等方式，确定由具有相应资质的设计或咨询单位编写而成，是对项目建议书从技术和经济的角度全面进行分析与论证。

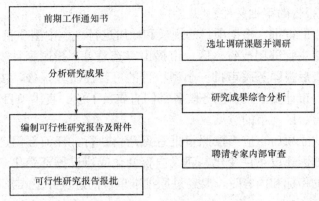

图 2-2 项目建议书编制及报批程序

(1)可行性研究的目的。

1)分析论证拟建项目经济上是否合理，技术上是否先进，条件上是否可行，经营上是否营利，成果是否实用，使决策更加科学，减小项目的风险性。

2)结合国民经济发展和地区规划、自然、资源条件，对拟建项目在技术、经济上全面进行考查、论证，通过多种方案比较，提出评价意见，为编制可行性研究报告提供可靠依据。

(2)可行性研究报告的内容。

1)项目提出的背景和依据；投资的必要性和经济意义。

2)建设规模、产品方案、市场需求预测和确定的依据。

3)技术工艺、建设标准、主要设备。

4)资源、原材料、燃料供应及公用设施配合条件。

5)建设地点、占地面积、布置方案、选址意见。

6)项目构成、设计方案、公用辅助配套工程。

7)环境影响及防震要求。

8)企业组织、劳动定员和人员培训。

9)建设工期和施工进度。

10)投资估算和资金筹措方式。

11)经济效益和社会效益。

可行性研究报告还应提供选址意向书、选址意见书和外协意向性协议等附件。

(3)可行性研究报告编制及报批程序。

可行性研究报告经过有关部门审查通过正式批准后，建设项目才算正式"立项"，并作为初步设计的依据，不得随意修改和变更。可行性研究报告编制及报批程序，如图 2-3 所示。

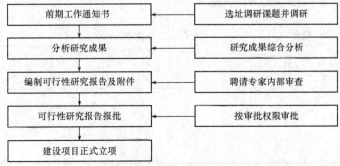

图 2-3 可行性研究报告编制及报批程序

(4)可行性研究报告的审批文件。

可行性研究报告的审批,根据项目的规模和性质进行。大中型项目的可行性研究报告,按隶属关系由国务院主管部门或省、区、市提出审查意见,报国家计委审批。其中,重大项目由国家计委审查后报国务院审批。小型项目的可行性研究报告,按隶属关系由国务院主管部门或省、区、市计委审批;国务院各部门直属及下放、直供项目的可行性研究报告,上报前要征求所在省、区、市的意见。

建设项目在正式立项后,应当按照审批意见严格执行,任何部门、单位或个人都不得随意修改和变更。如因建设条件变化、建设内容变化或建设投资变化,确实需要变更或调整可行性研究报告的指标和内容时,要经过原批准单位同意,并正式办理变更手续。

(5)建设项目立项文件。

建设项目立项文件是由建设单位或其上级主管单位形成,建设单位还应组织专家对项目立项进行全面的阐述,并对专家们立项的建议进行组织和整理,形成项目评估资料。立项申请材料包括以下几项:

1)相应资质工程咨询单位编制的项目建议书或可行性研究报告。

2)项目承办单位申请文件(包括项目申报单位概况、申请理由、建设地点、拟建规模、总投资估算及资金来源)。

3)规划部门核发的红线图或选址意见书。

4)其他与申报项目有关的材料(如有关行政管理部门关于该项目立项的会议纪要,符合国家法律法规、具有法律效力的协议及合同等)。

2.2.2 建设用地、征地与拆迁文件

1. 工程项目选址申请

在城市规划区域内进行建设项目,申请人应根据申请条件、依据,向城市规划管理部门提出选址申请,并填写申请表。建设项目选址申请表样式见表2-1。

表2-1 建设项目选址申请表

申请单位(盖章)		联系人(电话)	
项目名称		拟建设地点	
		拟用地面积	
项目性质		建设规模	
项目情况	主要内容包括项目建理由,用地现状与建设规模,供水与能源的需求量,采取的运输方式与运输量,以及废水、废气、废渣的排放方式和排放量。		
相关单位意见	镇(街道)政府	国土部门(供地方式)意见	区环保局意见
备注			规划管理科 年　月　日

2. 选址规划意见通知书

建设单位的工程项目选址申请经城市规划管理部门审查符合相关法规标准的，当即收取申请材料，并填写"选址规划意见通知书"两份，一份加盖收件专用印章后交申请人，另一份连同申请材料装袋，填写移交单后移交给相关管理部门。选址规划意见通知书由城市规划主管部门下发，其样式见表2-2。

表 2-2　建设工程选址规划意见通知书

你单位申报的_____工程，经研究同意在_____选址。请按下列要点征求有关部门意见及进行规划审批前期工作： 一、用地范围：东：_____；西：_____； 　　　　　　　南：_____；北：_____； 二、用地面积约：_____。 （其中代征城市公共用地面积约_____）。 三、建设内容：_____。 四、建设规模：_____平方米，_____层 五、其他：   　　　　　　　　　　　　　　　　　　　　　　　　　　　××县规划局 　　　　　　　　　　　　　　　　　　　　　　　　　　　年　月　日
土地管理部门对征用土地的意见：   　　　　　　　　　　　　　　　　　　　　　　　　　　　（盖章） 　　　　　　　　　　　　　　　　　　　　　　　　　　　年　月　日
动迁管理部门对动迁安置的意见：   　　　　　　　　　　　　　　　　　　　　　　　　　　　（盖章） 　　　　　　　　　　　　　　　　　　　　　　　　　　　年　月　日

3. 建设用地规划许可证及附件

（1）规划用地申请。建设单位持已批准的建设项目立项的有关证明文件，向城市规划管理部门提出用地申请，填写申请表。建设用地规划许可证申请表样式，见表2-3。需要准备好的相关文件有：计划主管部门批准的征用土地计划，土地管理部门的拆迁安置意见，地形图和规划管理部门的选址意见书以及要求取得的有关协议、意向书等文件和图样。填写的申请表要加盖建设单位和申报单位公章。经审查符合申报要求的用地申请，由相关部门颁发建设用地规划许可证立案表，作为取件凭证。

表 2-3　建设用地规划许可证申请表

项目总编号：　　　　　　　　　编　　号：　　　　　　　地证申字(　　)号
收 件 人：　　　　　　　　　　收件日期：　　　　　　　　年　月　日

建设单位 (盖章)	单位名称						
	单位地址						
	邮政编码		法定委托人			电话	
	法人代表或单位负责人					电话	
建设工程计划	申请用地类型	□新申请用地 □迁建用地 □原地扩建用地 □改变用地性质 □出让转让用地					
	项目名称						
	批准机关					批准文号	
	投资总额		万元	当年投资	万元	建筑面积	m²
	项目等级	□国家重点　□省重点　□市重点　□一般工程					
	建设工程性质	□住宅(□商品房□经济适用房)□行政办公□商业金融□文化娱乐□体育□医疗卫生□大专院校□科研设计□中小学□幼托□工业□仓储库场□市政公用设施□其他					
申请用地现状情况	用地位置				用地面积		m²
	建设用地四至范围	东：			南：		
		西：			北：		
	现状情况	使用单位			用地面积		
		用地性质			土地权属	□集体　□国有	
		现状建筑情况(类别、面积)					
		市政设施(地上、地下)					
		保护设施			其他		
选址意见书编号		地选书字(　　)号		规划设计要求通知书编号		规要通字(　　)号	

（2）建设用地规划许可证。规划管理部门根据城市总体规划的要求和建设项目的性质、内容，以及选址定点时初步确定的用地范围界限，提出规划设计条件，核发建设用地规划许可证。建设用地规划许可证是确定建设用地位置、面积、界限的法定凭证。

4．用地申请及批准书

征用土地应严格按照国家规定的基本建设程序和审批权限办理。其办理程序如下：

（1）建设用地申请。建设单位和个人在取得建设用地规划许可证后，方可向县级以上地方人民政府土地管理部门申请用地，编制申请用地报告。经县级以上地方人民政府批准后，由土地管理部门填发建设用地批准书。

（2）协商征地数量和补偿安置方案。县级以上人民政府土地管理部门对建设用地申请进行审核，划定用地范围，并组织建设单位与被征用土地单位以及有关单位依法商定征用土地协议和补偿、安置方案，报县级以上人民政府批准。

(3)划拨土地。依照法律规定，建设用地的申请批准后，土地管理部门根据建设进度需要进行一次或者几次分期划拨建设用地。

(4)国有土地使用证。国有土地使用证是证明土地使用者使用国有土地的法律凭证，由城市规划管理部门会同土地管理部门、房地产管理部门核查实际用地后，由县级以上人民政府办理土地登记手续，进行核发。国有土地使用证的申请流程，如图2-4所示。

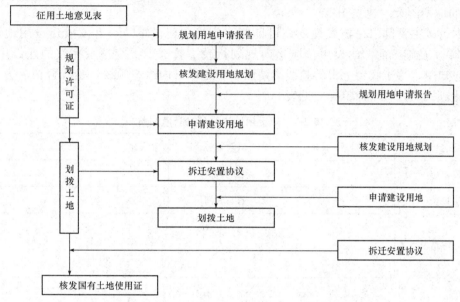

图 2-4　国有土地使用证的申请流程

2.2.3　勘察、测绘与设计文件

1. 工程地质勘察报告

工程地质勘察报告是根据勘察设计书的要求，综合性的说明地质勘察工作所获得的成果而编写的报告。通过工程地质勘察，对建筑地区工程地质情况和存在问题作出评价，为工程建设的规划、设计、施工提供参考依据。工程地质勘察报告是由建设单位委托勘察设计单位进行勘察后形成的，其成果包含文字部分与图表部分。具体内容如下：

(1)文字部分主要包括前言、地形、地貌、地层结构、含水层构造、不良地质现象、土的冻结深度、地震烈度、对环境工程地质的变化进行预测等。

(2)图表部分包括工程地质分区图、平面图、剖面图、勘探点平面位置图、钻孔柱状图以及不良地质现象的平剖面图，物探剖面图和地层的物理力学性质、试验成果资料等。

2. 工程测量测绘文件

工程测量是工程建设中各种测量工作的总称。工程设计阶段的工程测量，按工作程序和作业性质分类主要有地形测量和拨地测量。

(1)地形测量。地形测量是指建设用地范围内的地形测量，反映地貌、水文、植被、建筑物和居民点。地形测量大都采用实地测量，测量结果直接，内容较详尽。基建项目地形测量所绘地形图的比例尺一般为1∶1 000或1∶500，根据测绘地点的水平位置、高程和地面形态及建筑物、构筑物等实测结果，绘制出建设用地范围内的地形图。

(2)拨地测量。拨地测量是指对征用的建设用地进行位置测量、形状测量和确定四至。拨地测量一般采用解析实钉法。根据拨地条件，一般以规划部门批准的建设用地钉桩通知单中规定的条件，选定测量控制点，进行拨地导线测量、距离测量、测量成果计算等一系列工作，编制出征用土地的测量报告。测量报告的内容为拨地条件、成果表、工作说明、略图、条件坐标、内外作业计算记录手簿等，并将拨地资料和定线成果展绘在1∶1 000或1∶500的地形图上，建立图档。

规划行政主管部门在核发规划许可证时，应当向建设单位一并发放建设用地钉桩(验线)通知单。在施工前，建设单位应当向规划行政主管部门提交填写完整的建设用地钉桩(验线)通知单，并于收到上报的验线申请后3个工作日内组织验线，验线合格后方可施工。建设用地钉桩(验线)通知单样式见表2-4。

表2-4　建设用地钉桩(验线)通知单

工程名称		许可证号	
建设单位		涉及图幅号	
施工单位		钉桩时间	
建设项目钉线情况说明			
附图			
现场签名	建设单位代表	施工单位代表	规划院代表	规划局代表

3. 规划设计条件通知书

规划行政主管部门对建设单位申报的规划设计条件进行审查和研究，同意进行设计时，签发规划设计条件通知书作为方案设计的依据。规划设计条件通知书主要内容包括以下几项：

(1)用地情况。

(2)用地使用性质。
(3)用地使用强度。
(4)建筑设计要求。
(5)城市设计要求。
(6)市政要求。
(7)配套要求。
(8)其他。
(9)遵守事项。

4. 设计文件

建设项目在方案获批后可进行初步设计和施工图设计工作。一般项目实行两个阶段设计,即初步设计和施工图设计。对于技术比较复杂,或采用新工艺、新技术,而又缺乏设计经验的重大项目,需要实行三个阶段设计,即初步设计、技术设计和施工图设计。

(1)初步设计图样及说明。初步设计是在可行性研究之后的阶段,其主要任务是进一步验证项目在技术和经济上的可行性与合理性。初步设计文件应该由有相应资质的设计单位提供。若为多家设计单位联合设计的,应由总包设计单位负责汇总设计资料。初步设计文件包括图样、说明和资料等部分。

1)初步设计图样包括:总平面图、建筑图、结构图、给水排水图、电气图、弱电图、采暖通风及空气调节图、动力图、技术与经济概算等。

2)设计总说明包括:设计依据(各种文件、法规、地理、气候条件),工程概况,工程设计的范围及规模,设计的特点及指导思想,交通组织及停车、园林绿化布置及指标、消防、环保、职业安全卫生、人防、建筑设计的原则和标准,室内外装修标准,设备、电气系统标准及用量组成,外部市政条件,节水节电等措施,生产工艺流程及特点,结构选型及特点,抗震设防,存在的问题,总指标(主要技术经济指标、总概算投资额,水、电、建材消耗量)等。

(2)技术设计。技术设计是初步设计具体化的阶段,其主要任务是在初步设计的基础上,进一步确定各设计工种之间的技术问题,是对初步设计的补充和深化。技术设计编制的目的如下:

1)对设计方案中比较复杂的技术问题和有关科学试验新开发的项目以及外援项目、有特殊要求的建设项目,进行更详细的设计和计算。对其工艺流程、建筑结构、工程技术问题等进一步阐明其可靠性和合理性。

2)核实建设规模,检查设备选型。

(3)施工图设计及说明。施工图设计是设计的最后阶段,是工程的施工依据。施工图设计文件应包括图纸目录、施工图设计说明、设计图纸、计算书等。

1)设计图纸主要内容包括总平面图、建筑图、结构图、给水排水图、电气图、弱电图、采暖通风及空气调节图、动力图设计等。在图样目录中,先列出新绘制图样,后列出选用的标准图、通用图或重复利用图。

2)施工图说明书由设计总说明和各专业的设计说明书组成,一般工程的设计说明,可分列写在有关的图样上。各专业施工图设计说明书的内容详见《建筑工程设计文件编制深度规定》。

2.2.4 工程招投标与承包合同文件

1. 招标投标文件

招标文件是由建设单位自行编制或委托有资质的招标代理机构编制；投标文件分别由勘察、设计、监理、施工单位编制。中标通知书由建设单位或招标代理机构编制并下发至中标单位，并由监管部门备案。

(1)招标投标的程序。工程招投标主要可分为招标准备阶段、招投标阶段、决标阶段三个阶段。招标准备阶段主要工作包括选择招标方式，办理招标备案手续，组织招标班子和编制招标文件；招投标阶段工作是发布招标公告，资格预审，确定投标单位名单，分发招标文件以及图纸和技术资料，组织踏勘现场和招标文件答疑，接受投标文件，建立评标组织，制定评标、决标的办法等；决标阶段工作是召开开标会议，审查投标标书，组织评标，公开标底，决标前谈判，决定中标单位，发布中标通知书，签订施工承发包合同等。工程招投标工作流程，如图 2-5 所示。

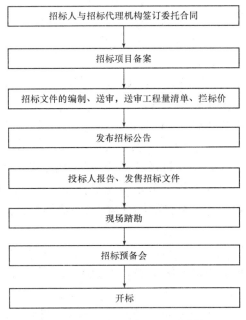

图 2-5 工程招投标工作流程

(2)招标文件的内容。招标文件是投标人编写投标书和报价的依据，文件中的各项内容应尽可能完整、详细，明确而具体，要最大限度减少误解和可能产生的争议。招标文件内容包括投标须知，合同条款和合同格式，工程技术要求及施工规范，投标文件格式，工程量清单，图纸等。

(3)投标文件的内容。工程投标文件的构成内容包括投标函及投标函附录，法定代表人身份证明或授权委托书，协议书，投标保证金，已标价的工程量清单，施工组织设计(包括管理机构、施工组织设计、拟分包单位情况等)，资格审查资料，资格后审或资格预审更新资料。

投标文件审查要点

2. 承包合同文件

建设工程承包合同也称为基本建设承揽合同，是指承包方（勘察、设计或施工单位）按期完成并交付建设单位所委托的基本建设工作，同时，建设单位按期进行验收和支付工程价款或报酬的合同。通过招投标程序确定中标人后，中标人应在规定的时限内和招标人签订工程承包合同，明确当事双方的权利、义务和责任。合同一经生效，即具有法律约束力。

(1) 勘察合同。建设工程勘察合同是指建设单位与勘察设计单位为完成特定的勘察任务，明确相互权利、义务关系而订立的合同。建设工程勘察合同的标的是为建设工程需要而做的勘察成果。工程勘察是工程建设的第一个环节，也是保证建设工程质量的基础环节。为了确保工程勘察的质量，勘察合同的承包方必须是经国家或省级主管机关批准，持有《勘察许可证》，具有法人资格的勘察单位。勘察合同文本由合同协议书、通用合同和专用合同条款三部分组成。

1) 合同协议书主要包括工程概况、勘察范围和阶段、技术及工作量、合同工期、质量标准、合同价款、合同文件构成、承诺、词语定义、签订时间、签订地点、合同生效和合同份数等内容。集中约定了合同当事人基本的合同权利、义务。

2) 通用条款包括一般约定、发包人、勘察人、工期、成果资料、后期服务、合同价款与支付、变更与调整、知识产权、不可抗力、合同生效与终止、合同解除、责任与保险、违约、索赔、争议解决及补充条款。

3) 专用条款是结合具体工程实际，经协商达成一致意见的条款，是对通用条款的具体化、补充或修改。其内容由合同当事人根据建设工程项目的具体特点和实际要求细化。

(2) 设计合同。建设工程设计合同是通过招投标程序确定设计单位进行工程设计，建设单位支付价款的合同。工程设计是工程建设的第二个环节，是保证建设工程质量的重要环节。工程设计合同的承包方必须是经国家或省级主要机关批准，持有《设计许可证》，具有法人资格的设计单位。只有具备了上级批准的设计任务书，建设工程设计合同才能订立。如果单独委托施工图设计任务，应当同时具有经有关部门批准的初步设计文件方能订立。设计合同文本由协议书、通用条款和专用条款三部分组成。

1) 协议书约定了合同当事人基本的合同权利、义务，如工程概况、工程设计范围、工程设计周期、合同价格形势与签约合同价等。

2) 通用条款是合同当事人根据《中华人民共和国建筑法》《中华人民共和国合同法》等法律法规的规定，就工程设计的实施及相关事项，对合同当事人的权利义务作出的原则性约定。

3) 专用条款是结合具体工程实际，经协商达成一致意见的条款，是对通用条款的具体化、补充或修改。其内容由合同当事人根据建设工程项目的具体特点和实际要求细化。

(3) 施工合同。建设工程施工合同是建设单位与施工单位签订完成某一项建设工程施工任务，明确相互权利、义务关系的有法律效力的协议。建设工程施工合同的组成包括：施工合同协议书，中标通知书，投标书及其附件，施工合同专用条款，施工合同通用条款，标准、规范及有关技术文件，图纸和工程量清单，工程报价单或预算书等。施工合同文本由协议书、通用条款和专用条款三部分组成。

1) 协议书是施工合同的总纲性法律文件，经双方当事人签字盖章后合同即成立。标准化的协议书需要填写的主要内容包括工程概况、工程承包范围、合同工期、质量标准、合同价款、组成合同的文件及合同的生效时间等。

2) 通用条款包括：词语定义及合同文件，双方一般权利和义务，施工组织设计和工期，质量与检验，安全施工，合同价款与支付，材料设备与供应，工程变更，竣工验收与结算，违约、索赔和争议,其他。

3)专用条款是结合具体工程实际,经协商达成一致意见的条款,是对通用条款的具体化、补充或修改。其内容由合同当事人根据建设工程项目的具体特点和实际要求细化。

2.2.5 开工文件

1. 建设工程规划许可证及附件

《中华人民共和国城市规划法》规定,在城市规划区内新建、扩建和改建建筑物、构筑物、道路、管线和其他工程设施,必须持有关批准文件向城市规划行政主管部门提出申请,由城市规划行政主管部门根据城市规划提出的规划设计要求、审查设计施工图等有关文件后核发规划许可证。

建设单位在取得建设工程规划许可证件和其他有关批准文件后,方可申请办理开工手续。规划许可证申报程序如下:

(1)建设单位领取并填写规划审批申请表,加盖建设单位和申报单位公章。
(2)提交申报建设工程规划许可证要求中所列要求报送的文件和图纸。
(3)城市规划行政管理部门填发建设工程规划许可证立案表,作为申报建设工程规划许可证的回执。
(4)城市规划行政管理部门进行审查,对不符合规划要求的初步设计提出修改意见,发出修改工程图纸通知书,修改后重新申报。
(5)经审查合格的建设工程,建设单位在取件日期内在规划管理单位领取建设工程规划许可证。
(6)办理建设工程规划许可证要经过建设单位申请和规划行政管理部门审查批准。

2. 建设工程施工许可证

建设工程施工许可证是行政主管部门允许工程开工的批准文件。建设单位准备好相关文件后,到建设行政主管部门办理建设工程施工许可证。建设行政主管部门应当自收到申请之日起 15 日内,对符合条件的申请者发给施工许可证。

建设单位应当自领取施工许可证之日起 3 个月内开工。因故不能按期开工的,应当向发证机关申请延期,延期以两次为限,每次不超过 3 个月。既不开工又不申请延期或者超过延期时限的,施工许可证自行废止。

申请施工许可证应当具备以下条件:

(1)已经办理该建筑工程用地批准手续。
(2)在城市规划区的建筑工程,已经取得规划许可证。
(3)需要拆迁的建筑工程,其拆除进度符合施工要求。
(4)已经确定建筑施工企业。
(5)有满足施工需要的施工图纸及技术资料。
(6)有保证工程质量和安全的具体措施。
(7)建设资金已经落实。
(8)法律、行政法规规定的其他条件。

3. 工程质量监督手续

建设单位在确定了年度施工任务,办理了工程施工许可证以后,还要到工程质量监督部门办理工程质量监督注册手续。建设单位在提交相应文件后，方可办理监理注册登记并填写建设工程质量监督注册登记表。监督注册部门审查符合要求后，当即办理监督注册手续，指定监督机构同时发出质量监督通知书。然后在建设工程开工审查表及建设工程质量注册登记表的规定栏目内加盖监督机构专用章，具体流程，如图2-6所示。

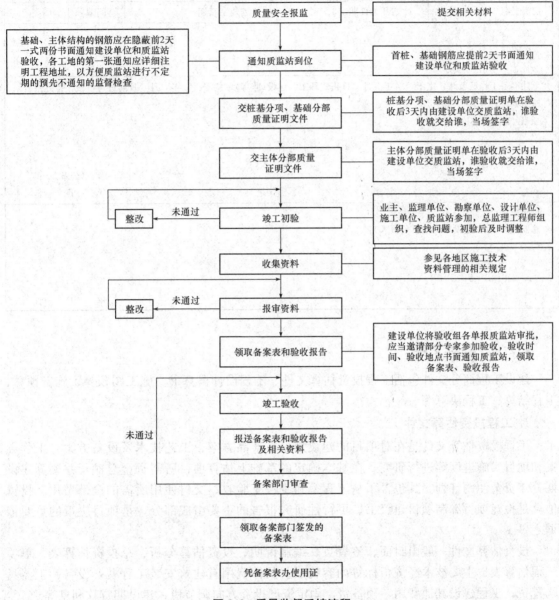

图2-6 质量监督手续流程

4. 开工报告

开工报告制度规定，施工单位在完成开工前各项准备工作且自检合格，并经监理检查确认已具备开工条件后，应向建设单位提交开工报告，建设单位批准后方可开工。《中共中央办公厅国务院办公厅的通知》明确：认真落实开工报告制度，未经批准开工的工程不得开工。工程竣工后，开工报告作为竣工验收文件的组成部分。开工报告样式见表2-5。

表 2-5 开工报告

工程名称				工程地点			
施工单位				监理单位			
建筑面积		结构层次		中标价格		承包方式	
定额工期		计划开工日期		计划竣工日期		合同编号	
说明							

上述准备工作已就绪,定于 年 月 日正式开工,建设(监理)单位于 年 月 日前进行审核,特此报告。
施工单位:
项目经理:

(公章)
年 月 日

审核意见:
总监理工程师(建设单位项目负责人):

(公章)
年 月 日

2.2.6 商务文件

建设工程商务文件包括工程投资估算文件、工程设计概算书、施工图预算、施工预算、工程结算、工程决算等。

1. 工程投资估算文件

工程投资估算文件是在对项目的建设规模、产品方案、工艺技术及设备方案、工程方案和项目实施进度等进行研究,在基本确定的基础上估算项目所需资金总额,并测算建设期分年资金使用计划。其包含了从工程筹建到竣工验收、交付使用所需的全部费用。投资估算是拟建项目编制项目建议书、可行性研究报告的重要组成部分,是项目决策的重要依据之一。

投资估算文件一般由封面、签署页、编制说明、投资估算分析、总投资估算表、单项工程估算表、主要技术经济指标等内容构成。具体费用有建筑安装工程费,设备、工器具购置费,工程建设其他费用,预备费,固定资产投资方向调节税,建设期贷款利息等。

2. 工程设计概算书

工程设计概算书是设计单位在初步设计或技术设计阶段,在投资估算的控制下,由设计单位根据初步设计或者技术设计的图纸及说明书、设备清单、概算定额或概算指标、各项费用取费标准等资料来编制的建设项目总概算的经济文件。

设计概算一般包括:建筑安装工程费用,设备、工器具购置费用,其他工程和费用,预备费等。设计概算经批准后是确定建设项目总造价、编制固定资产投资计划、签订建设项目贷款总合同的依据,也是控制建设项目基本建设拨款、考核设计经济合理性的依据。

3. 施工图预算

施工图预算是建设单位或施工单位在施工图设计完成后，工程开工前，根据施工图设计图纸，现行预算价格，费用定额，施工组织设计以及地区人工、材料、施工机械台班等预算价格而编制和确定的建筑安装工程造价的经济文件。

建设单位编制施工图预算是确定标底、评标、决标的重要依据，施工单位编制的施工图预算是确定投标报价的依据。施工图预算经审核后，是确定工程概算造价，签订工程承包合同，实行建筑安装工程造价包干的依据。

4. 施工预算

施工预算是施工企业为了加强企业内部的经济核算，在施工图预算的控制下，以单位工程或分部、分项工程为对象，根据施工图纸、施工组织设计、施工定额编制的技术经济文件。施工预算是施工企业内部制定施工所需的人工、材料和施工机械台班消耗数量的标准。

5. 工程结算

工程结算是指建设工程依据工程合同约定进行工程预付款、工程进度款、工程竣工款结算的活动。施工单位（承包商）按照承包合同及招标文件的规定，凭监理工程师签发的支付证书、有关付款条款的协议和已完工程量文件，按照规定的程序向建设单位收取工程价款的经济行为过程。工程结算一般可分为中间结算（进度款结算）、年终结算、工程竣工验收后应进行的竣工结算。

6. 工程决算

工程决算是在项目竣工、施工单位提交竣工结算报告及结算资料后，建设单位编制的反映建设项目实际造价和投资效果的文件。决算应包括从项目策划到竣工投产全过程的全部实际费用，即建筑工程费，安装工程费，设备工器具购置费，工程建设其他费用（含征地费、补偿费、各种许可证费、建设单位管理费、监理费、勘察设计费、调试费等），预备费，建设期的贷款利息等。工程决算的编制步骤如下：

（1）收集、整理、分析原始资料。从建设工程开始就按编制依据的要求收集、清点、整理有关资料。建设工程档案资料主要包括设计文件、施工记录、上级批文、预（决）算文件。

（2）对照、核实工程变动情况，重新核实各施工单位、单项工程造价。将竣工资料与原设计图纸进行查对、核实，必要时可实地测量，确认实际变更情况；根据经审定的施工单位竣工结算等原始资料，按照有关规定对原概（预）算进行增减调整，重新核定工程造价。

（3）编制竣工财务决算说明书，力求内容全面、简明扼要、文字流畅、说明问题。

（4）填报竣工决算报表。

（5）做好工程造价对比分析。

（6）清理、装订竣工图。

（7）按国家规定上报、审批、存档。

2.2.7 竣工验收与备案文件

1. 工程竣工验收备案流程

（1）单位工程竣工验收 5 日前，建设单位到当地建设工程竣工验收备案管理部门领取《房屋建筑工程和市政基础设施工程竣工验收备案表》。同时，建设单位将竣工验收的时间、地点及验收组名单和各项验收文件与报告,书面报送负责监督该项工程的质量监督部门,准备对该工程竣工验收进行监督。

(2)自工程竣工验收合格之日起 15 个工作日内,建设单位将《房屋建筑工程和市政基础设施工程竣工验收备案表》一式两份,连同竣工验收备案文件报送工程竣工验收备案管理部门。备案工作人员初审验证符合要求后,在表中备案意见栏盖"备案文件收讫"章。

竣工验收流程

(3)工程质量监督部门在工程竣工验收合格后 5 个工作日内,向工程竣工验收备案管理部门报送工程质量监督报告。

(4)备案管理部门负责人审阅《房屋建筑工程和市政基础设施工程竣工验收备案表》和备案文件,符合要求后,在表中备案管理部门处理意见栏填写"准予该工程竣工验收备案"意见,加盖"工程竣工验收备案专用章"。备案管理部门将备案表一份发给建设单位,另一份备案表及全部备案资料和工程质量监督报告留存档案。

(5)建设单位报送《房屋建筑工程和市政基础设施工程竣工验收备案表》和竣工验收备案文件,若不符合要求,备案工作人员应填写备案审查记录表,提出备案资料存在的问题,双方签字后,交建设单位整改。

(6)建设单位根据规定,对存在的问题进行整改和完善,符合要求后重新报送备案管理部门备案。

(7)备案管理部门依据《工程质量监督报告》或其他方式,发现在工程竣工过程中存有违反国家建设工程质量管理规定行为的,应当在收讫工程竣工验收文件 15 个工作日内责令建设单位停止使用,并重新组织竣工验收。建设单位在重新组织竣工验收前,工程不得自行投入使用,违者按有关规定处理。

(8)建设单位采用虚假证明文件办理竣工验收备案的,工程竣工验收无效,责令停止使用,重新组织竣工验收,并按有关规定进行处理。

(9)建设单位在工程竣工验收合格后 15 日内,未办理工程竣工验收备案的,责令其限期改正,并按有关规定处理。竣工备案流程,如图 2-7 所示。

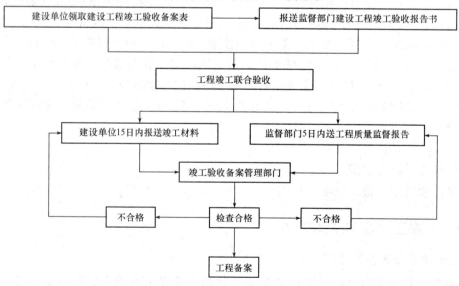

图 2-7 竣工备案流程

2. 工程竣工验收备案管理

(1)工程竣工验收备案的范围。《建设工程管理条例》规定,凡在中华人民共和国境内从事建设工程的新建、扩建、改建有关活动及实施对建设工程质量监督管理的竣工工程,都需进行竣工验收备案。竣工验收备案管理工作一般由市、区(县)两级建委委托市、区(县)两级监督机构,按现行的工程质量监督范围,具体负责房屋建筑工程和市政基础设施工程的竣工验收备案工作。各建设工程质量监督站负责的工程竣工验收后,由建设单位向建委竣工验收备案管理部门办理竣工验收备案。

(2)建设单位办理工程竣工验收备案,应提交以下文件:

1)工程竣工验收备案表。

2)工程竣工验收报告。

3)法律、法规规定应当由规划、消防、环保等部门出具的认可文件或者准许使用文件。

4)《房屋建筑工程质量保修书》,商品住宅工程还应同时提供该房地产开发企业签署的《住宅质量保证书》和《住宅使用说明书》。

5)有关法规、规章规定必须提供的其他文件。

3. 工程竣工验收备案文件样表

(1)房屋建筑工程竣工验收备案表样式,见表2-6。

表2-6 竣工验收备案表

建设单位名称			
备案日期			
工程名称			
工程地点			
建筑面积			
结构类型			
工程用途			
开工日期			
竣工验收日期			
施工许可证号			
施工图审查意见			
勘察单位名称		资质等级	
设计单位名称		资质等级	
施工单位名称		资质等级	
监理单位名称		资质等级	
工程质量监督机构名称			

续表

竣工验收意见	勘察单位意见	单位(项目)负责人： 法定代表人：	(公章) 年　月　日
	设计单位意见	单位(项目)负责人： 法定代表人：	(公章) 年　月　日
	施工单位意见	单位(项目)负责人： 法定代表人：	(公章) 年　月　日
	监理单位意见	总监理工程师： 法定代表人：	(公章) 年　月　日
	建设单位意见	单位(项目)负责人： 法定代表人：	(公章) 年　月　日

工程竣工验收备案文件目录	1. 工程竣工验收报告； 2. 工程施工许可证； 3. 施工图设计文件审查意见； 4. 城建档案管理部门出具的《建设工程竣工档案合格证书》； 5. 规划、公安消防、环保等部门出具的认可文件或准许使用文件； 6. 施工单位签署的工程质量保修书； 7. 商品住宅的《住宅质量保证书》和《住宅使用说明书》； 8. 法规、规章规定必须提供的其他文件

该工程的竣工验收备案文件已于　　　年　月　日收讫

(收讫公章)
年　月　日

备案机关意见：

(行政许可章)
年　月　日

审查员意见		核准员意见	

(2)房屋建筑工程竣工验收报告样式,见表2-7、表2-8。

表2-7 竣工项目审查表

一、工程概况			
工程名称		规划许可证号	
工程地址		施工许可证号	
建筑结构		开工日期	
建筑层数		竣工日期	
建筑面积		施工图审查单位	
造价		施工图审查结论	

二、工程质量责任主体			
责任单位		责任人员	
单位名称		项目负责人	联系电话
建设单位			
地址			
施工单位			
地址			
勘察单位			
地址			
设计单位			
地址			
监理单位			
地址			

三、竣工项目审查	
审查项目及内容	审查结论
(一)完成设计项目情况(填写完成或未完成)	
1. 基础、主体、室内外装饰工程	
2. 给水排水工程、燃气工程	
3. 建筑电气安装工程	
4. 通风与空调安装工程	
5. 电梯、电扶梯安装工程	
(二)完成合同约定情况(填写完成或未完成)	

续表

1. 总包合同约定	
2. 分包合同约定	
3. 专业承包合同约定	
(三)技术档案和施工管理资料(填写齐全、基本齐全、不齐全)	
1. 建设前期、施工图设计审查等技术档案	
2. 监理技术档案和管理资料	
3. 施工技术档案和管理资料	
(四)进场试验报告(填写齐全、基本齐全、不齐全)	
1. 主要建筑材料	
2. 构配件	
3. 设备	
(五)工程质量保修书、使用说明书(填写有或无)	
1. 工程质量保修书	
2. 使用说明书	

建设单位项目负责人：
建设单位(盖章)
年　月　日

表 2-8　竣工验收组织实施情况表

一、验收机构		
	组长	
建筑工程	小组组长	
	成员	
安装工程	小组组长	
	成员	

注：建设、施工、设计、监理单位的技术负责人和项目负责人均必须参加验收

二、验收组织程序

1. 建设单位主持验收会议。
2. 建设、施工、设计、监理单位介绍工程实施、质量控制及评定情况。
3. 各验收专业组检查质量控制资料，并到现场检查。
4. 各验收专业组总结发言，建设单位做好记录

续表

三、工程质量情况		
分部工程名称	评定情况	质量控制资料情况
地基与基础		
主体		
建筑装饰装修		
建筑屋面		
建筑给水、排水及采暖		
建筑电气		
通风与空调		
电梯安装		
建筑节能		
智能建筑		

使用功能和观感质量情况：

存在问题（永久性质量缺陷）：

竣工验收结论：

参加验收的各责任主体单位责任人签名	建设单位 （盖章） 年 月 日
	设计单位 （盖章） 年 月 日
	施工单位 （盖章） 年 月 日
	监理单位 （盖章） 年 月 日
	其他单位 （盖章） 年 月 日

承诺：
1. 本报告所填内容真实、可靠。
2. 竣工验收中提出的所有质量问题均已整改完毕，并经各方责任主体项目责任人复查合格后签认。

建设单位项目负责人：
建设单位（盖章）
年　月　日

注：备案时，建设单位还需提供一份竣工验收签到单，作为竣工验收报告的附件。

（3）建设工程质量保修书。《建设工程质量管理条例》规定，建设工程承包单位在向建设单位提交竣工验收报告时，应当向建设单位出具质量保修书。保修书中应当明确建设工程的保修范围、保修期限和保修责任等，见表 2-9。

表 2-9 工程质量保修书

工程质量保修书

发包人(全称)：_____ 承包人(全称)：_____

发包人、承包人根据《中华人民共和国建筑法》《建设工程质量管理条例》《房屋建筑工程质量保修办法》，经协商一致，对_____(工程全称)签订工程质量保修书。

一、工程质量保修范围和内容

承包人在质量保修期内，按照有关法律、法规、规章的管理规定和双方约定，承担本工程质量保修责任。

质量保修范围包括地基基础工程、主体结构工程、屋面防水工程、有防水要求的卫生间、房间和外墙面的防渗漏、供热与供冷系统、电气管线、给水排水管道、设备安装和装修工程以及双方约定的其他项目。具体保修的内容，双方约定如下：_____。

二、质量保修期

双方根据《建设工程质量管理条例》及有关规定，约定本工程的质量保修期如下：

1. 地基基础工程和主体结构工程为设计文件规定的该工程合理使用年限；
2. 屋面防水工程、有防水要求的卫生间、房间和外墙面的防渗漏为_____年；
3. 装修工程为_____年；
4. 电气管线、给水排水管道、设备安装工程为_____年；
5. 供热与供冷系统为_____个采暖期、供冷期；
6. 住宅小区内的给水排水设施、道路等配套工程为_____年；
7. 其他项目保修期限约定如下：_____。

质量保修期自工程竣工验收合格之日起计算。

三、质量保修责任

1. 属于保修范围、内容的项目，承包人应当在接到保修通知之日起 7 天内派人保修。承包人不在约定期限内派人保修的，发包人可以委托他人修理。
2. 发生紧急抢修事故的，承包人在接到事故通知后，应当立即到达事故现场抢修。
3. 对于涉及结构安全的质量问题，应当按照《房屋建筑工程质量保修办法》的规定，立即向当地建设行政主管部门报告，采取安全防范措施；由原设计单位或者具有相应资质等级的设计单位提出保修方案，承包人实施保修。
4. 质量保修完成后，由发包人组织验收。

四、保修费用

保修费用由造成质量缺陷的责任方承担。

五、其他

双方约定的其他工程质量保修事项：_____。

本工程质量保修书，由施工合同发包人、承包人双方在竣工验收前共同签署，作为施工合同附件，其有效期限至保修期满。

发包人(公章)： 承包人(公章)：

法定代表人(签字)： 法定代表人(签字)：

年 月 日 年 月 日

2.2.8 其他文件

1. 物资质量证明文件

工程物资主要包括建筑材料、成品、半成品、构配件、设备等，建设工程所使用的工程物资均应有出厂质量证明文件(包括产品合格证、质量合格证、检验报告、试验报告、产品生产许可证和质量保证等)。质量证明文件应反映工程物资的品种、规格、数量、性能指标等，并与实际进场物资相符。按合同约定由建设单位采购的材料、构配件和设备等的物资质量证明和报验文件，应由建设单位收集、整理，并移交施工单位汇总。

2. 工程竣工总结

工程竣工总结是建设工程的综合性或专题性总结的文字材料，应由建设单位负责组织有关单位编制。其内容从管理方面、技术方面、经验方面开展包括以下几项：

(1)概述。

(2)设计、施工情况。

(3)工程质量及经验教训。

(4)其他需要说明的问题。

房地产开发项目全程建设流程

任务练习

1. 项目建议书是由（　　）自行编制或委托其他有相应资质的咨询或设计单位编制并申报的文件。
   A. 勘察、设计单位　　　　　　　B. 建设单位
   C. 监理单位　　　　　　　　　　D. 施工单位

2. （　　）一经审查通过，拟建的建设项目便正式获准立项。
   A. 项目建议书　　　　　　　　　B. 可行性研究报告
   C. 设计任务书　　　　　　　　　D. 施工图设计文件

3. 下列不属于立项申请材料的是（　　）。
   A. 项目建议书　　　　　　　　　B. 可行性研究报告
   C. 选址意见书　　　　　　　　　D. 建设用地规划许可证

4. 在建设单位文件资料的形成过程中办理开工手续形成的是（　　）。
   A. 可行性研究报告　　　　　　　B. 施工招投标文件
   C. 建设工程施工许可证　　　　　D. 施工合同

5. 建设用地批准书是由（　　）到国土资源部门办理，由国土资源部门负责提供。
   A. 施工单位　　　　　　　　　　B. 建设单位
   C. 监理单位　　　　　　　　　　D. 设计单位

6. 建设单位应在领取施工许可证之日起（　　）个月内开工。
   A. 1　　　　　B. 2　　　　　C. 3　　　　　D. 4

7. 工程准备阶段的文件包括（　　）。
   A. 立项文件　　　　　　　　　　B. 施工图设计文件
   C. 征地文件　　　　　　　　　　D. 招标文件
   E. 投标文件

8. _____由城市规划管理部门会同土地管理部门、房地产管理部门核查实际用地后，由县级以上人民政府办理土地登记手续，进行核发。

9. _____能反映地貌、水文、植被、建筑物和居民点。

10. _____是建设单位或施工单位在施工图设计完成后、工程开工前，根据施工图设计图纸，现行预算价格，费用定额，施工组织设计以及地区人工、材料、施工机械台班等预算价格而编制和确定的建筑安装工程造价的经济文件。

任务总结

本项目主要介绍了建设单位资料管理。建设单位的工程资料涉及工程的立项、开工、竣工等重要节点，且种类繁多，数量庞大，时间覆盖至建设项目全寿命周期，关系着工程项目能否顺利开展和实施，是建设工程资料的重要组成部分。

巩固训练

一、单项选择题

1. 《建设工程文件归档整理规范》中规定，工程项目各参建单位应将本单位形成的工程文件立卷后向(　　)移交。
   A. 建设单位　　　B. 监理单位　　　C. 施工单位　　　D. 勘察、设计单位

2. 确定建设项目总概算是(　　)的工作内容之一。
   A. 项目建议书
   B. 可行性研究报告
   C. 设计阶段
   D. 竣工验收阶段

3. 下列文件中，工程开工文件不包括的是(　　)。
   A. 施工许可证
   B. 工程质量监督手续
   C. 建筑工程竣工档案责任书
   D. 项目建议书

4. 在工程项目建设程序的内容中，正式成立项目法人需要在(　　)审查批准后。
   A. 项目建议书
   B. 可行性研究报告
   C. 初步设计
   D. 施工图设计

5. 《中华人民共和国建筑法》规定：除国务院建设行政主管部门确定的限额以下的小型工程外，建筑工程开工前，建设单位应当按照国家有关规定申请领取施工许可证。此处"限额以下的小型工程"是指(　　)。
   A. 工程投资额30万元以下或者建筑面积300平方米以下的建筑工程
   B. 工程投资额30万元以下且建筑面积300平方米以下的建筑工程
   C. 工程投资额300万元以下或者建筑面积300平方米以下的建筑工程

D. 工程投资额 300 万元以下且建筑面积 300 平方米以下的建筑工程

6. 《中华人民共和国建筑法》规定，涉及建筑主体和承重结构变动的装修工程，建设单位应当在施工前委托原设计单位或( )提出设计方案。
   A. 其他设计单位　　　　　　　　　B. 具有相应资质条件的设计单位
   C. 具有相应资质条件的监理单位　　D. 具有相应资质条件的装修施工单位

7. 关于项目可行性研究报告的审批，审批重大建设项目可行性研究报告的单位应该是( )。
   A. 国家发改委
   B. 国家建设部
   C. 地方发改委或相关单位
   D. 国家发改委报国务院

8. ( )一经审查通过，拟建的建设项目便正式获准立项。
   A. 项目建议书　　　　　　　　　　B. 可行性研究报告
   C. 设计任务书　　　　　　　　　　D. 施工图设计文件

二、多项选择题

1. 建设单位文件资料的管理中的立项文件包括( )。
   A. 发改部门批准的立项文件　　　　B. 项目建议书
   C. 施工图设计文件　　　　　　　　D. 规划线测图
   E. 航测图

2. 建设单位应按照国家验收规范的规定和城建档案管理的有关要求，对( )等单位汇总的工程资料进行验收，使其完整、准确、真实。
   A. 咨询　　　　　　　　　　　　　B. 监理
   C. 施工　　　　　　　　　　　　　D. 设计
   E. 勘察

3. 建设单位在工程建设过程中形成的文件，可分为( )。
   A. 决策立项文件　　　　　　　　　B. 质量验收文件
   C. 勘察、设计文件　　　　　　　　D. 工程招标投标
   E. 承包合同文件

4. 下列属于勘察设计文件勘察、设计文件的有( )。
   A. 工程地质(水文)勘察报告
   B. 设计方案(报批图)
   C. 审定设计方案(报批图)的审查意见
   D. 勘察、设计、施工、监理等各种招投标文件及中标通知书
   E. 项目立项报告

5. 建设工程承包单位向建设单位提交的质量保修书中应当明确建设工程的( )。
   A. 保修范围　　　　　　　　　　　B. 保修期限
   C. 保修方案　　　　　　　　　　　D. 保修责任
   E. 保修者

三、判断题

1. 负责基建文件的管理工作，并设专人对基建文件进行收集、整理和归档是勘察、设

计单位职责。（　）

2. 可行性研究报告及附件是由建设单位自行编制或委托具有相应资质的工程咨询、设计单位编制可研报告，由编制单位提供。（　）

3. 可行性报告的批复文件是由建设单位对该项目的可行性研究报告作出的批复文件。（　）

4. 工程设计概算是由设计单位负责编制的，也可能是由建设单位自行编制或委托工程造价咨询单位负责编制的文件，由编制单位负责提供。（　）

5. 招标文件由建设单位自行编制或委托具有相应资质的招标代理机构编制，投标文件分别由勘察、设计、监理、施工单位编制，中标通知书由建设单位或招标代理机构编制而成，监管部门备案。（　）

四、问答题

1. 请阐述建设工程招标、投标的过程及各阶段形成的相关文件。
2. 什么是开工报告制度？
3. 建设工程全寿命周期包括哪些阶段？各个阶段形成了哪些商务文件？

五、案例实训

龙旺房地产开发有限公司在项目开发之初收集国民经济发展规划、区域经济发展规划、土地利用总体规划、年度建设用地计划、城市规划、房地产开发年度计划等资料，进行房地产市场调查、资源调查和分析，拟对龙跃大厦进行投资开发，形成投资意向后根据资产投资计划、城市规划、年度建设用地计划和市场需求，编制项目建议书，进行项目投资的详细可研测算，编制可行性研究报告，该研究报告审批通过后，项目正式立项。开发商领取计划部门批准征用土地的计划任务书，通过土地"招拍挂"签订《土地使用权转让合同》后，向市人民政府城乡规划主管部门领取《建设用地规划许可证》及《建设工程规划许可证》。由于该地块上的原有建筑物需要拆迁，龙旺房地产开发有限公司向地方政府部门上交了拆迁安置方案，审查通过后核发《房屋拆迁许可证》，并委托具有资质的施工单位顺利进行了拆迁工作。

龙旺房地产开发有限公司通过招投标确定了勘察、设计和监理单位，并通过了施工方案、初步设计和施工图设计的审查。委托招投标咨询机构开展了施工招投标工作，并签订了施工合同。

建设单位在办理市政手续、配套手续（如报装上下水、道路、燃气、供电、渣土外运；淤泥排放证；卫生许可证；树木移栽、砍伐手续等）后向当地县级以上人民政府住房城乡建设主管部门办理施工许可证。

请根据以上案例到企业或者网上搜集建设单位的主要文档：决策立项文件，建设用地、征地与拆迁文件，勘察、测绘与设计文件，工程招投标与承包合同文件，开工文件，商务文件，竣工验收与备案文件。

项目 3 监理单位资料(B 类)管理

项目目标

监理过程实质上也是资料管理的过程,监理工作的主要方法是控制,而控制的基础则是资料。监理资料是监理工作的原始记录,是评定监理工作、界定监理责任的证据,可见,监理资料的重要性不言自明。通过本项目的学习,掌握如何收集、编制、整理监理单位文件资料。

教学要求

学习任务	知识点要求
任务3.1 监理单位资料管理概述	(1)熟悉监理单位文件资料的形成过程; (2)熟悉监理单位资料的管理流程
任务3.2 监理管理资料	掌握监理管理资料的编制和管理
任务3.3 监理工作记录	(1)掌握施工组织设计(方案)报审表; (2)掌握施工控制测量成果报验表; (3)掌握工程进度控制资料; (4)掌握工程质量控制资料; (5)掌握工程造价控制资料; (6)掌握工程竣工验收资料

任务 3.1 监理单位资料管理概述

任务导入

监理资料是在工程监理过程中逐步形成的。而整个工程监理过程环节繁杂,专业各异,无论是总监,还是专职资料员,仅仅依靠个人的力量是难以做好这项工作的。为了保证监理资料管理工作的有序进行,项目监理机构应建立内部工作制度,确定工作程序、内部会议制度、工作检查、汇报制度及监理人员轮休工作替代制度,保证岗位不缺人,确保监理资料的连续性和完整性。

3.1.1 监理单位资料管理的概念

建筑工程监理文件资料的管理是指监理工程师受建设单位的委托,在进行建设工程监理的工作期间,对建设工程实施过程中形成的与监理相关的文件和档案进行收集积累、加工整理、立卷归档和检索利用等一系列工作。建设工程监理资料管理的对象是监理文件档案资料,它们是工程建设监理信息的主要载体之一。

3.1.2 监理文件档案资料管理的意义

(1)对监理文件档案资料进行科学管理,可以为建设工程监理工作的顺利开展创造良好的前提条件。建设工程监理的主要任务是进行工程项目的目标控制,而控制的基础是信息。如果没有信息,监理工程师就无法实施有效的控制。

(2)对监理文件档案资料进行科学管理,可以极大地提高监理工作效率。对监理文件档案资料进行系统、科学地整理归类,就会使其形成监理文件档案资料库。当监理工程师需要时,就能从档案资料库中及时、有针对性地找到完整的资料,从而迅速地解决监理工作中的问题。

(3)对监理文件档案资料进行科学管理,可以为建设工程档案的归档提供可靠保证。一方面,在项目建成竣工以后,监理工程师可将完整的监理资料移交建设单位,作为建设项目的工程监理档案;另一方面,完整的工程监理文件档案资料是建设工程监理单位具有重要历史价值的资料,监理工程师可从中获得宝贵的监理经验,有利于不断提高建设工程监理工作的水平。

3.1.3 监理单位资料管理的规定

(1)公司监理资料管理实行总监理工程师负责制。

(2)监理档案应按单位工程和施工的时间先后顺序整理,分类立卷装订,每页要有编号,每卷要有目录。

(3)每个单位工程的监理档案封面应注明工程名称、合同号、建设单位、总包单位、建设日期、完成日期和总监理工程师审核签字。

(4)在工程(合同)完成后一个月内由资料管理人员整理装订后,移交公司档案室并办理交接手续。

(5)一般工程监理档案在工程保修期满后保存一年,重要的工程监理档案保存可延长至三年。保存期间需要查阅时,应办理借阅和归还手续。

(6)监理档案的内容应真实可靠,字迹清楚,签字要齐全,不得弄虚作假、擅自涂改原始记录。

3.1.4 监理单位文件资料的编制内容及其要求

1. 施工准备阶段

(1)监理规划。总监理工程师主持编制监理规划,交企业技术负责人审核后,在第一次工地会议前交建设单位审批。针对项目特点制订巡视、见证、旁站、检查、检测、验收的管理程序、方法和措施等。

(2)监理实施细则。专业监理工程师实时编制监理实施细则,在监理工作实施过程中,监理实施细则应根据实际情况进行补充、修改和完善。

(3)设计交底。项目监理人员应参加由建设单位组织的设计技术交底会,总监理工程师应对设计技术交底会议纪要进行签认。

(4)施工组织设计报审。工程开工前,总监理工程师应组织专业监理工程师审查承包单位报送的施工组织设计(方案)报审表,提出审查意见,并经总监理工程师审核、签认后报建设单位。

(5)第一次工地会议。工程开工前,监理人员应参加由建设单位主持召开的第一次工地会议,会议纪要应由项目监理机构负责整理,与会各方代表应会签。

(6)开工许可。监理工程师收到施工单位提交的合同工程开工申请后,应对合同工程的开工条件进行核查。具备开工条件的,由总监理工程师签发工程开工令,并报建设单位备案。

2. 施工阶段

(1)工地例会。项目监理机构应定期召开监理例会,并组织有关单位研究解决与监理相关的问题。项目监理机构可根据工程需要,主持或参加专题会议,解决监理工作范围内工程专项问题。

监理例会以及由项目监理机构主持召开的专题会议的会议纪要,应由项目监理机构负责整理,与会各方代表应会签。

(2)工作联系。项目监理机构应协调工程建设相关方的关系。项目监理机构与工程建设相关方之间的工作联系,除另有规定外,宜采用工作联系单形式进行。

(3)施工暂停与复工。总监理工程师在签发工程暂停令时,可根据停工原因的影响范围和程度,确定停工范围,并应按施工合同的约定签发工程暂停令。总监理工程师签发工程暂停令时应征得建设单位的同意,在紧急情况下未能事先报告的,应在事后及时向建设单位作出书面报告。

当暂停施工原因消失、具备复工条件时,施工单位提出复工申请的,项目监理机构应审查施工单位报送的复工报审表及有关材料,符合要求后,总监理工程师应及时签署审查意见,并应报建设单位批准后签发工程复工令;施工单位未提出复工申请的,总监理工程师应根据工程实际情况指令施工单位恢复施工。

(4)工程变更。总监理工程师组织专业监理工程师审查施工单位提出的工程变更申请,提出审查意见。对涉及工程设计文件修改的工程变更,应由建设单位转交原设计单位修改工程设计文件。必要时,项目监理机构应建议建设单位组织设计、施工等单位召开论证工程设计文件修改方案的专题会议。

3. 工程竣工验收阶段

(1)审查项目工程施工单位提交的工程竣工验收所需的文件资料,包括项目工程各种质量控制资料、试验报告以及各种有关的技术性文件。

(2)审核施工单位提交的竣工图,并与已完工程、有关的工程技术文件对照进行核查。

(3)项目总监理工程师组织专业监理工程师对拟验收工程项目的现场进行检查,如发现项目工程质量问题应指令承包单位进行处理。

(4)对拟验收工程项目初验合格后,项目总监理工程师对项目工程单位的《项目工程竣工报验单》予以签认,并上报工程建设单位。

4. 工程质量保修阶段

(1)承担工程保修阶段的服务工作时,工程监理单位应定期回访。

(2)对建设单位或使用单位提出的工程质量缺陷,工程监理单位应安排监理人员进行检查和记录,并应要求施工单位予以修复,同时应监督实施,合格后应予以签认。

(3)工程监理单位应对工程质量缺陷原因进行调查,并应与建设单位、施工单位协商确定责任归属。对非施工单位原因造成的工程质量缺陷,应核实施工单位申报的修复工程费用,并应签认工程款支付证书,同时应报建设单位。

3.1.5 监理单位资料的种类

1. 监理管理资料

监理管理资料包括监理规划、监理实施细则、监理月报、监理会议纪要、监理日志、监理工作总结。

2. 监理工作记录

监理工作记录包括施工组织设计(方案)报审表、施工测量放线申请表、工程进度控制资料、工程质量控制资料、工程造价控制资料、工程竣工验收资料、其他资料。

3.1.6 监理单位资料管理流程

监理单位资料管理流程,如图 3-1 所示。

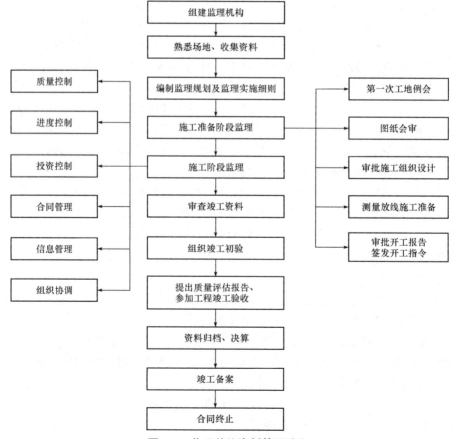

图 3-1 监理单位资料管理流程

任务练习

1. 《监理规划》由（　　）主持编制。
   A. 设计单位项目负责人　　　　B. 项目经理
   C. 总监理工程师　　　　　　　D. 甲方代表

2. 第一次工地会议由（　　）主持召开。
   A. 施工单位　　　　　　　　　B. 监理单位
   C. 建设单位　　　　　　　　　D. 设计单位

3. 《施工组织设计》应在（　　）报审。
   A. 开工前　　　B. 施工过程中　　　C. 竣工验收时　　　D. 保修期

4. 对涉及工程设计文件修改的工程变更，应由（　　）转交原设计单位修改工程设计文件。
   A. 施工单位　　　B. 建设单位　　　C. 勘察单位　　　D. 监理单位

5. （　　）收到施工单位提交的合同工程开工申请后，应对合同工程的开工条件进行核查。
   A. 总监理工程师　　　　　　　B. 专业监理工程师
   C. 监理工程师　　　　　　　　D. 项目经理

6. 一般工程监理档案在工程保修期满后保存（　　）年，重要的工程监理档案保存可延长至三年。
   A. 一　　　　B. 两　　　　C. 三　　　　D. 四

7. （　　）实时编制监理实施细则，在监理工作实施过程中，监理实施细则应根据实际情况进行补充、修改和完善。
   A. 总监理工程师　　B. 专业监理工程师　　C. 甲方代表　　D. 项目经理

8. 监理档案应按单位工程和施工的（　　）顺序整理，分类立卷装订，每页要有编号，每卷要有目录。
   A. 主次　　　　B. 时间　　　　C. 重要　　　　D. 总分包

9. （　　）应定期召开监理例会，并组织有关单位研究解决与监理相关的问题。
   A. 设计单位　　B. 施工项目部　　C. 监理单位　　D. 监理机构

10. 对建设单位或使用单位提出的工程质量缺陷，工程监理单位应安排监理人员进行检查和记录，并应要求（　　）予以修复，同时应监督实施，合格后应予以签认。
    A. 建设单位　　B. 使用单位　　C. 设计单位　　D. 施工单位

任务 3.2　监理管理资料

任务导入

项目监理机构应根据建设工程监理合同约定，遵循动态控制原理，坚持预防为主的原则，制订和实施相应的监理措施，更好地履行监理职责。在监理管理过程中会形成各种监理管理资料，主要有监理规划、监理实施细则、监理月报、监理会议纪要、监理日志、监理工作总结等。

3.2.1 监理规划

工程建设监理规划是监理单位接受业主委托后，编制的指导项目监理组织全面开展监理工作的纲领性文件，它是在项目监理机构充分分析和研究工程项目的目标、技术、管理、环境以及参与工程建设各方的情况后，制订的指导工程项目监理工作的实施方案。监理规划封面，如图 3-2 所示。

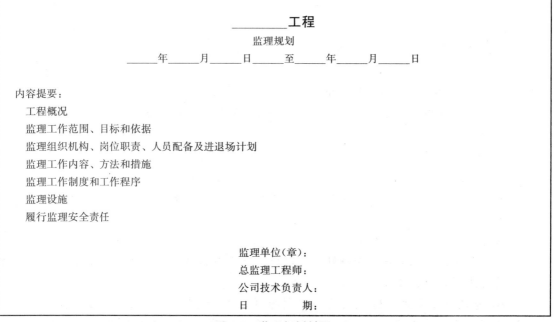

图 3-2 监理规划封面

1. 监理规划的作用

(1)监理规划是项目监理机构全面开展监理工作的具有可操作性的指导性文件。

(2)监理规划是监理单位的主管部门对监理单位进行检查了解、考核评判的依据资料之一。

(3)监理规划是建设单位确认监理单位是否全面、认真履行监理合同的主要依据。

(4)监理规划是监理资料的重要组成部分。

2. 监理规划的编制程序和依据

(1)监理规划应在签订委托监理合同及收到设计文件后开始编制，完成后必须经监理单位技术负责人审核批准，并应在召开第一次工地会议前报送建设单位。

(2)监理规划应由总监理工程师主持、专业监理工程师参加编制。

(3)编制监理规划应依据：建设工程的相关法律、法规及项目审批文件；与建设工程项目有关的标准、设计文件、技术资料；监理大纲、委托监理合同文件以及与建设工程项目相关的合同文件。

3. 监理规划的主要内容

(1)工程项目概况。

(2)监理工作的范围、内容、目标。
(3)监理工作依据。
(4)项目组织形式、人员配备及进退场计划、监理人员岗位职责。
(5)监理工作制度。
(6)工程质量控制。
(7)工程造价控制。
(8)工程进度控制。
(9)安全生产管理的监理工作。
(10)合同与信息管理。
(11)组织协调。
(12)监理工作设施。

4. 监理规划报审程序

监理规划报审程序样式见表 3-1。

表 3-1 监理规划报审程序

序号	时间节点安排	工作内容	负责人
1	签订监理合同及收到工程设计文件后	编制监理规划	总监理工程师组织专业监理工程师参与
2	编制完成、总监签字后	监理规划审批	监理单位技术负责人审批
3	第一次工地会议前	报送建设单位	总监理工程师报送
4	设计文件、施工组织计划和施工方案等发生重大变化时	调整监理规划	总监理工程师组织，专业监理工程师参与，监理单位技术负责人审批
		重新审批监理规划	监理单位技术负责人重新审批

3.2.2 监理实施细则

监理实施细则，是在监理规划的指导下，在落实了各专业的监理责任后，由专业监理工程师针对项目的具体情况制定的更具有实施性和可操作性的业务文件。它起着指导监理业务开展的作用。监理实施细则封面，如图 3-3 所示。

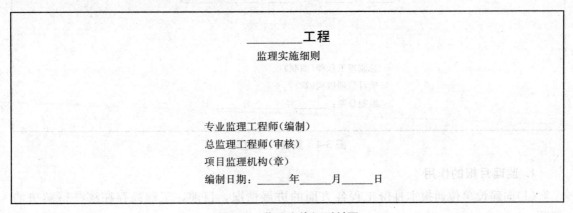

图 3-3 监理实施细则封面

1. 编制监理实施细则的一般要求

(1)对专业性较强、危险性较大的分部分项工程,项目经理机构应编制监理实施细则,对工程规模较小、技术较简单且有成熟管理经验和措施的,可不必编制监理实施细则。

(2)项目监理机构应结合工程特点、施工环境、施工工艺等编制监理实施细则,明确监理工作要点、监理工作流程和监理工作方法及措施,做到详细具体,具有可操作性,以达到规范和指导监理工作的目的。

(3)监理实施细则可随工程进展编制,但应在相应工程开始前编制完成。

(4)监理实施细则应由专业监理工程师编写,实施前必须经总监理工程师批准。

(5)在实施建设工程监理过程中,监理实施细则应根据实际情况进行补充、修改和完善。

2. 监理实施细则的编制依据

(1)监理规划。

(2)工程建设标准、工程设计文件。

(3)施工组织设计、(专项)施工方案。

3. 监理实施细则的主要内容

(1)专业工程特点。

(2)监理工作流程。

(3)监理工作要点。

(4)监理工作方法及措施。

3.2.3 监理月报

监理月报是记录、分析总结项目监理机构监理工作及工程实施情况的文档资料,既能反映建设工程监理工作及建设工程实施情况,也能确保建设工程监理工作可追溯。监理月报封面,如图 3-4 所示。

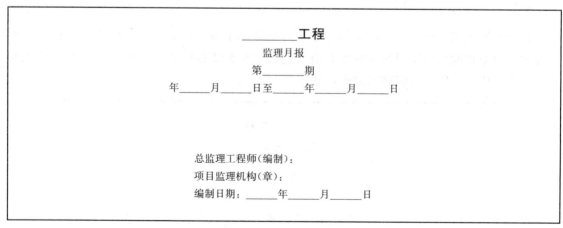

图 3-4 监理月报封面

1. 监理月报的作用

(1)向建设单位通报本月份工程各方面的进展情况,目前,工程尚存在哪些待解决的问题。

(2)向建设单位汇报在本月份中项目监理部做了哪些工作，收到什么效果。

(3)项目监理部向监理公司领导及有关部门汇报本月份工程进度控制、工程质量控制、工程造价控制、合同管理、信息管理、资料管理及协调建设各方之间各种关系中所做的工作，存在的问题及其经验教训。

(4)项目监理部通过编制监理月报总结本月份工作，为下一阶段的工作作出计划与部署。

(5)为上级主管部门来项目监理部检查工作时提供关于工程概况、施工概况及监理工作情况的说明文件。

2. 监理月报的编制依据

(1)《建设工程监理规范》(GB/T 50319—2013)。

(2)《建筑工程资料管理规程》(JGJ/T 185—2009)。

(3)省市地方标准《建设工程监理规程》。

(4)省市地方标准《建筑工程资料管理规程》。

(5)工程质量验收系列规范、规程和技术标准。

(6)监理单位的有关规定。

3. 监理月报的编制基本要求

(1)监理月报应由项目总监理工程师组织编制，签认后报送建设单位和本监理单位。

(2)监理月报报送时间由监理单位和建设单位协商确定。

(3)监理月报应真实反映工程现状和监理工作情况，做到数据准确、重点突出、语言简练，并附必要的图表和照片。

(4)监理月报应采用A4规格纸编写。

(5)监理月报的封面应由项目总监理工程师签字，并加盖项目监理机构公章。

4. 监理月报的主要内容

(1)本月工程实施情况包括：工程进展情况、工程质量情况、施工单位安全生产管理工作评述和已完工程量与已付工程款的统计及说明。

(2)本月监理工作情况包括：工程进度控制方面的工作情况、工程质量控制方面的工作情况、安全生产管理方面的工作情况、工程计量与工程款支付方面的工作情况、合同其他事项的管理工作情况、监理工作统计及工作照片、本月施工中存在的问题及处理情况和下月监理工作重点。

(3)本月工程实施的主要问题分析及处理情况包括：工程进度控制方面的主要问题分析及处理情况、工程质量控制方面的主要问题分析及处理情况、施工单位安全生产管理方面的主要问题分析及处理情况、工程计量与工程款支付方面的主要问题分析及处理情况和合同其他事项管理方面的主要问题分析及处理情况。

(4)下月监理工作重点包括：在工程管理方面的监理工作重点和在项目监理机构内部管理方面的工作重点。

3.2.4 监理会议纪要

在工程开工前，总监理工程师及有关监理人员应参加由建设单位主持召开的第一次工地会议，会议纪要由项目监理机构负责整理，与会各方代表会签。

在施工过程中，总监理工程师或其授权的专业监理工程师应定期主持召开监理例会，组织有关单位研究解决工程监理相关问题；监理机构可根据工程需要，主持或参加专题会议，解决监理工作范围内工程专项问题。监理例会、专题会议的会议纪要由项目监理机构负责整理，与会各方代表会签。

1. 资料表式

监理会议纪要样式见表 3-2。

表 3-2 监理会议纪要

会议纪要			
工程名称：			编号：
各与会单位： 　　现将_____会议纪要印发给你们，请查收。 附：会议纪要正文共_____页。 　　　　　　　　　　　　　　　　　　　　　　　　项目监理机构： 　　　　　　　　　　　　　　　　　　　　　　　　总监理工程师： 　　　　　　　　　　　　　　　　　　　　　　　　日期：			
会议地点		会议时间	
组织单位		主持人	
会议议题			
会议内容	主要内容： 会议决定：		
参会单位及人员签到栏	与会单位		与会人员

2. 填表说明

(1)"主要内容"应简明扼要地写清楚会议的主要内容及中心议题，比如，工地例会还包括检查上次例会议定事项的落实情况。

(2)"会议决定"应写清楚会议达成的一致意见、下步工作安排和对未解决问题的处理意见。

3. 资料要求

(1)会议纪要必须及时记录、整理，记录内容齐全，对会议中提出的问题记录准确，技术用语规范，文字简练明了。

(2)会议纪要由项目监理机构起草，总监理工程师审阅，与会各方代表签字。

(3)会议纪要必须有会议名称、主持人、参加人、会议时间、地点、会议内容、参加人员签章。

4. 监理例会的主要内容

(1)检查上次例会议定事项的落实情况，分析未完事项原因。

(2)检查分析工程项目进度计划完成情况,提出下一阶段进度目标及其落实措施。
(3)检查分析工程项目质量、施工安全管理状况,针对存在的问题提出改进措施。
(4)检查工程量核定及工程款支付情况。
(5)解决需要协调的有关事项。
(6)其他有关事宜。

3.2.5 监理日志

监理日志是监理工程师实施监理活动的原始记录,是执行监理委托合同、编制监理竣工文件和处理索赔、延期、变更的重要资料,也是工程监理档案的基本组成部分。因此,除总监授权和主管部门调阅外,即使是建设单位也通常只能查阅,但不能复印和拍照,监理部门也不允许将监理日志提供给任何的第三方(包括但不限于承包商)使用,以免影响监理工作的公平、公正及其独立性。

1. 资料表式

监理日志样式见表3-3。

表3-3 监理日志

_____工程监理日志

日　　期: _____		天气:
星　　期: _____		气温:
工程名称: _____		编号:

监理工作情况		
施工情况	承包单位	施工内容及进度
其他事项		
本日现场监理人员		
记录人:		总监(总监代表):

2. 资料要求

(1)准确记录时间、气象。

1)混凝土强度、砂浆强度在不同气温条件下的变化值有着明显的不同,监理人员可以根据混凝土浇捣时的温度及今后几天的气温变化,准确计算出强度的理论计算值,从而判断是否具备拆模条件,是否具备承载能力,承载能力有多少等。

2)在地基与基础工程、主体工程、装饰工程、屋面工程等分部工程施工过程中,气象的变化直接影响工程的施工质量。

(2)做好现场巡查,真实、准确、全面地记录工程的相关问题。

1)监理人员在书写监理日志之前,必须做好现场巡查,巡查结束后按不同专业、不同施工部位进行分类整理,最后书写监理日志,并由记录人签名确认。

2)监理人员在做监理日志记录时,往往只记录工程进度,而对施工中存在的问题没有做好记录,或者认为问题较小,没有必要写在日志当中;或者认为问题已经解决,没有必要再找麻烦,其实这就忽视了监理日志自身价值的体现。

3)监理人员在书写监理日志时应与工程材料报验、工程报验单中填写的日期及内容相符,监理日志内容应与旁站监理记录相符。

(3)记录问题是怎样解决的。在监理工作中,并不只是发现问题,更重要的是怎样科学合理地解决问题。所以,监理日志应记录好发现的问题、解决的方法以及整改的过程和程度。

(4)工程监理日志需书写工整、规范用语、内容严谨。书写工整、规范用语、内容严谨是对工程监理日志的要求。工程监理日志充分展现了记录人对各项活动、问题及其相关影响的表达。如处理不当、错别字多、涂改明显、语句不通、不符逻辑,或用词不当、用语不规范、采用日常俗语等都会产生不良后果。语言表达能力不足的监理人员在日常工作中要多熟悉图纸、规范,提高技术素质,积累经验,掌握写作要领,严肃认真地记录好监理日志。

(5)日志记录内容应与相关资料闭合。监理日志中所记录的监理工作要扼要、真实、准确、全面,记录内容要与相关监理资料对应且信息一致,要形成互相印证且能够循环闭合,如监理通知单、材料报验等资料签署时间应与监理日志时间一致,监理巡视检查部位应与现场施工部位相对应;又如监理日志中记录的工程例会情况及解决问题应与工程例会纪要内容相对应。

(6)工程监理日志需及时交总监理工程师审查。书写好监理日志后,要及时交总监理工程师审查,以便及时沟通和了解,从而促进监理工作正常、有序地开展。

3. 资料要求

(1)监理日志以单位工程为记录对象,从工程开工之日起至工程竣工日止,由专人或相关人员逐日记载,记载内容应保持其连续和完整。

(2)监理日志应使用统一制定的表格形式,每册封面应标明工程名称、册号、记录时间段及建设、设计、施工、监理单位名称,并由总监理工程师签字。

(3)监理人员巡检、专检或工作后应及时填写监理日志并签字。

(4)监理日志不得补记,不得隔页或扯页以保持其原始记录。

(5)监理日志必须及时记录、整理,应做到记录内容齐全、详细、准确,真实反映当天的具体情况;技术用语规范,文字简练明了。

4. 监理日志的主要内容

(1)天气和施工环境情况。

(2)施工进展情况。
(3)监理工作情况(包括旁站、巡视、见证取样、平行检验等情况)。
(4)存在的问题及协调解决情况。
(5)其他有关事项。

3.2.6 监理工作总结

1. 资料要求

(1)应能客观、公正、真实地反映工程监理的全过程。
(2)能对监理效果进行综合描述和正确评价。
(3)能反映工程的主要质量状况、结构安全、投资控制及进度目标实现的情况。
(4)监理工作总结由项目总监理工程师、监理单位负责人签字盖章,并在施工阶段监理工作结束时,由监理单位向建设单位提交。

2. 监理工作总结的主要内容

(1)工程概况。工程概况主要介绍工程的基本情况,包括建筑面积,完成投资,建筑结构特征,参加建设的建设单位、施工单位、设计单位、监理单位等单位的名称(全名),实际开工、竣工日期等。

(2)监理组织机构、监理人员和投入的监理设施。项目监理机构由总监理工程师、总监代表和各专业监理工程师组成。监理人员一览表样式,见表3-4。

表3-4 监理人员一览表

姓名	岗位	性别	年龄	职称	监理执业资格	备注

(3)监理合同履行情况。主要阐述监理工作控制目标——"三控制、两管理、一协调"完成情况,监理机构为完成监理目标所做的主要工作。

(4)施工过程中出现的问题及处理情况和建议。主要阐述设计及使用功能方面存在的问题,施工中出现的较大质量、安全问题及监理机构为处理这些问题而做的贡献。对建设单位在工程管理及以后使用过程中应注意的事项提出建议。

(5)工程照片(有必要时)。对特大工程或特殊性工程进行录像和拍照,对一般工程应拍摄全景图,对特殊部位拍摄监理人员的工作照片等。

任务练习

1. 工程建设监理规划是监理单位接受（　　）委托后，编制的指导项目监理组织全面开展监理工作的纲领性文件。
   A. 业主　　　　　B. 设计单位　　　　C. 勘察单位　　　　D. 质监单位

2. 对于技术比较复杂、有较强专业性的工程建设项目，还应由专业监理工程师负责编制（　　），并经总监理工程师审核批准。
   A. 监理规划　　　B. 监理实施细则　　C. 监理月报　　　　D. 监理会议纪要

3. （　　）应由项目监理部根据会议记录整理，经过总监理工程师审阅，并经过与会各方代表会签，再发至有关参建各方，并应做好签收手续。
   A. 监理规划　　　B. 监理实施细则　　C. 监理月报　　　　D. 监理会议纪要

4. （　　）以项目监理工作为记载对象，自该项目监理工作开始起至该项目监理工作结束止，应由专人负责逐日如实记载。
   A. 监理规划　　　B. 监理实施细则　　C. 监理日志　　　　D. 监理会议纪要

5. 监理规划编制完成、总监理工程师签字后，由（　　）审批。
   A. 监理单位技术负责人　　　　B. 施工单位技术负责人
   C. 项目技术负责人　　　　　　D. 设计技术负责人

6. （　　）是记录、分析总结项目监理机构监理工作及工程实施情况的文档资料，既能反映建设工程监理工作及建设工程实施情况，也能确保建设工程监理工作可追溯。
   A. 监理日志　　　B. 监理月报　　　　C. 监理规划　　　　D. 监理实施细则

7. 监理日志以（　　）为记录对象，从工程开工之日起至工程竣工日止，由专人或相关人逐日记载，记载内容应保持其连续和完整。
   A. 单位工程　　　B. 单项工程　　　　C. 分部工程　　　　D. 分项工程

8. 监理会议纪要可为（　　）、专题会议和第一次工地会议的纪要。
   A. 工作例会　　　B. 设计交底　　　　C. 监理例会　　　　D. 安全会议

9. 对（　　）及以上或专业性较强的或技术复杂的工程项目，项目监理机构应编制监理实施细则。
   A. 大型　　　　　B. 小型　　　　　　C. 中型　　　　　　D. 特大型

10. （　　）应符合监理规划的要求，并应体现项目监理机构对所监理的工程项目的专业特点，做到详细具体、具有可操作性。
    A. 监理实施细则　B. 监理会议纪要　　C. 监理大纲　　　　D. 监理月报

任务 3.3　监理工作记录

任务导入

工程监理单位受建设单位委托，根据法律法规、工程建设标准、勘察设计文件及合同，在施工阶段对建设工程质量、进度、造价进行控制，对合同、信息进行管理，对工程建设相关方的关系进行协调，并履行建设工程安全生产管理法定职责的服务活动。在监理过程中，会形成的监理工作记录包括施工组织设计(方案)报审表、施工控制测量成果报验表、工程进度控制资料、工程质量控制资料、工程造价控制资料、竣工验收资料。

3.3.1 施工组织设计(方案)报审表

施工组织设计(方案)报审表用于承包单位开工前向项目监理机构报审施工组织设计(方案)的资料。在施工过程中，如经批准的施工组织设计(方案)发生改变，工程项目监理部要求将变更方案报送时，也采用施工组织设计(方案)报审表。

1. 资料样式

施工组织设计(方案)报审表样式，见表 3-5。

表 3-5 施工组织设计(方案)报审表

工程名称：_____　　　　　　　　　　　　　　　　　　　　编号：

致：_____(项目监理机构) 我方已完成_____工程施工组织设计(方案)的编制和审批，请予以审查。 附件：□施工组织设计　□专项施工方案　□施工方案 　　　　　　　　　　　　　　　　　　　　　　　施工项目经理部(盖章) 　　　　　　　　　　　　　　　　　　　　　　　项目经理(签字) 　　　　　　　　　　　　　　　　　　　　　　　　　年　　月　　日
审查意见： 1. 编审程序符合相关规定； 2. 施工进度、施工方案及工程质量保证措施符合施工合同要求； 3. 资金、劳动力、材料、设备资源的供应计划满足工程施工需要； 4. 安全技术措施符合工程建设强制性标准； 5. 施工总平面布置科学合理。 该方案编制有/无可行性和可操作性，符合/不符合工程实际情况，满足/不满足合同工期及总控制计划要求，原则上予以/不予以通过。可/不可按此方案指导本工程的施工。 　　　　　　　　　　　　　　　　　　　　　　　专业监理工程师(签字) 　　　　　　　　　　　　　　　　　　　　　　　　　年　　月　　日
审核意见： 　□1. 同意请严格按照施工组织设计施工。　□2. 不同意。　□3. 按以下主要内容修改补充再报。同意专业工程师的意见，应将补充的质量技术措施和施工方案报批准后方可施工。确保工程施工质量和安全。补充的质量技术措施和施工方案应于_____月_____日前报上来。 　　　　　　　　　　　　　　　　　　　　　　　项目监理机构(盖章) 　　　　　　　　　　　　　　　　　　　　　　　总监理工程师(签字、加盖执业印章) 　　　　　　　　　　　　　　　　　　　　　　　　　年　　月　　日
审批意见(仅对超过一定规模的危险性较大分部分项工程专项方案)： 　　　　　　　　　　　　　　　　　　　　　　　建设单位(盖章) 　　　　　　　　　　　　　　　　　　　　　　　建设单位代表(签字) 　　　　　　　　　　　　　　　　　　　　　　　　　年　　月　　日

注：本表一式三份，项目监理机构、建设单位、施工单位各一份。

2. 资料要求

(1)根据有关要求,施工组织设计(方案)须在实施前报送监理机构审核、签认。

(2)施工单位编制的施工组织设计(方案)经施工单位技术负责人审批同意并加盖施工单位公章后,与施工组织设计报审表一并报送项目监理机构。

(3)对分包单位编制的施工组织设计(方案)均应由施工单位按相关规定完成相关审批手续后,报送项目监理机构审核。

(4)对危及结构安全或使用功能的分项工程整改方案的报审,在证明文件中,应有建设单位、设计单位、监理单位各方共同认可的书面意见。

(5)附件:只需要审核的施工组织总设计、单位工程施工组织设计或专项施工方案。

(6)专业监理工程师审查意见。应签署"施工组织设计/(专项)施工方案合理、可行,且审批手续齐全"。若不符合要求,专业监理工程师的审查意见应简要指出不符合要求之处,并提出修改补充意见后签署"暂不同意(部分或全部应指明)承包单位按该施工组织设计(方案)组织施工,待修改完善后再报,请总监理工程师审核",且从以下几个方面进行审核:

1)编审程序应符合相关程序。
2)施工进度、施工方案及工程质量保证措施应符合施工合同要求。
3)资金、劳动力、材料、设备等资源供应计划应满足工程施工需要。
4)安全技术措施应符合工程建设强制性标准。
5)施工总平面布置应科学合理。

(7)总监理工程师审核意见。总监理工程师对专业监理工程师的结果进行审核,如同意专业监理工程师的审查意见,应签署"同意按该施工组织设计/(专项)施工方案组织施工";如不同意专业监理工程师的审查意见,应简要指明与专业监理工程师审查意见中的不同之处,签署修改意见,并签认最终结论"不同意承包单位按该施工组织设计(方案)组织施工(修改后再报)"。

(8)对超过一定规模的危险性较大的分部分项工程的专项施工方案还需建设单位签署审批意见。

3. 适用范围

(1)整个项目或单位工程的施工组织设计(方案)或项目施工管理规划的报审均适用于施工组织设计(方案)报审表。

(2)施工组织设计(方案)报审表还用于对危及结构安全或使用功能的分项工程整改方案的报审。

(3)施工组织设计(方案)报审表还可用于重点部位、关键工序的施工工艺、"四新"技术的工艺方法和确保工程质量的措施的报审。

(4)在施工过程中,如经批准的施工组织设计(方案)发生改变,变更后的方案应重新报审。

3.3.2 施工控制测量成果报验表

施工测量放线报验单是项目监理机构对施工单位的工程或部位的测量放线进行报验的确认和批复。专业监理工程师应实地查验放线精度是否符合规范及标准要求,施工轴线控制桩的位置、轴线和高程的控制标志是否牢靠、明显等。经审核、查验合格后,签认施工测量报验申请表。

1. 资料样式

施工控制测量成果报验表样式，见表3-6。

表3-6 施工控制测量成果报验表

工程名称：_____　　　　　　　　　　　　　　　　　　　　编号：

致：_____（项目监理机构） 　我方已完成_____的施工控制测量，经自检合格，请予以查验。 附：1. 施工控制测量依据资料 　　2. 施工控制测量成果表 　　　　　　　　　　　　　　　　　　　　施工项目经理部（盖章） 　　　　　　　　　　　　　　　　　　　　项目技术负责人（签字） 　　　　　　　　　　　　　　　　　　　　　　　　年　月　日
审查意见：   　　　　　　　　　　　　　　　　　　　　项目监理机构（盖章） 　　　　　　　　　　　　　　　　　　　　专业监理工程师（签字） 　　　　　　　　　　　　　　　　　　　　　　　　年　月　日

注：本表一式三份，项目监理机构、建设单位、施工单位各一份。

2. 资料要求

(1)测量放线的专业测量人员资格（测量人员的资格证书）及测量设备资料（施工测量放线使用测量仪器的名称、型号、编号、校验资料等）应经项目监理机构确认，测量依据资料及测量成果包括下列内容：

1)平面、高程控制测量：需报送控制测量依据资料、控制测量成果表（包含平差计算表）及附图。

2)定位放样：报送放样依据、放样成果表及附图。

(2)收到施工单位报送的施工控制测量成果报验表后，报专业监理工程师批复。专业监理工程师按标准规范有关要求，进行控制网布设、测点保护、仪器精度、观测规范、记录清晰等方面的检查、审核，意见栏应填写是否符合技术规范、设计等的具体要求，重点应进行必要的内业及外业复核。当符合规定时，由专业监理工程师签认。

3.3.3 工程进度控制资料

1. 工程开工报审表

工程满足开工条件后，承包单位填写工程开工报审表报项目监理机构复核和批复开工时间。

(1)工程开工报审表样式,见表3-7。

表3-7 工程开工报审表

工程名称:_____　　　　　　　　　　　　　　　　　　　　　　编号:

致:_____(建设单位)
　　_____(项目监理机构)
　　我方承担的_____工程,已完成相关准备工作,具备开工条件,特此申请于____年____月____日开工,请予以审批。

附件:开工报告;证明文件

施工单位(盖章)

项目经理(签字)

年　月　日

审核意见:

项目监理机构(盖章)

总监理工程师(签字、加盖执业印章)

年　月　日

审批意见:
□同意开工。　□不同意开工。

建设单位(盖章)

建设单位代表(签字)

年　月　日

注:本表一式三份,项目监理机构、建设单位、施工单位各一份。

(2)资料要求。

1)审核意见:总监理工程师应指定专业监理工程师对承包单位的准备情况进行检查,除检查所报内容外,还应对施工现场临时设施是否满足开工条件,地下障碍物是否清除或查明,测量控制桩、试验室是否经项目监理机构审查确认等进行检查并逐项记录检查结果,报项目总监理工程师审核;总监理工程师确认具备开工条件时签署同意开工时间,并报告建设单位。否则,应简要指出不符合条件要求之处。

2)总监理工程师签发工程开工报审表后报建设单位备案,如委托监理合同中需建设单位批准,项目总监审核后报建设单位批准,工期自批准开工之日起计算。

3)工程开工报审表除委托监理合同中注明需建设单位批准外,均由总监理工程师最终签发。

4)工程开工报审的一般程序。

①承包单位自查认为施工准备工作已完成,当具备开工条件时,向项目监理机构报送工程开工报审表及相关资料。

②专业监理工程师审批承包单位报送的工程开工报审表及相关资料,现场核查各项准备工作的落实情况,报送项目总监理工程师审批。

③项目总监理工程师根据专业监理工程师的审核,签署审查意见,当具备开工条件时,按《委托监理合同》的授权报送建设单位备案或审批。

2. 工程开工令

监理工程师应组织专业监理工程师审查施工单位报送的工程开工报审表及相关资料,当具备开工条件时,应由总监理工程师签署审核意见,并在报送建设单位批准后,由总监理工程师签发工程开工令。承包商在接到开工令后,迅速开始施工。

(1)工程开工令样式,见表3-8。

表3-8 工程开工令

工程名称:_____   编号:

致:_____(施工单位)   经审查,本工程已具备施工合同约定的开工条件,现同意你方开始施工,开工日期为:____年____月____日。 附件:开工报审表   项目监理机构(盖章) 总监理工程师(签字、加盖执业印章) 年　月　日
注:本表一式三份,项目监理机构、建设单位、施工单位各一份。

(2)资料要求。

1)总监理工程师应在开工日期7天前向施工单位发出工程开工令,工期自总监理工程师发出的工程开工令中载明的开工日期起计算。施工单位应在开工日期后尽快施工。

2)总监理工程师签发工程开工令,应满足以下条件:

①设计交底和图纸会审已完成。

②施工组织设计已由总监理工程师签认。

③施工现场质量、安全生产管理体系已建立,管理及施工人员已到位,施工机械具备使用条件,主要工程材料已落实。

④进场道路及水、电、通信等已满足开工条件。

3. 施工进度计划报审表

施工进度计划报审表是由承包单位根据已批准的施工总进度计划,按承包合同约定或监理工程师的要求编制的施工进度计划,报送项目监理机构审查、确认和批准的资料。

(1)施工进度计划报审表样式,见表3-9。

表3-9 施工进度计划报审表

工程名称:_____　　　　　　　　　　　　　　　　　　　　　　　编号:

致:_____(项目监理机构) 　　根据施工合同的有关规定,我方已完成_____工程施工进度计划的编制和批准,请予以审查。 　　附:□施工总进度计划 　　　　□阶段性进度计划 　　　　　　　　　　　　　　　　　　　　　　施工项目经理部(盖章) 　　　　　　　　　　　　　　　　　　　　　　项目经理(签字) 　　　　　　　　　　　　　　　　　　　　　　　　年　　月　　日
审查意见: 　　　　　　　　　　　　　　　　　　　　　　专业监理工程师(签字) 　　　　　　　　　　　　　　　　　　　　　　　　年　　月　　日
审核意见: 　　　　　　　　　　　　　　　　　　　　　　项目监理机构(盖章) 　　　　　　　　　　　　　　　　　　　　　　总监理工程师(签字) 　　　　　　　　　　　　　　　　　　　　　　　　年　　月　　日
注:本表一式三份,项目监理机构、建设单位、施工单位各一份。

(2)资料要求。

1)监理工程师应该根据工程的环境条件(工程规模、质量标准、工艺复杂程度、施工的现场条件、施工队伍条件等),全面分析承包单位编制的施工进度计划是否可以满足资源上保证、技术上可靠、经济上合理、财务上可行的要求。

2)监理审核要点包括以下几个方面:

①进度安排是否符合工程项目建设总进度,计划中总目标和分目标的要求,是否符合施工合同中开工、竣工日期的规定,进度安排是否合理。

②施工总进度计划中的项目是否有遗漏,施工顺序的安排是否符合施工工艺的要求,总、分包单位分别编制的各单项工程施工进度计划之间是否协调,专业分工与计划衔接是否明确合理。

③劳动力、材料、构配件、施工机具及设备,在施工过程中水、电等生产要素的供应计划是否能保证进度计划的实现,供应是否均衡,需求高峰期是否有足够的能力实现计划供应。

④由建设单位提供的施工条件(资金、施工图纸、施工场地、采供的物资设备等),承包单位在施工进度计划中所提出的供应时间和数量是否明确、合理,是否有造成建设单位违约而导致工程延期和费用索赔的可能。

3)通过专业监理工程师的审核,提出审查意见报送总监理工程师审核后,如同意承包单位所报计划,则应签署"本月编制的施工进度计划具有可行性和可操作性,与工程实际情况相符合,满足合同工期及总控制计划的要求,准予通过,同意按此计划组织施工"。如总监理工程师不同意承包单位所报计划,则签署"不同意按此进度计划施工",并填写不同意的原因及理由。

4)施工进度计划(调整计划)报审程序如下:

①承包单位按施工合同要求的时间编制好施工进度计划,并填报施工进度计划报审表且报送监理机构。

②专业监理工程师对承包单位所报送的施工进度计划报审表及有关资料进行审查,并向总监理工程师报告。

③总监理工程师按施工合同要求的时间,对承包单位所报送的施工进度计划报审表予以确认或提出修改意见。

4. 工程临时/最终延期报审表

(1)资料样式(表3-10)。工程临时延期报审是指发生了非承包单位原因或施工合同约定由建设单位承担的延期责任事件后,承包单位提出的工期索赔,报送项目监理机构审核确认。

表3-10 工程临时/最终延期报审表

工程名称:_____   编号:

致:_____(项目监理机构) 　　根据施工合同_____(条款),由于_____原因,我方申请工程临时/最终延期_____(日历天),请予批准。 附件:1. 工程延期的依据及工期计算; 　　　2. 证明材料。 　　　　　　　　　　　　　　　　　　　　施工经理部(盖章) 　　　　　　　　　　　　　　　　　　　　项目经理(签字) 　　　　　　　　　　　　　　　　　　　　　　年　　月　　日
审核意见: 　　□同意临时/最终延长工期_____(日历天)。工程竣工日期从施工合同约定的____年____月____日延迟到____年____月____日。 　　□不同意延长工期,请按约定竣工日期组织施工 　　　　　　　　　　　　　　　　　　　　项目监理机构(盖章) 　　　　　　　　　　　　　　　　　　　　总监理工程师(签字、加盖执业印章) 　　　　　　　　　　　　　　　　　　　　　　年　　月　　日
审批意见: 　　　　　　　　　　　　　　　　　　　　建设单位(盖章) 　　　　　　　　　　　　　　　　　　　　建设单位代表(签字) 　　　　　　　　　　　　　　　　　　　　　　年　　月　　日
注:本表一式三份,项目监理机构、建设单位、施工单位各一份。

工程临时延期和工程最终延期不仅需要总监理工程师批准，而且需要建设单位同意。总监理工程师应依据施工合同中有关工期的约定及工期拖延和影响工期事件的事实与程度，影响工期事件对工期影响的量化程度来确定工程延期的时间。

(2)资料要求。

1)总监理工程师指定专业监理工程师收集与延期有关的资料。

2)承包单位在承包合同规定的期限内向项目监理机构提交工程临时/最终延期报审表。

3)总监理工程师指定专业监理工程师初步审查工程临时/最终延期报审表是否符合有关规定。

4)总监理工程师进行延期核查，并在初步确定延期时间后，与承包单位及建设单位进行协商，临时批准延期时间不能长于工程最终延期批准时间。

5)"根据施工合同条款的规定"填写提出工期索赔所依据的施工合同条款。

6)"由于_____原因"填写导致工期拖延的事件。

7)"工期延期的依据及工期计算"是指索赔所依据的施工合同条款、导致工程延期事件的事实、工程拖延的计算方式及过程。

8)"合同竣工日期"是指建设单位与承包单位签订的施工合同中确定的竣工日期或已最终批准的竣工日期；"申请延长竣工日期"是指"合同竣工日期"加上本次申请延长工期后的竣工日期。

9)"证明材料"是指导致工程延期的原因、计算依据等有关证明文件。

10)"审查意见"是指专业监理工程师对所报资料进行审查，与监理同期记录进行核对、计算，并将审查情况报告总监理工程师。总监理工程师同意临时延期时在暂时同意工期延长前"□"内画"√"，延期天数按核实天数；否则，在不同意延长工期前"□"内画"√"。其中，"竣工日期"是指"合同竣工日期"；"延迟至的竣工日期"是指"合同竣工日期"加上暂时同意延期天数后的日期。

11)可能导致工期延期的原因：

①发包人不能按专用条款的约定提供开工条件的；

②发包人不能按约定日期支付工程款预付款、进度款，致使工程不能正常进行的；

③工程师未按合同约定提供所需指令、批准等，致使施工不能正常进行的；

④设计变更和工程量增加的；

⑤一周内非承包人原因停水、停电、停气造成停工累计超过8小时的；

⑥发生不可抗力；

⑦专用条款中约定或者工程师同意工期顺延的其他情况。

5. 工程临时/最终延期审批表

收到施工单位报送的工程临时延期报审后，经专业监理工程师按标准规范及合同文件有关章节要求，对工程临时/最终延期审批表及其证明材料进行核查并提出意见，签认工程临时/最终延期审批表，并由总监理工程师审核后报送建设单位审批。工程延期事件结束，施工单位向工程项目监理机构最终申请确定工程延期的日历天数及延迟后的竣工日期；项目监理机构在按程序审核评估后，由总监理工程师签认工程临时或最终延期审批表，不同意延期的应说明理由。

(1)工程临时延期审批表样式，见表3-11。

表 3-11　工程临时延期审批表

工程名称：_____　　　　　　　　　　　　　　　　　　　　编号：

致：_____（承包单位）
根据施工合同条款_____条的规定，我方对你方提出的_____工程延期申请（第_____号），要求延长工期_____（日历天）的要求，经过审核评估：
□暂时/最终同意工期延长_____日历天，使竣工日期（包括已指令延长的工期）从原来的_____年_____月_____日延迟到_____年_____月_____日。请你方执行。
□不同意延长工期，请按约定竣工日期组织施工。
说明：

项目监理机构（章）
总监理工程师
年　月　日

注：本表一式三份，项目监理机构、建设单位、施工单位各一份。

(2)填表要求。

1)"根据施工合同条款_____条的规定，我方对你方提出_____工程延期申请……"分别填写处理本次延长工期所依据的施工合同条目和承包单位申请延长工期的原因。

2)"第_____号"填写承包单位提出的最后一个工程临时延期报审表编号。

3)若不符合承包合同约定的工程延期条款或计算不影响最终工期，项目监理机构在不同意延长工期前"□"内画"√"，需延长工期时在同意延长工期前"□"内画"√"。

4)同意工期延长的日历天数为由于影响工期事件原因使最终工期延长的总天数。

5)原竣工日期是指承包合同签订的工程竣工日期或已批准修改的竣工日期；延迟到的竣工日期指原竣工日期是加上同意工期延长的日历天数后的日期。

6)"说明"栏应翔实说明本次影响工期事件和工期拖延的事实与程度，处理本次延长工期所依据的施工合同条款，工期延长计算所采用的方法及计算过程等。

(3)工期延期批准的协商和时间确定。

1)最终延期时间是指承包商对一次影响工期事件的终结或最终延期申请批准后的累计时间，但并不是每一项延期时间的累加，如果后面批准的延期内包含有前一个批准延期的内容，则前一项延期的时间搭接不能予以累计。

2)工程延期时间的确定。计算工程延期批准值的直接方法就是通过网络分析计算，对于一些工程变更或明显处于关键线路上的工程延误，也可以通过比例分析法或实测法得出结果。

3)项目监理机构在审批工程延期时，应依下列情况确定批准工程延期的时间：

①施工合同中有关工程延期的约定。

②工期拖延和影响工期事件的事实和程度。

③影响工期事件对工程影响的量化程度。

6. 工程暂停令

工程暂停令是指发生工程重大变更、工程事故、工程质量问题、工程安全问题或工程例行检查时，依据《建设工程监理规范》(GB/T 50319—2013)第5.5.6条，由总监理工程师向施工项目部发出的要求工程暂时停工的文件。

(1)工程暂停令样式，见表3-12。

表3-12 工程暂停令

工程名称：_____ 编号：

致：_____(施工单位)
由于_____原因，现通知你方于_____年_____月_____日_____时起，暂停_____部位(工序)施工，并按下述要求做好后续工作。 要求：   项目监理机构(盖章) 总监理工程师(签字、加盖执业印章) 年 月 日
注：本表一式三份，项目监理机构、建设单位、施工单位各一份。

(2)填表要求。

1)工程暂停是由于承包单位的原因造成的，在承包单位申请复工时，除填报工程复工报审表外，还应报送针对导致停工原因所进行的整改工作报告等有关材料。

2)工程暂停是由于非承包单位的原因造成的，即因建设单位的原因或应由建设单位承担责任、风险或其他突发事件时，总监理工程师在签发工程暂停令之后，应尽快按施工合同的规定处理因工程暂停引起的与工期、费用等有关的问题。

3)工程暂停令适用于总监理工程师签发指令要求停工处理的事件，包括以下几项：

①建设单位要求暂停施工且工程需要暂停施工的；

②施工单位未经批准擅自施工或拒绝项目监理机构管理的；

③施工单位未按审查通过的工程设计文件施工的；

4)表中填写清楚工程暂停后要求承包单位所做的有关工作，如对停工工程的保护措施，针对工程质量问题的整改、预防措施等。

5)当引起工程暂停的原因不是非常紧急(如由于建设单位的资金问题、拆迁等)，同时，工程暂停会影响一方(尤其是承包单位)的利益时，总监理工程师应在签发暂停令之前，就工程暂停引起的工期和费用补偿等与承包单位、建设单位进行协商，如果总监理工程师认为暂停施工是妥善解决的较好办法时，也应当签发工程暂停令。

6)当签发工程暂停令时，必须注明是全部停工还是局部停工，不得含混。

7)建设单位要求停工的，且经过监理工程师独立判断，认为有必要暂停施工时，可签发工程暂停指令；反之，经过总监理工程师的独立判断，认为没有必要停工时，则不应签发工程暂停令。

7. 工程复工报审表

承包单位按工程暂停令的要求，自查符合复工条件的向项目监理机构报送工程复工报审表及其附件

(1)工程复工报审表样式，见表3-13。

表3-13 工程复工报审表

工程名称：_____   编号：

| 致：_____(项目监理机构) |
| 编号为_____(工程暂停令)所停工的_____部位已满足复工条件，我方申请于____年__月__日复工，请予以审批。 |
| 附件： |
| 施工项目经理部(盖章) |
| 项目经理(签字) |
| 年　月　日 |
| 审查意见： |
| 项目监理机构(盖章) |
| 总监理工程师(签字) |
| 年　月　日 |
| 审批意见： |
| □1. 具备复工条件，同意____年__月__日可以复工。 |
| □2. 不具备复工条件，暂不同意复工 |
| 建设单位(盖章) |
| 建设单位代表(签字) |
| 年　月　日 |

注：本表一式三份，项目监理机构、建设单位、施工单位各一份。

(2)填表说明。

1)工程暂停是由承包单位的原因引起时，承包单位应报告整改情况和预防措施；工程暂停是由非承包单位的原因引起时，承包单位仅提供工程暂停原因消失证明。

2)总监理工程师根据审查情况,应当在收到工程复工报审表后48小时内完成对复工申请的审批,若项目监理机构未在收到承包人复工申请后48小时(或施工合同规定时间)内提出审查意见,承包单位可自行复工。

3)监理审查意见:总监理工程师应指定专业监理工程师对复工条件进行复核,在施工合同约定的时间内完成对复工申请的审批,符合复工条件的签署"工程具备了复工条件,同意复工";不符合复工条件的签署"不同意复工",并注明不同意复工的原因和对承包单位的要求。

8. 工程复工令

当停工项目经审查具备恢复施工的条件后,项目监理机构应在报建设单位批准后签发工程复工令。

(1)工程复工令样式,见表3-14。

表3-14 工程复工令

工程名称:_____	编号:
致:_____(施工单位) 我方发出的编号为:_____工程暂停工令,要求暂停施工的_____部位(工序),经查已具备复工条件,经建设单位同意,现通知你方于_____年_____月_____日_____时起恢复施工。 附件:工程复工报审表 项目监理机构(盖章) 总监理工程师(签字、加盖执业印章) 年 月 日	

注:本表一式三份,项目监理机构、建设单位、施工单位各一份。

(2)填表说明。

1)因建设单位原因或非施工单位原因引起工程暂停的,在具备复工条件时,应及时签发工程复工令指令施工单位复工。

2)因施工单位原因引起工程暂停的,施工单位在复工前应使用工程复工报审表申请复工;项目监理机构应对施工单位的整改过程、结果进行检查、验收,符合要求的,对施工单位的工程复工报审表予以审核,并报建设单位;建设单位审批同意后,总监理工程师应及时签发工程复工令,施工单位接到工程复工令后组织复工。

3)工程复工令表内必须注明复工的部位和范围、复工日期等,并附工程复工报审表等其他相关说明文件。

4)总监理工程师除签字外,还需加盖执业印章。

3.3.4 工程质量控制资料

1. 分包单位资格报审表

在分包工程开工前,专业监理工程师应审查承包单位报送的分包单位资格报审表和分包单位有关资质资料,符合有关规定后,由总监理工程师予以签认。

(1)分包单位资格报审表样式，见表3-15。

表 3-15 分包单位资格报审表

工程名称：_____　　　　　　　　　　　　　　　　　　　　　　　编号：

致：_____(项目监理机构) 经考察，我方认为拟选择的_____(分包单位)具有承担下列工程的施工/或安装资质和能力，可以保证本工程按施工合同第_____条款的约定进行施工/或安装，请予以审查。		
分包工程名称(部位)	分包工程量	分包工程合同额
合计		
附件： 1. 分包单位资质材料：①营业执照复印件；②企业资质证书；③安全生产许可证等。 2. 分包单位业绩材料：①企业介绍；②历年承包主要工程介绍；③企业主要人员履历表；④本项目负责人履历表。 3. 分包单位专职管理人员和特种作业人员的资格证书。 4. 施工单位对分包单位的管理制度。 　　　　　　　　　　　　　　　　　　　　　　　　　　施工项目经理部(盖章) 　　　　　　　　　　　　　　　　　　　　　　　　　　项目经理(签字) 　　　　　　　　　　　　　　　　　　　　　　　　　　　　年　　月　　日		
专业监理工程师审查意见： 　经核查：1. 分包单位资质、业绩材料、人员数量等真实、有效/不真实、无效； 　　　　　2. 具有/不具有承担上述分包工程的施工资质和施工能力。 审查结论： □同意。　　　　　　　　　　□不同意。 　　　　　　　　　　　　　　　　　　　　　　　　　　专业监理工程师(签字) 　　　　　　　　　　　　　　　　　　　　　　　　　　　　年　　月　　日		
总监理工程师审核意见： □同意进场施工。　　　　　□不同意进场施工。 　　　　　　　　　　　　　　　　　　　　　　　　　　项目监理机构(盖章) 　　　　　　　　　　　　　　　　　　　　　　　　　　总监理工程师(签字) 　　　　　　　　　　　　　　　　　　　　　　　　　　　　年　　月　　日		
注：本表一式三份，项目监理机构、建设单位、施工单位各一份。		

(2)填表说明。

1)分包单位资格报审表适用于各类分包单位的资格报审，包括劳务分包和专业分包。

2)在施工合同中，已约定由建设单位(或与施工单位联合)招标确定的分包单位、施工单位可不再报审。

3)分包单位资质材料还应包括：特殊行业施工许可证、国外(境外)企业在国内施工工程许可证、拟分包工程的内容和范围等证明资料。

4)分包单位资质材料应注意资质年审合格情况,防止越级分包。

5)分包单位业绩材料是指分包单位近三年完成的与分包工程内容类似的工程及质量情况。

2. 报审、报验表

报审、报验表为报审、报验的通用表式,主要适用于检验批、隐蔽工程、分项工程的报验。另外,报审、报验表也适用于关键部位或关键工序施工前的施工工艺质量控制措施和施工单位试验室,不适用于试验测试单位、重要材料/构配件/设备供应单位、试验报告、运行、调试等其他内容的报审。

(1)报审、报验表样式,见表3-16。

表3-16 报审、报验表

工程名称:_____   编号:

致:_____(项目监理机构)
我方已完成_____工作,经自检合格,现将相关资料报上,请予以审查和验收。 附件:□隐蔽工程报验表;□检验批质量检验资料;□分项工程质量检验资料   □施工实验室证明资料;□其他 　　　　　　　　　　　　　　　　　　　施工项目经理部(盖章) 　　　　　　　　　　　　　　　　　　　项目经理(签字) 　　　　　　　　　　　　　　　　　　　　　　　　　年　月　日
审查意见: 　　经检查上述工程材料/构配件/设备,符合/不符合设计文件和规范的要求,准许/不准许进场,同意/不同意使用于拟定部位。 　　经检查: 　　1. 质量相关文件齐全、有效/不齐全、无效。 　　2. 材料试验□合格/不合格。予以/不予以验收。 审定结论: 　　□同意。□重新检验。□补报资料。□退场。 　　　　　　　　　　　　　　　　　　　项目监理机构(盖章) 　　　　　　　　　　　　　　　　　　　专业监理工程师(签字) 　　　　　　　　　　　　　　　　　　　　　　　　　年　月　日
注:本表一式两份,项目监理机构、施工单位各一份。

(2)填表说明。

1)承包单位按约定的验收单元施工完毕,且自检合格后报请项目监理机构检查验收,未经项目监理机构验收确认不得进行下一个工序。

2)分包单位的报验资料必须经施工单位审核通过后方可向监理单位报验。表中施工单位签名必须由施工单位相应人员签署。

3)用于试验报告、运行调试的报审时,由施工单位完成自检合格,填报报审、报验表并附上相应工程试验、运行调试记录等资料及规范对应条文的用表,报送项目监理机构。

4)用于试验检测单位、重要建筑材料设备分供单位及施工单位人员资质报审时,由试验检测单位、施工单位提供资质证书、营业执照、岗位证书等证明文件(提供复印件的应由本单位在复印件上加盖红章)按时向项目监理机构报验。

3. 工程材料/构配件/设备报审表

工程材料/构配件/设备报验表是承包单位对拟进场的主要材料、构配件、设备，经自检合格后报项目监理机构进行进场验收，并将复试结果及出厂质量证明文件作为附件报项目监理机构审核、确认，进而给予批复的文件。

(1)工程材料/构配件/设备报审表样式，见表3-17。

表3-17 工程材料/构配件/设备报审表

工程名称：_____　　　　　　　　　　　　　　　　　　　　　　　　编号：

致：_____(项目监理机构) 　于_____年_____月_____日进场的拟用于工程_____部位的_____(工程材料/构配件/设备)，经我方检验合格。现将相关资料报上，请予以审查。 附件： 　1. 工程材料、构配件或设备清单。 　2. 质量证明文件(质量证明、复检报告)。 　3. 自检结果。 　　　　　　　　　　　　　　　　　　　　　　　施工项目经理部(盖章) 　　　　　　　　　　　　　　　　　　　　　　　项目经理(签字) 　　　　　　　　　　　　　　　　　　　　　　　　　　　年　月　日
审查意见： 　经检查上述工程材料/构配件/设备，符合/不符合设计文件和规范的要求，准许/不准许进场，同意/不同意使用于拟定部位。 　经检查 　1. 质量相关文件齐全、有效/不齐全、无效。 　2. 材料试验□合格/不合格。予以/不予以验收。 审定结论： 　□同意。□重新检验。□补报资料。□退场。 　　　　　　　　　　　　　　　　　　　　　　　项目监理机构(盖章) 　　　　　　　　　　　　　　　　　　　　　　　专业监理工程师(签字) 　　　　　　　　　　　　　　　　　　　　　　　　　　　年　月　日
注：本表一式两份，项目监理机构、施工单位各一份。

(2)填表说明。

1)承包单位应对拟进场的工程材料、构配件和设备(包括建设单位采购的工程材料、构配件和设备)，按有关规定对工程材料进行自检和复试，对构配件进行自检，对设备进行开箱检查，符合要求后填写工程材料/构配件/设备报审表，并附上清单、质量证明资料及自检结果报项目监理机构。

2)专业监理工程师应对承包单位报送的工程材料/构配件/设备报审表及其质量证明等资料进行审核，并应对进场的工程材料、构配件和设备实物，按照委托合同的约定或有关工程质量管理文件的规定比例，进行见证取样送检(见证取样送检情况应记录在监理日志中)。

3)对进口材料、构配件和设备,应按照事先约定,由建设单位、承包单位、供货单位、项目监理机构及其他有关单位进行联合检查,检查情况及结果应整理成纪要,并请有关各方代表签字。

4)经专业监理工程师审核检查合格,签认工程材料/构配件/设备报审表,对未经专业监理工程师验收或验收不合格的工程材料、构配件和设备,专业监理工程师应拒绝签认,并应签发监理工程师通知单,书面通知承包单位限期运出现场。

5)材料配件包括消耗材料和安全措施用料等,如焊条、焊剂、脚手架等,同样要求用此表报验。

4. 监理通知单

监理通知单是指监理工程师在检查承包单位在施工过程中发现的问题后,用通知单这一书面形式通知承包单位并要求其进行整改,整改后再报监理工程师复查。

(1)监理通知单样式,见表 3-18。

表 3-18 监理通知单

工程名称:_____   编号:

致:_____(施工项目经理部)
事由:
内容:
项目监理机构(盖章) 总/专业监理工程师(签字) 年　月　日

注:本表一式三份,项目监理机构、建设单位、施工单位各一份。

(2)填表说明。

1)在监理工作中,项目监理机构按委托监理合同授予的权限,对承包单位发出指令、提出要求,除另有规定外,均应采用此表。监理工程师现场发现施工过程中存在问题时发出的口头指令及要求,也应采用此表予以确认。

2)监理通知单,承包单位应签收和执行,并将执行结果用《监理通知回复单》报监理机构复核。

3)监理通知单一般问题可由专业工程监理工程师签发,重大问题应经总监理工程师同意后签发或由总监理工程师本人签发。

4)"事由"应填写通知内容的主题词,相当于标题。

5)"内容"应写明发生问题的具体部位、具体内容,并写明监理工程师的要求、依据。必要时,应补充相应的文字、图纸、图像等作为附件进行具体说明。通知单中的内容主要有以下几项:

①施工过程中出现了与设计图纸不符,与规范、规程及监理工作要求相违背的问题后,由监理单位向施工、材料供应等单位发出通知,通知中应说明违章的内容、程度、建议或改正措施。

②建设单位组织协调确定的事项;需要设计、施工、材料等各方实施,且需由监理单位发出通知的事宜。

③监理在旁站、巡视过程中发现需要及时纠正的事宜;通知应包括工程部位、地段、发现时间、问题性质、要求处理的程度等。

④试验结果需要说明或指正的内容等。

5. 监理通知回复

施工项目部在收到监理通知后,应按要求进行逐条整改,自检合格后以监理通知回复的形式报监理机构复查。

(1)监理通知回复单样式,见表3-19。

表3-19 监理通知回复单

工程名称:_____　　　　　　　　　　　　　　　　　　　　　　编号:

致:_____(项目监理机构) 我方接到编号为_____的监理通知后,已按要求完成相关工作,请予以复查。 附:需要说明的情况 　　　　　　　　　　　　　　　　　　　　施工项目经理部(盖章) 　　　　　　　　　　　　　　　　　　　　项目经理(签字) 　　　　　　　　　　　　　　　　　　　　　　　　年　月　日
复查意见: 　　　　　　　　　　　　　　　　　　　　项目监理机构(盖章) 　　　　　　　　　　　　　　　　　　　　总/专业监理工程师(签字) 　　　　　　　　　　　　　　　　　　　　　　　　年　月　日

注:本表一式三份,项目监理机构、建设单位、施工单位各一份。

(2)填表说明。

1)施工单位在落实监理通知单后,报项目监理机构检查复核。

2)针对《监理通知单》的要求,简要说明落实过程、结果及自检情况,必要时附有关证明资料。

3)收到施工单位报送的监理通知回复后,一般由原发出通知单的专业监理工程师对现场整改情况和附件资料进行核查,认可整改结果后,填写"已按监理通知单整改完毕,经检查符合要求"的意见,若不符合要求,应具体指明不符合要求的项目或部位,签署"不符合要求,要求承包单位继续整改"的意见。

6. 旁站记录

旁站记录是指监理人员在工程施工监理过程中,对关键部位、关键工序的施工质量,实施监督活动所见证的有关情况的记录。

(1)旁站记录样式,见表3-20。

表3-20 旁站记录

工程名称:_____　　　　　　　　　　　　　　　　　　　　编号:

旁站的关键部位、关键工序		施工单位	
旁站始时间	年　月　日　时　分	旁站结束时间	年　月　日　时　分
旁站的关键部位、关键工序施工情况:			
发现的问题及处理情况:			
旁站监理人员(签字) 　　　　　　　　　　　　　　　　　　　　　年　　月　　日			

注:本表一式一份,项目监理机构留存。

(2)资料要求。

1)旁站记录表为项目监理机构记录旁站工作情况的通用表式。项目监理机构可根据需要增加附表。

2)承包单位根据项目监理机构制订的旁站监理方案,在需要实施的关键部位、关键工序进行施工前24小时,书面通知项目监理机构。

3)凡旁站监理人员和承包单位现场质检人员未在旁站监理记录上签字的,不得进行下一道工序的施工。凡在规定的关键部位、关键工序未实施旁站监理或没有旁站监理记录的,专业监理工程师或总监理工程师不得在相应文件上签字。

4)旁站监理记录在工程竣工验收后,由监理单位归档备查。

5)旁站记录表中"施工情况"包括施工单位质检人员到岗情况、特殊工种人员持证情况,以及施工机械、材料准备与关键部位、关键工序的施工是否按(专项)施工方案和工程建设强制性标准执行等情况。处理情况是指旁站人员对于所发现问题的处理。

3.3.5　工程造价控制资料

1. 工程款支付报审表

工程款支付报审是指承包单位根据施工合同中有关工程款支付约定的条款,向项目监理机构申请支付工程预付款、工程进度款、工程结算款的申请。申请支付工程款金额应包括合同内工程款、工程变更增减费用、批准的索赔费用,扣除应扣预付款、保留金及施工合同中约定的其他费用。

(1)工程款支付报审表样式,见表3-21。

表3-21 工程款支付报审表

工程名称:_____　　　　　　　　　　　　　　　　　　　　　　　编号:

致:_____(项目监理机构) 　　根据施工合同约定,我方已完成_____工作,建设单位应在_____年_____月_____日前支付该项工程款共(大写)_____(小写:_____)。请予以审核。 附件: □已完成工程量报表 □工程竣工结算证明材料 □相应支付性证明文件 　　　　　　　　　　　　　　　　　　　　　　　施工项目经理部(盖章) 　　　　　　　　　　　　　　　　　　　　　　　　　项目经理(签字) 　　　　　　　　　　　　　　　　　　　　　　　　　　　年　月　日
审查意见: 1. 施工单位应得款为: 2. 本期应扣款为: 3. 本期已付款为: 附件:相应支持性材料 　　　　　　　　　　　　　　　　　　　　　　　　专业监理工程师(签字) 　　　　　　　　　　　　　　　　　　　　　　　　　　　年　月　日
审核意见: 　　　　　　　　　　　　　　　　　　　　　　　　项目监理机构(盖章) 　　　　　　　　　　　　　　　　　　　总监理工程师(签字、加盖执业印章) 　　　　　　　　　　　　　　　　　　　　　　　　　　　年　月　日
审批意见: 　　　　　　　　　　　　　　　　　　　　　　　　　　建设单位(盖章) 　　　　　　　　　　　　　　　　　　　　　　　　建设单位代表(签字) 　　　　　　　　　　　　　　　　　　　　　　　　　　　年　月　日
注:本表一式三份,项目监理机构、建设单位、施工单位各一份。

(2)填表说明。

1)承包单位根据施工合同中工程款支付约定,向项目监理机构申请开具工程款支付证书。

2)"我方已完成_____工作"填写经专业监理工程师验收合格的工程;定期支付进度款填写本支付期内经专业监理工程师验收合格工程的工作量。

3)"已完成工程量报表"是指本次付款申请中的经专业监理工程师验收合格工程的工程量统计报审表。

4)计算方法是指以专业监理工程师签认的工程量按施工合同约定或采用有关定额(或其他计价方法的单价)的工程价款计算。

5)根据施工合同约定,需建设单位支付工程预付款的,也采用此表向监理机构申请支付。工程款申请中如有其他和付款有关的证明文件和资料,应附相关证明资料。

2. 工程款支付证书

工程款支付证书是项目监理机构在收到承包单位的工程款支付报审表后,根据承包合同和有关规定审查复核后签署的,用于建设单位应向承包单位支付工程款的证明文件。它是项目监理机构向建设单位转呈的支付证明书。

(1)工程款支付证书样式,见表3-22。

表3-22 工程款支付证书

工程名称:_____		编号:
致:_____(建设单位)		
根据工程施工合同约定,经审核施工单位编号为_____工程款支付申请表,扣除有关款项后,同意本期支付工程款共计(大写)_____(小写:_____)。		
其中:		
1. 施工单位申报款为:		
2. 经审核施工单位应得款为:		
3. 本期应扣款为:		
4. 本期应付款为:		
附件:工程款支付报审表及附件:		
	项目监理机构(盖章)	
	总监理工程师(签字、加盖执业印章)	
	年 月 日	
注:本表一式三份,项目监理机构、建设单位、施工单位各一份。		

(2)填表说明。

1)"施工单位申报款"是指施工单位向监理机构申报工程款支付报审表中申报的工程款额。

2)"经审核施工单位应得款"是指经专业监理工程师对施工单位向监理机构填报《工程款支付报审表》审核后,核定的工程款额,包括合同内工程款、工程变更增减费用、经批准的索赔费用等。

3)"本期应扣款"是指施工合同约定本期应扣除的预付款、保修金及其他应扣除的工程款的总和。

4)"本期应付款"是指经审核施工单位应得款额减本期应扣款额的余额。

5)监理机构审查记录是指总监理工程师指定专业监理工程师,对承包单位向监理机构申报的《工程款支付报审表》及其附件的审查记录。

6)总监理工程师是指定专业监理工程师对工程款支付申请中包括合同内工作量、工程变更增减费用、经批准的费用索赔、应扣除的预付款、保修金及施工合同约定的其他支付费用等项目应逐项审核,并填写审查记录,提出审查意见报总监理工程师审核签认。

7)工程量计量和工程款支付方法如下:

①专业监理工程师对承包单位报送的工程款支付申请表进行审核时,应会同承包单位对现场实际完成情况进行计量,对验收手续齐全、资料符合验收要求并符合施工合同规定的计量范围内的工程量予以核定。

②工程款支付申请中包括合同内工程款、工程变更增减费用、经批准的索赔费用,应扣除的预付款、保修金及施工合同约定的其他支付费用,专业监理工程师应逐项审查后提出审查意见,报总监理工程师审核签认。

3. 费用索赔报审表

费用索赔报审表是承包单位向建设单位提出费用索赔的事项,报项目监理机构审查、确认和批复的资料。总监理工程师应在施工合同约定的期限内签发《费用索赔报审表》,或发出要求承包单位提交有关费用索赔的进一步详细资料的通知。

(1)费用索赔报审表样式,见表3-23。

表3-23 费用索赔报审表

工程名称:_____   编号:

致:_____(项目监理机构) 根据施工合同_____条款,由于_____的原因,我方申请索赔金额(大写)_____元,请予批准。 索赔理由: 附:□索赔金额计算 　　□证明材料 　　　　　　　　　　　　　　　　　　　　施工项目经理部(盖章) 　　　　　　　　　　　　　　　　　　　　　　项目经理(签字) 　　　　　　　　　　　　　　　　　　　　　　　　年　月　日
审核意见: 　□不同意此项索赔。 　□同意此项索赔,索赔金额为(大写)_____。 同意/不同意索赔的理由: 附件:□索赔审查报告 　　　　　　　　　　　　　　　　　　　　　项目监理机构(盖章) 　　　　　　　　　　　　　　　　　总监理工程师(签字、加盖执业印章) 　　　　　　　　　　　　　　　　　　　　　　　　年　月　日
审批意见: 　　　　　　　　　　　　　　　　　　　　　　　　建设单位(盖章) 　　　　　　　　　　　　　　　　　　　　　　建设单位代表(签字) 　　　　　　　　　　　　　　　　　　　　　　　　年　月　日

注:本表一式三份,项目监理机构、建设单位、施工单位各一份。

(2)填表说明。

1)依据合同规定,由于非施工单位原因造成的费用增加,导致施工单位要求费用补偿时方可申请。

2)施工单位在费用索赔事件结束后的规定时间内,填报费用索赔报审表,向项目监理机构提出费用索赔。并附上证明材料,附件包括:索赔的详细理由及经过、索赔金额的计算,证明材料必须齐全真实,对任何形式的不符合费用索赔的内容,承包单位不得提出申请。

3)收到施工单位报送的费用索赔报审表后,总监理工程师应组织专业监理工程师按标准规范及合同文件有关章节要求进行审核与评估,并与建设单位、施工单位协商一致后进行签认,报建设单位审批,不同意部分应说明理由。

4)总监理工程师对承包单位提出的索赔申请进行审核后,应附索赔审查报告,报告内容可分为正文和附件两个部分。正文包括受理索赔的日期,工作概况,确认的索赔理由及合同依据,经过调查、讨论、协商而确定的计算方法及由此而得出的索赔批准额和结论;附件包括总监理工程师对索赔的评价,承包单位的索赔报告及其有关证据、资料。

5)索赔成立一般应同时满足以下三个条件:

①索赔事件造成了承包单位直接经济损失。

②索赔事件是由于非承包单位的责任发生的。

③承包人按合同规定的期限和程序提交了索赔意向通知书和《工程费用索赔申请表》,并附有索赔凭证材料。

3.3.6 工程竣工验收资料

根据施工总进度计划,施工单位已完成施工合同所约定的所有工程量,并完成自检工作,工程验收资料已整理完毕,向项目监理机构提出竣工验收申请,监理机构进行预验收。

(1)单位工程竣工验收报审表,见表3-24。

表3-24 单位工程竣工验收报审表

工程名称:_____ 编号:

致:_____(项目监理机构) 　我方已按施工合同要求完成_____工程,经自检合格,现将有关资料报上,请予以预验收。 附件:质量验收资料   　　　　　　　　　　　　　　　　　　　　施工单位(盖章) 　　　　　　　　　　　　　　　　　　　　项目经理(签字) 　　　　　　　　　　　　　　　　　　　　　　　年　月　日
预验收意见: 　　　　　　　　　　　　　　　　　　　　项目监理机构(盖章) 　　　　　　　　　　　　　　　　　　　　总监理工程师(签字、加盖执业印章) 　　　　　　　　　　　　　　　　　　　　　　　年　月　日
注:本表一式三份,项目监理机构、建设单位、施工单位各一份。

(2)填表说明。

1)施工单位已按工程施工合同约定完成设计文件所要求的施工内容,并对工程质量进行了全面自检,在确认工程质量符合法律、法规和工程建设强制性标准规定、符合设计文件及合同要求后,向项目监理机构填报单位工程竣工验收报审表。

2)表中质量验收资料是指能够证明工程按合同约定完成并符合竣工验收要求的全部资料,包括各分部(子分部)工程验收记录、单位(子单位)工程质量控制资料核查记录、单位(子单位)工程安全和功能检验资料核查及主要功能抽查记录、单位(子单位)工程观感质量检查记录表等。对需要进行功能试验的工程(包括单机试车、无负荷试车和联动调试),应包括试验报告。

3)项目监理机构在收到单位工程竣工验收报审表后应及时组织工程竣工预验收。

3.3.7 其他资料

1. 工作联系单

工程建设相关方(建设单位、施工单位、监理单位、设计单位、勘察单位)之间的日常书面联系文件包括告知、督促、建议等事项。

(1)工作联系单样式,见表 3-25。

表 3-25 工作联系单

工程名称：_____	编号：

致：
发文单位
负责人(签字)
年　　月　　日

(2)填表说明。

1)工作联系的内容包括施工过程中,与监理有关的某一方需向另一方或几方告知某一事项或督促某项工作、提出某项建议等。

2)发出单位有权签发的负责人应为:建设单位的现场代表、施工单位的项目经理、监理单位的项目总监理工程师、设计单位的本工程设计负责人及项目其他参建单位的相关负责人等。

2. 工程变更单

依据合同和实际情况对工程进行变更时,在变更单位提出变更要求后,由建设单位、设计单位、监理单位和施工单位共同签认意见。

(1)工程变更单样式,见表 3-26。

表 3-26 工程变更单

工程名称：　　　　　　　　　　　　　　　　　　　　　　　　　　编号：

致：
由于_____原因，兹提出_____工程变更，请予以审批。
附件：
□变更内容
□变更设计图
□相关会议纪要
□其他
变更提出单位：
负责人：
年　　月　　日

工程量增/减	
费用增/减	
工期变化	

施工项目经理部(盖章)	设计单位(盖章)
项目经理(签字)	设计负责人(签字)
项目监理机构(盖章)	建设单位(盖章)
总监理工程师(签字)	负责人(签字)

注：本表一式四份，建设单位、项目监理机构、设计单位、施工单位各一份。

(2)填表说明。

1)工程变更单应由提出方填写，写明工程变更原因、工程变更内容，并附必要的附件，包括工程变更的依据、详细内容、图纸，对工程造价、工期的影响程度分析，对功能、安全影响的分析报告。

2)对涉及工程设计文件修改的工程变更，应由建设单位转交原设计单位修改工程设计文件。

建设工程监理规范表格及监理审批意见范例

任务练习

1. 无论由何方原因造成的工程暂停，在暂停原因消失具备复工条件时，施工单位都应及时填写(　　)报项目监理部审批。
   A. 费用索赔报审表　　　　　　　　B. 工程变更费用报审表
   C. 工程复工报审表　　　　　　　　D. 临时签证报审表

2. 根据施工中发现的质量问题，由总监理工程师签发的《监理通知》，属于(　　)类文件。

A. 监理管理　　　B. 质量控制　　　C. 进度控制　　　D. 造价控制
3. (　　)在实施旁站监理时填写《旁站监理记录》。
　　A. 监理人员　　　B. 总监工程师　　C. 质量检查员　　D. 技术员
4. 《分包单位资格报审表》由(　　)单位填报。
　　A. 分包　　　　　B. 总承包　　　　C. 施工　　　　　D. 监理
5. 根据有关要求,施工组织设计(方案)须在实施前报(　　)审核、签认。
　　A. 监理单位　　　B. 监理机构　　　C. 建设单位　　　D. 施工项目部
6. 收到施工单位报送的《施工控制测量成果报验表》后,报(　　)批复。
　　A. 总监理工程师　B. 专业监理工程师　C. 监理员　　　　D. 总监代表
7. 由(　　)签发工程开工令,承包商在接到开工令后,迅速开始施工。
　　A. 专业监理工程师 B. 甲方代表　　　C. 总监理工程师　D. 项目经理
8. 分包工程(　　),专业监理工程师应审查承包单位报送的分包单位资格报审表和分包单位有关资质资料,符合有关规定后由总监理工程师予以签认。
　　A. 开工前　　　　B. 开工后　　　　C. 施工中　　　　D. 施工完成后
9. 《工程款支付证书》是项目监理机构在收到承包单位的《工程款支付报审表》后,根据承包合同和有关规定审查复核后签署的,用于建设单位应向(　　)支付工程款的证明文件。
　　A. 施工单位　　　B. 监理单位　　　C. 勘察单位　　　D. 设计单位
10. 费用索赔报审表是承包单位向建设单位提出费用索赔的事项,报(　　)审查、确认和批复的资料。
　　A. 施工项目部　　B. 项目监理机构　C. 建设单位项目部 D. 设计单位

任务总结

　　本项目主要讲解了建筑工程监理资料管理,监理资料是监理工作的原始记录,是评定监理工作、界定监理责任的证据,也是工程资料档案的重要组成部分。切实、有效地对监理资料进行管理对工程项目的建设至关重要。

巩固训练

一、单项选择题

1. 施工组织设计(施工方案)报审表必须加盖(　　)公章,项目经理签字。
　　A. 建设单位　　　B. 建设单位项目部　C. 承包单位　　　D. 承包单位项目部
2. (　　)是对施工过程中有关技术管理和施工管理活动及其效果逐日作出的连续、完整的原始记录。
　　A. 技术交底　　　B. 安全交底　　　C. 施工检查记录　D. 施工日志
3. 施工组织设计(方案)是(　　)提请项目监理机构对施工组织设计进行批复的文件资料。

A. 施工单位　　　B. 建设单位　　　C. 设计单位　　　D. 主管部门
4. 由设计单位或建设单位提出的技术修改或工程变更，采用（　　）。
   A. 工程变更单　　B. 技术核定单　　C. 通知单　　　　D. 更改证明
5. 总监理工程师主持编制监理规划，交（　　）审核后，在第一次工地会议前交建设单位审批。
   A. 企业技术负责人　　　　　　B. 项目技术负责人
   C. 甲方代表　　　　　　　　　D. 监理单位法人代表
6. 监理月报应由（　　）组织编制，签认后报送建设单位和本监理单位。
   A. 专业监理工程师　　　　　　B. 项目技术负责人
   C. 总监理工程师　　　　　　　D. 项目经理
7. （　　）应实地查验放线精度是否符合规范及标准要求，施工轴线控制桩的位置、轴线和高程的控制标志是否牢靠、明显等，经审核、查验合格后，签认施工测量报验申请表。
   A. 专业监理工程师　　　　　　B. 项目技术负责人
   C. 总监理工程师　　　　　　　D. 项目经理
8. 《工程开工报审表》除委托监理合同中注明需建设单位批准外均由（　　）最终签发。
   A. 专业监理工程师　　　　　　B. 项目技术负责人
   C. 总监理工程师　　　　　　　D. 项目经理
9. （　　）专业监理工程师应审查承包单位报送的分包单位资格报审表和分包单位有关资质资料。
   A. 总包工程开工前　B. 分包工程开工前　C. 工程竣工后　　D. 施工过程中
10. 分包单位业绩材料是指分包单位近（　　）年完成的与分包工程内容类似的工程及质量情况。
    A. 三　　　　　B. 一　　　　　C. 两　　　　　D. 半
11. 下列文件中，（　　）是编制监理规划的重要依据。
    A. 施工合同　　　　　　　　　B. 勘察合同
    C. 监理合同　　　　　　　　　D. 设计合同
12. 建设工程监理进度控制是指在整个项目实施阶段开展管理活动，力求实现项目（　　）工期不超过计划工期。
    A. 开工　　　　　　　　　　　B. 竣工验收
    C. 主体完成　　　　　　　　　D. 实际
13. 下列人员中，（　　）不是建设工程监理规划的参编或审查者。
    A. 专业技术负责人　　　　　　B. 总监理工程师
    C. 专业监理工程师　　　　　　D. 监理员
14. 第一次工地会议会议纪要由（　　）负责整理。
    A. 施工单位　　　　　　　　　B. 监理机构
    C. 监理单位　　　　　　　　　D. 施工项目部

二、多项选择题
1. 下列属于监理造价控制资料的有（　　）。
   A. 工程款支付报审表　　　　　B. 工程款支付证书

C. 费用索赔报审表　　　　　　　　D. 施工组织设计报审表
　　E. 监理实施细则
2. 监理会议纪要由项目监理部记录整理，内容主要包括(　　)。
　　A. 例会的时间与地点　　　　　　　B. 会议内容
　　C. 会议决议定　　　　　　　　　　D. 当月的监理小结
　　E. 参会人员
3. 下列(　　)资料属于监理进度控制资料。
　　A. 工程开工报审表　　　　　　　　B. 工程复工报审表
　　C. 工程暂停令　　　　　　　　　　D. 工程进度款报审表
　　E. 隐蔽工程检查验收记录
4. 下列(　　)资料属于工程造价控制资料。
　　A. 工程款支付报审表　　　　　　　B. 工程款支付证书
　　C. 费用索赔报审表　　　　　　　　D. 旁站记录
　　E. 施工组织设计报审表
5. (　　)之间的日常书面联系文件，包括告知、督促、建议等事项。
　　A. 建设单位　　B. 施工单位　　C. 质监部门　　D. 安监部门
　　E. 监理单位
6. 参与工程建设各方共同使用的监理表格有(　　)。
　　A. 工程暂停令　　　　　　　　　　B. 工程变更单
　　C. 工程款支付证书　　　　　　　　D. 监理工作联系单
　　E. 监理工程师通知回复单
7. 可能导致工期延期的原因有(　　)。
　　A. 设计变更　　　　　　　　　　　B. 工程量增加
　　C. 发生不可抗力　　　　　　　　　D. 质量事故导致停工
　　E. 施工工人罢工
8. 对危及结构安全或使用功能的分项工程整改方案的报审，在证明文件中应有(　　)各方共同认可的书面意见。
　　A. 建设单位　　B. 设计单位　　C. 勘察单位　　D. 监理单位
　　E. 施工单位
9. 工程变更单应交(　　)各一份。
　　A. 建设单位　　B. 设计单位　　C. 项目监理机构　　D. 监理单位
　　E. 施工单位
10. 监理通知应交(　　)各一份。
　　A. 建设单位　　B. 设计单位　　C. 项目监理机构　　D. 监理单位
　　E. 施工单位

三、问答题
1. 监理规划由谁编制？何时编制？其作用有哪些？
2. 监理实施细则的编制要求有哪些？
3. 监理月报的作用有哪些？
4. 工程支付报审表和施工组织设计报审表的报审流程分别是什么？

四、案例分析

某城市建设项目，建设单位委托监理单位承担施工阶段的监理任务，并通过公开招标选定甲施工单位作为施工总承包单位。工程实施中发生了下列事件：

事件1：桩基工程开始后，专业监理工程师发现，甲施工单位未经建设单位同意将桩基工程分包给乙施工单位，为此，项目监理机构要求暂停桩基施工。征得建设单位同意分包后，甲施工单位将乙施工单位的相关材料报项目监理机构审查，经审查乙施工单位的资质条件符合要求，可进行桩基施工。

事件2：在桩基施工过程中，出现断桩事故。经调查分析，此次断桩事故是因为乙施工单位抢进度，擅自改变施工方案引起。对此，原设计单位提供的事故处理方案为：断桩清除，原位重新施工。乙施工单位按处理方案实施。

问题：
1. 在事件1中，项目监理机构对乙施工单位资质审查的程序和内容是什么？
2. 项目监理机构应如何处理事件2中的断桩事故？

五、项目实训

案例1：在龙跃大厦的施工过程中，监理人员于2016年7月18—20日连续发现基坑南侧市政管线竖向位移监测值超过设计报警值，管线附近地表开裂范围较大，施工单位采取的措施未能有效控制管线位移，总监理工程师立即报告建设单位，并发出编号为T—001的工程暂停令。

案例2：对于基坑南侧市政管线竖向位移监测值超过设计报警值的事件，总监理工程师立即发出《工程暂停令》(T—001)，施工单位并未停工整改，总监理工程师基于此向质监单位提交了《监理报告》(BG—002)。在有关行政单位的监督下施工单位采取了针对性措施，基坑南侧管线竖向位移得到有效控制，故于2016年7月23日提出复工申请。监理单位核实了相关情况，并签发了工程复工令。

请用品茗资料管理软件完成以上监理资料的填写。

项目 4　施工单位资料管理

项目目标

建设工程施工资料是工程资料中最重要的一个板块，不仅重要程度高，而且内容量较大，涉及单位广泛。施工资料是施工项目质量、安全、进度控制的客观反映；同时，也是施工单位合同履行、信息管理执行的重要凭证。因此，施工单位文件资料的管理是工程项目实施阶段管理的核心内容。

教学要求

学习任务	知识点要求
任务 4.1　施工单位资料管理概述	(1)熟悉施工单位资料管理的概念； (2)熟悉施工资料管理的重要性； (3)掌握施工单位资料相应的管理制度； (4)熟悉施工单位文件资料的种类
任务 4.2　工程施工管理资料	(1)熟悉施工现场质量管理检查记录； (2)掌握施工日志的填写； (3)了解工程质量事故报告； (4)掌握见证取样与送检管理资料
任务 4.3　工程施工物资资料	(1)熟悉施工物资资料的管理原则； (2)熟悉施工物资资料常用表格； (3)掌握主要施工物资应具备的资料及注意事项
任务 4.4　工程施工测量记录	(1)掌握工程定位测量及复测记录用表； (2)掌握轴线检查记录； (3)掌握标高检查记录； (4)了解垂直度检查记录
任务 4.5　工程施工技术资料	(1)掌握图纸会审和设计交底记录用表； (2)熟悉设计变更文件； (3)熟悉设计变更通知汇总表； (4)了解工程洽商记录用表

续表

学习任务	知识点要求
任务 4.6　工程施工记录	（1）掌握隐蔽工程验收记录； （2）掌握隐蔽工程常用资料表格； （3）掌握钢筋隐蔽工程隐蔽检查记录； （4）了解人工挖孔桩成孔隐蔽检查记录； （5）熟悉砌体配筋隐蔽检查记录； （6）熟悉屋面隐蔽检查记录
任务 4.7　工程施工试验记录	（1）掌握钢筋原材与接头试验报告和记录； （2）掌握混凝土施工试验报告与记录； （3）了解砂浆试验报告与记录； （4）了解其他材料试验报告

任务 4.1　施工单位资料管理概述

任务导入

施工单位资料是在施工过程中逐步形成的。在施工阶段，技术要求高，涉及专业种类较多，形成资料也是最为复杂的。可以说，是在工程资料中，管理难度最大的一个板块。为确保施工资料的管理能够满足工程建设要求，施工单位应在开工前，建立合理的资料工作程序、资料收集、资料借阅、资料签发、资料归档等制度。确定有专人负责，专人落实，与工程进度同步。

4.1.1　施工单位资料管理的概念

建设工程施工文件资料的管理，是施工单位项目部在进行工程施工阶段的工作期间，对建设工程实施过程中形成的与施工相关质量、隐蔽、信息、合同、安全、进度等文件和档案进行收集积累、加工整理、立卷归档及检索利用等一系列工作。建设工程施工资料管理的对象是监理文件档案资料，它们是工程信息化管理的主要载体之一。

4.1.2　施工资料管理的重要性

（1）在建设工程中，施工资料是建设施工中的一项重要组成部分，是工程建设及竣工验收的必备条件，也是对工程进行检查、维护、管理、使用、改建和扩建的原始依据。住房和城乡建设部与各地方建设部门对工程资料管理工作都非常重视，多次强调要做好工程资料工作，明确指出：任何一项工程如果工程资料不符合标准规定，则判定该项工程不合格，对工程质量具有否决权。随着建筑业的发展迅速，建筑市场的不断规范，注重工程建设的管理尤为重要。

（2）随着社会的发展，国家对基础设施的投入大大加强，对建筑工程的质量、进度等各方面的要求更加严格,也更加规范。由于工程项目一般都具有隐蔽性,所以,对于工程质量的检查以及规范,主要通过施工资料来体现,一个工程项目施工资料的完整与质量的好坏,直接影响到这个工程项目的好坏,所以,施工资料的管理是一个非常重要的组成环节。

(3)施工资料是记载建筑工程施工活动全过程的一项重要内容,施工资料管理工作直接反映了一个建筑施工企业的管理水平。

4.1.3 施工单位资料管理制度

1. 施工技术资料

施工技术资料由项目总工主管。

2. 主管技术负责人资料职责

(1)组织经理部、分部技术部门,贯彻执行施工单位资料管理制度的各项规定,并负责监督检查。

(2)负责档案工作的总体安排,定期检查档案工作。

(3)布置和检查各项工作的同时要布置和检查档案文件材料的形成和归档。

3. 资料管理室人员职责

(1)资料管理室由工程部负责,贯彻执行施工单位资料管理制度统一管理档案。

(2)负责检查和协助各分部及有关资料管理员做好文件材料的形成、积累、整理和立卷归档工作。

(3)对各分部档案管理的质量好坏,给予奖励和处罚。

(4)参加建设项目竣工及重要设备开箱的文件材料验收工作,专职或兼职档案管理员必须参加。

4. 资料室工作制度

(1)试验室所有的原始数据、技术资料、试验、检测报告和仪器设备档案资料等,均由资料室负责收集、保管。

(2)借阅各种技术资料必须履行登记手续,且只限于本试验室人员,并按期归还。

(3)及时收集最新的规程和规范,已作废的老规范、规程在新规范、规程实施后应及时封存。

工程施工资料管理流程

(4)存档的试验、检测报告不外借、不复制(指非本试验室人员),没有试验室负责人的批准,任何人不得调阅存档试验、检测报告以及计算机内的技术资料,做好文件保密工作。

(5)原始数据、试验报告保存期为三年,如需要则继续保存。

(6)各类资料到期销毁,应用资料保管员提出申请,经试验室负责人严格审查后方可进行。

(7)保持室内的环境卫生,防止资料霉变、虫蛀,应采用湿式打扫,减少灰尘。

4.1.4 施工单位文件资料的种类

施工资料一般可分为工程技术管理、工程质量保证、工程质量验收三大类。根据资料的性质可将其划分为七小类。

1. 施工管理资料

(1)工程概况表。

(2)工程开工报告。
(3)工程竣工报告。
(4)工程停工报告。
(5)工程复工报告。
(6)施工进度计划分析。
(7)项目大事记。
(8)施工日志。
(9)不合格项处置记录。
(10)工程质量事故报告。
(11)施工总结。

2. 工程技术资料

(1)工程技术文件报审表。
(2)技术管理资料。
(3)设计变更文件。

工程资料报验程序流程

3. 工程测量记录

(1)工程定位测量记录。
(2)地基验槽记录。
(3)楼层放线记录。
(4)沉降观测记录。
(5)建筑物垂直度观测记录。

4. 工程施工记录

(1)通用记录。
(2)土建专用施工记录。
(3)建筑安装专用施工记录。

5. 工程试验检验记录

(1)施工试验记录(通用)。
(2)结构专用施工试验记录。
(3)设备试运转记录。
(4)电气专用施工试验记录。
(5)管道专用施工试验记录。
(6)通风空调专用施工试验记录。
(7)电梯专用施工试验记录。

6. 工程物资资料

施工物资资料统一用表,见现行建筑工程材料(构件)检验(试验、检测)报告用表。

7. 施工验收资料

(1)工程检验批质量验收记录表。
(2)分项工程质量验收记录。
(3)分项(子分部)工程质量验收记录。

(4)单位(子单位)工程质量竣工验收记录。
(5)单位(子单位)工程质量控制资料核查记录。
(6)单位(子单位)工程安全和功能检验资料核查及主要功能抽查记录。
(7)单位(子单位)工程观感质量检查记录。
(8)施工现场质量管理检查记录。
(9)工程检验批质量检查记录表(通用)。

任务练习

1. 施工单位资料由(　　)主管。
   A. 项目技术负责人　　　　　　　B. 项目经理
   C. 总监理工程师　　　　　　　　D. 二级建造师
2. 施工资料主要发生在(　　)。
   A. 决策阶段　　　　　　　　　　B. 施工阶段
   C. 使用阶段　　　　　　　　　　D. 维修阶段
3. (　　)资料是工程信息化管理的主要载体之一。
   A. 施工　　　　　　　　　　　　B. 监理
   C. 档案馆　　　　　　　　　　　D. 劳务
4. (　　)资料是工程建设及竣工验收的必备条件,也是对工程进行检查、维护、管理、使用、改建和扩建的原始依据。
   A. 施工　　　B. 监理　　　C. 勘察　　　D. 设计
5. 工程施工资料确定由(　　)负责落实工作,与工程进度同步。
   A. 兼职　　　B. 项目经理　　　C. 专人　　　D. 监理工程师
6. 及时收集最新的规程和规范,已作废的老规范、规程在新规范、规程实施后应(　　)。
   A. 继续使用　　　　　　　　　　B. 选择使用
   C. 申请有关部门继续使用　　　　D. 作废
7. 原始数据、试验报告保存期为(　　)年,如需要则继续保存。
   A. 1　　　B. 2　　　C. 3　　　D. 4
8. 下列不属于工程测量记录的是(　　)。
   A. 垂直度测量　　B. 水准点保护　　C. 水准测量　　D. 沉降观测
9. 存档的试验、检测报告(　　)(指非本试验室人员)没有试验室负责人的批准,任何人不得调阅存档试验、检测报告以及计算机内的技术资料,做好文件保密工作。
   A. 可以外借　　B. 不得外借　　C. 可以复印　　D. 可以借阅电子版
10. 下列不属于施工验收资料的是(　　)。
    A. 检验批　　B. 分项工程验收　　C. 分部工程验收　　D. 分段工程验收
11. 由于工程项目一般都具有＿＿＿＿＿＿＿的,所以,对于工程质量的检查以及规范,主要通过施工资料来体现。
12. 存档的试验、检测报告＿＿＿＿＿＿＿(指非本试验室人员),没有试验室负责人的批准,任何人不得调阅存档试验、检测报告以及微机内的技术资料,做好文件保密工作。
13. 施工资料一般可分为:＿＿＿＿＿＿＿、＿＿＿＿＿＿＿、＿＿＿＿＿＿＿三大类。

任务 4.2　工程施工管理资料

任务导入

工程施工管理中常用到的资料有工程概况资料、施工日志、事故调查处理记录等。它们在形成过程中要涉及程序技术要求，而不是想当然地填写。掌握工程施工管理资料，在学习前应了解工程管理相应的基础知识。

工程施工管理资料包括工程开工报审表、施工组织设计（方案）、施工现场质量管理检查记录、技术交底记录、施工日志、预检工程（技术复核）记录、工程竣工施工总结、工程质量保修书以及竣工图等内容。

4.2.1　工程概况表

工程概况表用于工程概况的填写，内容有一般情况、构造特征等。

1. 资料样式

工程概况表样式，见表 4-1。

表 4-1　工程概况表

工程名称：　　　　　　　　　　　　　　　　　　　　　　　　　　　编号：

一般情况	建设单位		建设地点	
	勘察单位		建筑面积	
	设计单位		结构类型/层数	
	监理单位		开工日期	
	施工单位		竣工日期	
构造特征	地基与基础			
	柱、内外墙			
	梁、板、楼盖			
	外墙装饰			
	内墙装饰			
	楼地面装饰			
	屋面构造			
	抗震等级			
	防火设备			
	安装工程			
其他				

填表：　　　　　　　　　　年　月　日

2. 填表说明

(1)工程概况表由施工单位填写。

(2)整个表格应该和设计文件一致。

(3)单位名称要与合同名称一致。

4.2.2 工程开工报审表

工程开工报审表是建设单位与施工单位共同履行基本建设程序的证明文件。施工单位在开工前,应对工程是否满足开工条件进行检查,并向监理单位提出开工申请。

1. 资料样式

工程开工报审表样式,见表4-2。

表4-2 工程开工报审表

工程名称:_____ 编号:

致:_____(建设单位) (项目监理机构) 　我方承担的_____工程,已完成相关准备工作,具备开工条件,特此申请于_____年_____月_____日开工,请予以审批。 附件:开工报告;证明文件 　　　　　　　　　　　　　　　　　　　　　　　　施工单位(盖章) 　　　　　　　　　　　　　　　　　　　　　　　　项目经理(签字) 　　　　　　　　　　　　　　　　　　　　　　　　　　　年　　月　　日
审核意见: 　　　　　　　　　　　　　　　　　　　　　　　　项目监理机构(盖章) 　　　　　　　　　　　　　　　　　　　　　　　　总监理工程师(签字、加盖执业印章) 　　　　　　　　　　　　　　　　　　　　　　　　　　　年　　月　　日
审批意见: □同意开工。　　□不同意开工。   　　　　　　　　　　　　　　　　　　　　　　　　建设单位(盖章) 　　　　　　　　　　　　　　　　　　　　　　　　建设单位代表(签字) 　　　　　　　　　　　　　　　　　　　　　　　　　　　年　　月　　日

注:本表一式三份,项目监理机构、建设单位、施工单位各一份。

2. 资料要求

(1)整个项目一次开工,只填报一次,如工程项目中含有多个单位工程且开工时间不同,则每个单位工程都应填报一次。

(2)工程开工报审表一般由施工单位填写,报监理单位审批。由建设单位直接分包的工程,开工时也要填写工程开工报审表。

(3)施工单位应签章(与施工合同中签章一致),并由项目经理(与施工合同中一致)签字,然后报监理单位进行审批。

(4)工程名称是指相应的建设项目或单位工程名称,应与施工图的工程名称一致。

(5)开工的各种证明材料:承包单位应将建设工程许可证(复印件)、施工组织设计、施工测量放线资料、现场主要管理人员和特殊工种人员资格证与上岗证、现场管理人员、机具、施工人员进场情况、工程主要材料落实情况以及施工现场道路、水、电、通信等是否已达到开工条件等证明文件作为附件同时报送。

4.2.3 施工组织设计(施工方案)

施工组织设计是施工单位在开工前为工程所做的施工组织、施工工艺、施工计划等方面的设计,是指导拟建工程全过程中各项活动的技术、经济和组织的综合性文件。施工组织设计由施工单位项目经理主持编制,编制完成后,应填写施工组织设计(方案)报审表(表3-5),由项目经理签证并报施工单位技术负责人审批后加盖企业公章。

1. 施工组织设计的主要内容

(1)工程概况。工程概况包括项目的性质、规模、建设地点、结构特点、建设期限、分批交付使用的条件、合同条件,各专业设计简介,本地区地形、地质、水文和气象情况,施工力量,劳动力、机具、材料、构件等资源供应情况,施工环境及施工条件,施工特点分析等。

(2)施工部署。确定施工进度、质量、安全、环境和成本等目标,施工顺序及施工组织安排等。

(3)施工进度计划。统筹策划和安排各项施工过程的施工顺序、起止时间和相互衔接关系。

(4)施工准备计划。施工准备计划包括技术准备、现场准备和资金准备等计划。

(5)资源配置计划。资源配置计划包括劳动力;主要材料、部件;生产工艺设备;施工机具和测量、检测设备等配置计划。

(6)主要施工方案。主要施工方案包括起重吊装工程、临时用水用电工程、季节性施工等专项工程所采用的施工方案。

(7)技术措施、组织措施、质量保证措施和安全施工措施等。

(8)主要技术经济指标。

(9)施工总平面布置。施工平面图是施工方案及施工进度计划在空间上的全面安排。它把投入的各种资源、材料、构件、机械、道路、水电供应网络、生产、生活活动场地及各种临时工程设施合理地布置在施工现场,使整个现场能有组织地进行文明施工。

2. 资料要求

(1)施工组织设计内容应齐全,步骤清晰,层次分明。

(2)能够反映工程特点,有保证工程质量、进度、安全文明施工的技术措施。

(3)在工程开工前,施工单位应将经企业批准的施工组织设计报送监理单位审查,并经总监理工程师审批确认。在施工过程中发生的修改或补充,应重新审批后实施。

4.2.4 施工现场质量管理检查记录表

施工现场质量管理检查记录是施工单位报开工申请后,在同意开工申请及签署开工令之前,总监理工程师对施工现场的相关制度、技术组织与管理进行检查和确认的记录。施工现场质量管理检查记录由施工单位现场负责人填写,监理单位的总监理工程师或建设单位项目负责人签署验收。

1. 资料样式

施工现场质量管理检查记录表样式,见表 4-3。

施工现场管理制度范例

表 4-3 施工现场质量管理检查记录表

开工日期:

工程名称			施工许可证(开工证)	
建设单位			项目负责人	
设计单位			项目负责人	
监理单位			总监理工程师	
施工单位		项目经理	项目技术负责人	
序号	项目	内容		
1	现场质量管理制度			
2	质量责任制			
3	主要专业工种操作上岗证书			
4	分包方资质与对分包单位的管理制度			
5	施工图审查情况			
6	地质勘察资料			
7	施工组织设计、施工方案及审批			
8	施工技术标准			
9	工程质量检验制度			
10	搅拌站及计量设置			
11	现场材料、设备存放与管理			
12				
检查结论:				
总监理工程师(建设单位项目负责人)			年 月 日	

2. 主要内容

(1)现场质量管理制度。现场质量管理制度主要是图纸会审、设计交底、技术交底、施工组织设计编制审批程序、工序交接、质量检查评定制度,质量的奖励与处罚办法,质量例会制度及质量问题处理制度等。

(2)质量责任制。质量责任制包括检查质量负责人的分工,各项质量责任的落实规定,定期检查及有关人员奖罚制度等。

(3)主要专业工种操作上岗证书。主要专业工种如测量工,起重、塔式起重机等垂直运输司机，钢筋工、混凝土工、机械工、焊接工、瓦工、防水工等建筑结构工种。电工、管道等安装工种的上岗证，以当地建设行政主管部门的规定为准。

（4）分包方资质与对分包单位的管理制度。专业承包单位的资质应在其承包业务的范围内承建工程，超出范围的应办理特许证书，否则不能承包工程。在有分包的情况下，总承包单位应有管理分包单位的制度，主要是质量、技术的管理制度等。

（5）施工图审查情况。施工图审查情况的重点是看建设行政主管部门出具的施工图审查批准书及审查机构出具的审查报告。如果图纸是分批交出时，施工图审查可分段进行。

（6）地质勘察资料。地质勘察资料是指有勘察资质的单位出具的正式地质勘察报告，用于地下部分施工方案制定和施工组织总平面编制时参考等。

（7）施工组织设计、施工方案及审批。检查编写内容、有针对性的具体措施，编制程序、内容，有编制单位、审核单位、批准单位，并有贯彻执行的措施。

（8）施工技术标准。施工技术标准是操作的依据和保证工程质量的基础，承建企业应编制不低于国家质量验收规范的操作规程等企业标准。要有批准程序，由企业的总工程师、技术委员会负责人审查批准，有批准日期、执行日期、企业标准编号及标准名称。企业应建立技术标准档案。施工现场应有的施工技术标准都有。施工技术标准可作为培训工人、技术交底和施工操作的主要依据，也是质量检查评定的标准。

（9）工程质量检验制度。工程质量检验制度包括三个方面的检验：一是原材料、设备进场检验制度；二是施工过程的试验报告；三是竣工后的抽查检测。其应专门制订抽测项目、抽测时间、抽测单位等计划，使监理、建设单位等都做到心中有数。可以单独制订一个计划，也可以在施工组织设计中作为一项内容。

（10）搅拌站及计量设置。搅拌站及计量设置主要是说明设置在工地搅拌站的计量设施的精确度、管理制度等内容。预拌混凝土或安装专业就没有这项内容。

（11）现场材料、设备存放与管理。现场材料、设备存放与管理是为保证材料、设备质量必须有的措施。要根据材料、设备性能制定管理制度，建立相应的库房等。

3. 资料要求

（1）表列项目的内容必须填写完整。

（2）工程名称应填写工程的全称，与合同或招标文件中的工程名称一致，建设、设计、监理单位的名称也应与合同签章上的单位名称相同，各单位负责人必须签字。

（3）施工许可证（开工证）应填写施工许可证号码。

（4）检查结论应填写"现场管理制度完整"或"现场管理制度基本完整"（指有制度但不完善，如缺少企业标准或措施不全面等）。检查结论由总监理工程师填写，并签字。

（5）表头部分可统一填写，无须具体人员签名，只是明确负责人的地位。

4.2.5 技术交底记录

技术交底是指在某一单位工程开工前，或一个分项工程施工前，由相关专业技术人员向参与施工的人员进行的技术性交代。其目的是使施工人员对工程特点、技术质量要求、施工方法与措施和安全等方面有一个较详细的了解，以便于科学地组织施工，避免技术质量等事故的发生。各项技术交底记录也是工程技术档案资料中不可缺少的部分。

1. 资料样式

技术交底记录样式，见表4-4。

表 4-4　技术交底记录

工程名称		交底部位	
工程编号		日期	
交底提要			
交底内容:			
审核人		交底人		接受交底人	

2. 填表说明

(1)技术交底内容要和施工组织设计、施工方案吻合。
(2)技术交底后项目技术负责人应监督落实交底人、接受交底人各自签字。
(3)技术交底要及时、有针对性,能够防治工程质量通病。

4.2.6　施工日志

施工日志是施工过程中,管理人员对有关工程施工、技术管理、质量管理活动及其效果逐日作出的具有连续完整性的记录。施工日志应从开工持续到竣工,贯穿整个施工过程。施工日志的表格在全国各省市均为不同格式,虽然格式不同,但是每篇施工日志的记录要点却均是十分严谨的。

1. 表格样式

施工日志样式,见表 4-5。

表 4-5　施工日志

日期		施工部位			
天气状况		风力		最高/最低温度	
突发事件					
生产情况记录:(施工项目内容、机械作业、班组工作、生产存在问题等)					
技术质量安全工作记录:(技术质量安全活动、技术质量安全问题、检查验收情况等)					
工程负责人			记录人		

2. 主要内容

(1)日期、天气、气温、工程名称、施工部位、施工内容、应用的主要工艺。

(2)人员、材料、机械到场及运行情况；材料消耗记录、施工进展情况记录。
(3)施工是否正常；外界环境、地质变化情况；有无意外停工；有无质量问题存在。
(4)施工安全情况；监理到场及对工程认证和签字情况。
(5)有无上级或监理指令及整改情况等。

3. 资料要求

(1)施工日志应按单位工程填写。
(2)记录时间：从开工到竣工验收时止。
(3)施工记录、桩基记录、混凝土浇灌记录、模板拆除记录等，应单独记录，分别列报。
(4)按时、真实、详细记录，中途发生人员变动，应当办理交接手续，保持施工日记的连续性、完整性。
(5)记录人员要签字，主管领导定期也要阅签。

4.2.7 工程质量事故调查处理资料

在建设工程施工一线生产，因为种种原因，导致造成质量事故的偶有发生。工程质量事故处理记录是工程技术资料的重要部分，要妥善保存好，任何人不得随意抽撤或销毁。

质量事故与安全事故区别

1. 工程质量事故报告书

工程质量事故报告书是在工程事故发生后应及时填报的报告书。
(1)工程质量事故报告书样式，见表 4-6。

表 4-6 工程质量事故报告书

工程名称		建设地点	
建设单位		设计单位	
施工单位		建筑面积/m²	
结构类型		事故发生时间	
上报时间		经济损失/元	
事故经过、后果与原因分析：			
事故发生后采取的措施：			
事故责任单位、责任人及处理意见：			
负责人		报告人		日期	

(2)资料要求。工程质量事故发生后，事故现场有关人员应当立即向工程建设单位负责人报告；工程建设单位负责人接到报告后，应于 1 小时内向事故发生地县级以上人民政府住房和城乡建设主管部门及有关部门报告。情况紧急时，事故现场有关人员可直接向事故发生地县级以上人民政府住房和城乡建设主管部门报告。

住房和城乡建设主管部门接到事故报告后，应当依照下列规定上报事故情况，并同时通知公安、监察机关等有关部门；

1）对于较大、重大及特别重大事故逐级上报至国务院住房和城乡建设主管部门，一般事故逐级上报至省级人民政府住房和城乡建设主管部门，必要时可以越级上报事故情况。

2）住房和城乡建设主管部门上报事故情况，应当同时报告本级人民政府；国务院住房和城乡建设主管部门接到重大和特别重大事故的报告后，应当立即报告国务院。

3）住房和城乡建设主管部门逐级上报事故情况时，每级上报时间不得超过2小时。

2. 工程质量事故调查处理表

工程质量事故调查处理表是在事故调查结束后，施工单位应填写的处理记录，包括对事故的处理解决和整改方案。

（1）工程质量事故处理记录样式，见表4-7。

表4-7 工程质量事故处理记录

工程名称				施工单位		
事故发生时间				处理完毕时间		
事故发生部位、经过、处理情况简述：						
事故原因、责任分析简述：						
附件名称：						
事故损失情况	事故性质			耽误工期/天		
	费用损失	材料费		人工费		
		其他费		总计金额		
	造成永久缺陷情况					
对事故责任人的处理情况：						
				填表人： 年 月 日		
施工单位： 项目经理： 项目技术负责人： （公章） 年 月 日			监理单位意见： 总监理工程师： （公章） 年 月 日	施工单位： 项目经理： 项目技术负责人： （公章） 年 月 日		
注：事故情况报告、处理方案、处理结果报告作为本表附件见后。						

（2）资料要求。

1）事故发生的时间、地点、工程项目名称、工程各参建单位名称。

2）事故发生的简要经过、伤亡人数（包括下落不明的人数）和初步估计的直接经济损失。

3）事故的初步原因。

4）事故发生后采取的措施及事故控制情况。

5）事故报告单位、联系人及联系方式。

6）其他应当报告的情况。

7）事故报告后出现新情况以及事故发生之日起30日内伤亡人数发生变化的，应当及时补报。

3. 工程质量问题处理验收记录表

工程质量问题处理验收记录表是在施工单位提出质量事故整改方案后，由各方对该整改方案现场整改情况重新验收的记录表格。

(1)工程质量问题处理验收记录样式，见表4-8。

表4-8 工程质量问题处理验收记录

工程名称						
施工单位			分部分项名称			
部位			发现日期			
质量问题情况						
质量问题原因分析						
处理技术措施						
处理后验收结论						
施工单位	项目经理： 项目技术负责人： 记录人： （公章） 年 月 日		建设单位	项目负责人： 项目技术负责人： （公章） 年 月 日	监理单位	总监理工程师： 监理工程师： （公章） 年 月 日

(2)填表说明。

1)工程质量问题处理验收记录表应如实填写，讲究事实求是，未经整改参建各方均不应签字认可。

2)工程质量问题处理验收记录表签章处应加盖公章。

3)可单独附图加以说明。

4.2.8 见证取样与送检管理资料

见证取样与送检制度是指在建设监理单位或建设单位见证下，对进入施工现场的有关建筑材料，由施工单位专职材料试验人员在现场取样或制作试件后，送至符合资质资格管理要求的试验室进行试验的一个程序。在工程材料进行见证取样后，需填写相应资料。

1. 材料见证取样记录表

材料见证取样记录表是施工现场对于各种材料在进行了见证取样送检后应填写的资料，该资料应及时填写；同时，也是检测单位进行检测的许可资料。

(1)材料见证取样记录表样式，见表4-9。

表 4-9 材料见证取样记录表

项目名称			
取样对象		规格	
进场时间		取样时间	
进场批号及数量			
取样形式		取样数量	
送样形式		送样时间	
质量证明书			
外观检查			
层段、部位			
检测项目			
备注			
检测结果及处理意见			
见证员(证书员)		取样人员(证书员)	
日期		日期	

(2)填表说明。
1)材料见证取样记录表应和复检报告相关内容对应一致。
2)该记录表应如实填写,是质量控制的重要凭据。
3)见证取样人员签字人应具备相应的执业资格条件。

2. 见证取样试验委托单

当委托第三方检测机构时,需要在见证取样后填写委托单。
(1)见证取样试验委托单样式,见表 4-10。

表 4-10 见证取样试验委托单

委托编号:　　　　　　　　　　　　　　　　　　　　　　试验编号:

工程名称		取样部位	
委托试验单位		委托日期	年　月　日
施工单位		监理单位	
试验室名称			
样品名称		样品数量	
产地 (生产厂家)		代表数量	
合格证号		样品规格	
试验内容及要求			
取样人 (签字、章)		见证人 (签字、章)	
收样人 (签字)		领取报告人 (签字)	

(2)填表说明。

1)见证取样的样品数量必须与资料数量相吻合。

2)取样人与见证人的名字不得代签,相应人员必须持有见证取样员证等执业资格证书。

3)日期、内容、工程名称、取样部位应如实填写。

4)见证取样的范围:

①用于承重结构的混凝土试块。

②用于承重墙体的砌筑砂浆试块。

③用于承重结构的钢筋及连接接头试件。

④用于承重墙的砖和混凝土小型砌块。

⑤用于拌制混凝土和砌筑砂浆的水泥。

⑥用于承重结构的混凝土中使用的掺加剂。

⑦地下、屋面、厕浴间使用的防水材料。

⑧用于道路路基及面层的材料或试件。

⑨市政工程中,业主或监理单位项目总监认为与质量密切相关的材料或构件。

⑩国家规定必须实行见证取样和送检的其他试块、试件和材料。

工程资料盖章的原则

任务练习

1. 施工现场质量管理检查记录表由(　　)签字认可。
   A. 建设单位项目负责人　　　　B. 项目经理
   C. 总监理工程师　　　　　　　D. 二级建造师

2. 施工组织设计由(　　)主持编制。
   A. 建设单位项目负责人　　　　B. 施工单位项目经理
   C. 总监理工程师　　　　　　　D. 二级建造师

3. 某次施工质量事故造成3人死亡,那么该次事故应该属于(　　)。
   A. 一般事故　　　　　　　　　B. 较大事故
   C. 重大事故　　　　　　　　　D. 严重事故

4. 见证取样人员应具备(　　)的执业资格。
   A. 二级建造师　　　　　　　　B. 见证员
   C. 质检员　　　　　　　　　　D. 监理员

5. 工程质量事故处理记录应加盖(　　)。
   A. 公章　　　　　　　　　　　B. 合同章
   C. 项目章　　　　　　　　　　D. 执业资格章

6. 在某施工现场的质量事故中,造成10人死亡,那么该质量事故属于(　　)。
   A. 一般事故　　　　　　　　　B. 较大事故
   C. 重大事故　　　　　　　　　D. 特别重大事故

7. 在某施工现场的质量事故中,造成3人死亡,那么该质量事故属于(　　)。
   A. 一般事故　　　　　　　　　B. 较大事故
   C. 重大事故　　　　　　　　　D. 特别重大事故

8. 工程质量问题处理验收记录签字处应加盖(　　)。

A. 公章　　　　　B. 项目章　　　　　C. 执业资格章　　　　D. 姓名章

9. 工程质量事故发生后，事故现场有关人员应当立即向_____负责人报告；工程建设单位负责人接到报告后，应于_____内向事故发生地_____以上人民政府住房和城乡建设主管部门及有关部门报告。

10. 见证取样和送检制度是指在_____见证下，对进入施工现场的有关建筑材料，由_____人员在现场取样或制作试件后，送至符合资质资格管理要求的_____进行试验的一个程序。

任务 4.3　工程施工物资资料

任务导入

工程物资是建设工程施工过程中一个重要组成，可以直接决定施工单位的成本。不同的工程物资对应着不同的工程资料，需要收集哪些物资资料，哪些物资资料需要签认，需要编写多少数量的工程物资资料，要完成以上问题就必须掌握各种物资的相关规定。

4.3.1　工程物资资料管理

1. 工程物资分类

工程物资主要包括建筑材料、成品、半成品、构配件、设备等。工程物资按验收管理的要求可分为以下三类：

(1) Ⅰ类物资。Ⅰ类物资是指仅须有质量证明文件的工程物资，如防火涂料、管材等。

(2) Ⅱ类物资。Ⅱ类物资是指到场后除必须有出厂质量证明文件外，还必须通过复试检验(试验)才能认可其质量的物资，如水泥、钢筋等。

(3) Ⅲ类物资。Ⅲ类物资是指除需有出厂质量证明文件、复试检验(试验)报告外，施工完成后，需通过规定龄期后再经检验(试验)方能认可其质量的物资，如混凝土、砌筑砂浆等。

2. 工程物资资料及要求

工程物资资料是反映工程所用物资质量和性能指标等的各种证明文件和相关配套文件的统称。物资资料的相关要求如下：

(1) 质量证明文件的复印件应与原件内容一致，加盖原件存放单位公章，注明原件存放处，并有经办人签字和时间。

(2) 涉及安全、卫生、环保的物资应有相应资质等级检测单位的检测报告，如压力容器、消防设备、生活供水设备、卫生洁具等。

(3) 凡使用的新材料、新产品应由具备鉴定资格的单位或部门出具鉴定证书；同时，应有质量标准和试验要求，还应有安装、维修、使用和工艺标准等相关技术文件。

(4) 进口材料和设备应具有商检证明、中文版的质量证明文件、性能检测报告以及中文版的安装、维修、使用和工艺标准等相关技术文件。

(5) 建筑电气产品中被列入实施强制性产品认证的产品目录，必须经过"中国国家认证认可监督管理委员会"认证,认证标志为"中国强制认证(CCC)",并在认证有效期内,符合认证要求方可使用。

3. 工程物资资料的分级管理

工程物资资料应实行分级管理。供应单位或加工单位负责收集、整理和保存所供物资原材料的质量证明文件,施工单位则需收集、整理和保存所供物资原材料的质量证明文件和进场后进行的试(检)验报告。各单位应对各自范围内的工程资料的汇集、整理结果负责,并保证工程资料的可追溯性。

工程物资材料的收集

4. 施工物资资料管理流程

施工物资资料管理流程,如图 4-1 所示。

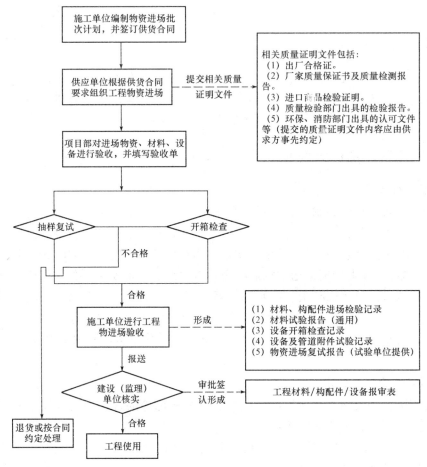

图 4-1 施工物资资料管理流程

4.3.2 施工物资资料常用表格

1. 工程材料设备出厂合格证汇总表

工程材料设备出厂合格证汇总表用于现场大部分材料、设备的台账收集,填写齐整后便于现场检查与核对。

(1)工程材料设备出厂合格证汇总表样式,见表 4-11。

表 4-11 工程材料设备出厂合格证汇总表

工程名称				施工单位		
序号	证单编号	材料、设备名称	型号、规格	产地、厂家	抽检质量情况	使用部位

施工单位	技术负责人: 记录人: 　年　月　日	监理(建设)单位	监理工程师: 　年　月　日	其他单位	代表: 　年　月　日

(2)填表说明。

1)按进场时间的先后顺序填写。

2)"证单编号"填写材料、设备质量证明文件的编号。

3)施工单位项目技术负责人与记录人签字;监理单位项目部应有对应专业的监理工程师签字。

4)签字时间在填写齐整后签认。

2. 水泥出厂质量证明和取样试验报告单汇总表

水泥出厂质量证明和取样试验报告单汇总表用于现场进场水泥资料的汇总目录,便于现场对水泥质量的控制与检查。水泥出厂质量证明和取样试验报告单汇总表尤其对水泥的进场时间有清晰的统计,有利于现场作业人员掌握水泥在合理时间内的使用。

(1)水泥出厂质量证明和取样试验报告单汇总表样式,见表 4-12。

表 4-12　水泥出厂质量证明和取样试验报告单汇总表

工程名称				施工单位				监理单位			
序号	证单编号	厂名、品种、标号	出厂日期	批量	进场日期	复试日期	试验单位	试验单编号	结论	使用部位	见证人
施工单位	项目技术负责人： 整理人： 　　　　年　　月　　日				监理（建设）单位		监理工程师（建设单位代表）： 　　　　年　　月　　日				

(2)资料要求。

1)按进场的时间顺序和批次填入。

2)"证单编号"是指由生产厂家提供的出厂合格证明编号。

3)"批量"是指该批水泥进场的数量。

4)"复试日期"是指试验室进行安定性检测的日期；"结论"应在 28 天强度报告到期后填写。

5)"试验单编号"是指试验室对报告单的编号。

6)"使用部位"是指所使用的楼层、轴线段。

7)"见证人"由本人签字。

3. 钢材出厂质量证明和取样试验报告单汇总表

钢材出厂质量证明和取样试验报告单汇总表用于现场原材料钢筋资料的汇总目录，便于钢材的检查与质量控制。可以使整个施工项目部掌握现场钢材的使用情况，材料员根据该资料也能及时作出钢材的采购计划。

(1)钢材出厂质量证明和取样试验报告单汇总表样式，见表 4-13。

表 4-13 钢材出厂质量证明和取样试验报告单汇总表

工程名称					施工单位					监理单位				
序号	证单编号	生产单位	品种规格	批号	进场数量/t	进场日期	试验单位	试验单编号	报告日期	屈服强度	抗拉强度	结论	使用部位	见证人

施工单位	项目技术负责人： 整理人： 　　　　年　月　日	监理（建设）单位	监理工程师（建设单位代表）： 　　　　　　　年　月　日

（2）填表说明。

1）按进场的时间顺序和批次填入。

2）"证单编号"是指由生产厂家提供的出厂合格证明编号。

3）"批号"是指由生产厂家提供的生产批次编号，把出厂合格证明中有关内容填入。

4）"试验单编号"是指试验室对报告单的编号。

5）"屈服强度""抗拉强度""结论"应按试验单有关内容填入。

6）"使用部位"是指所使用的楼层、轴线段。

7）"见证人"由本人签字。

4. 预拌混凝土出厂质量证明汇总表

预拌混凝土出厂质量证明汇总表用于现场进场混凝土的资料汇总，是针对混凝土的概况检查。该资料填写完成后，也是施工单位工程量的有效依据之一。

(1)预拌混凝土出厂质量证明汇总表样式,见表4-14。

表4-14 预拌混凝土出厂质量证明汇总表

工程名称		施工单位			生产单位		
序号	品种规格	供货日期	供货数量	浇灌部位	浇灌点坍落度	出厂质量证明编号	
施工单位	技术负责人: 整理人: 年 月 日		预拌混凝土生产单位代表: 年 月 日		监理（建设）单位	监理工程师(建设单位代表): 年 月 日	

(2)填表说明。

1)同一供货厂家的产品汇入同一表格。

2)"供货日期"是指供货厂家送现场的具体日期。

3)"浇灌部位"是指浇灌的楼层、轴线段。

4)"浇灌点坍落度"是指交货时生产厂家提供的坍落度值。

5)"出厂质量证明编号"是指预拌混凝土生产厂提供的产品合格证单的编号。

6)预拌混凝土生产单位的有关人员应在供货完毕后签字确认。

5. 钢结构构件合格证明及进厂检查记录汇总表

钢结构构件合格证明及进厂检查记录汇总表用于现场钢结构构件材料的汇总,主要是针对钢结构的质量检查。

(1)钢结构构件合格证明及进厂检查记录汇总表样式,见表4-15。

表 4-15 钢结构构件合格证明及进厂检查记录汇总表

工程名称						施工单位			
序号	构件名称及规格	数量	生产厂家	合格证明编号	进场检查日期	钢结构安装单位检查结果	监理(建设)单位检查结论	主要使用部位及说明	
施工单位	项目技术负责人： 记录人： 年　月　日		监理(建设)单位	监理工程师(建设单位代表)： 年　月　日			其他单位	代表： 年　月　日	

(2)填表说明。

1)"构件名称及规格"应按构件合格证上的名称及规格填写。

2)"数量"应按实际进场数量填写。

3)"生产厂家"应填写构件生产厂家的全名。

4)"合格证明编号"是指构件出厂合格证的编号。

5)"进场检查日期"应填写施工单位与监理单位共同检查后确认通过(或未通过)验收的日期。

6)"钢结构安装单位检查结果"应填写是否符合设计和规范规定。

7)"监理(建设)单位检查结论"应填写是否同意验收。

8)"主要使用部位"及说明是指构件主要用于的该工程的部位。

6. 钢结构原材料、成品质量合格证明及进场检查记录汇总表

钢结构原材料、成品质量合格证明及进场检查记录汇总表表适用于钢结构原材料、成品进场检查的汇总(其中包括主要材料、零部件、成品件、标准件等产品)，以及钢结构原材料的质量检查与控制。

(1)钢结构原材料、成品质量合格证明及进场检查记录汇总表样式，见表 4-16。

表 4-16 钢结构原材料、成品质量合格证明及进场检查记录汇总表

工程名称						施工单位					
序号	名称	品种、规格	型号	数量	生产厂家	合格证明文件编号	复验项目	复验结果	复验报告编号	尺寸、外观检查情况	检查日期	主要使用部位及说明

施工单位	项目技术负责人： 记录人： 年　月　日	监理（建设）单位	监理工程师（建设单位代表）： 年　月　日	其他单位	代表： 年　月　日

(2)填表说明。

1)"名称""品种、规格""型号"按合格证、试验报告单上名称、品种与规格、型号的实际填写。

2)"数量"按该进场批材料的实际数量填写，且应有计量单位。

3)"生产厂家"按原合格证上的生产厂家名称填写。

4)"合格证明文件编号"按合格证上的合格证编号填写。

5)"复验项目"是指按规范必须复验的项目，照实际复试项目填写。

6)"复验结果"是指进场材料复验的项目，照实际复试项目填写。

7)"复验报告编号"按复验报告单编号填写。

8)"尺寸、外观检查情况"应填写是否符合要求。

9)"检查日期"应填写检查验收的日期。

7. 钢筋连接取样试验报告单汇总表

钢筋连接取样试验报告单汇总表是用于现场钢筋各种连接取样试验的汇总，可用于钢筋连接的质量检查。现场施工项目部根据该汇总表，能够对钢筋连接这一重要质量控制点有一个详细的了解。

(1)钢筋连接取样试验报告单汇总样式，见表 4-17。

表 4-17 钢筋连接取样试验报告单汇总表

工程名称				施工单位				监理单位			
序号	试验报告单编号	品种、规格	连接形式	检验批接头数量/个	试验单位	送样日期	报告日期	断点位置	结论	使用部位	见证人
施工单位	项目技术负责人： 整理人： 年 月 日					监理（建设）单位		监理工程师（建设单位代表）： 年 月 日			

(2)填表说明。

1)按送样检验的日期顺序来汇总形成表格。

2)"试验报告单编号"是指试验室的报告单编号。

3)"连接形式"是指钢筋焊接或机械连接的具体方式。

4)"检验批接头数量"是指抽样代表的接头总数量，按钢筋连接规范规定的要求取样。

5)"断点位置""结论"按试验报告单中的内容填入。

6)"使用部位"是指该试验取样所代表连接接头批的使用楼层和轴线段。

7)"见证人"应由本人签字。

8. 建筑构配件出厂质量证明汇总表

构配件是现场物资之一，所占比重较大。建筑构配件出厂质量证明汇总表用于现场构配件的资料汇总，主要是建筑构配件厂生产的构配件出厂质量证明的汇总记录。填写该资料能对进场构配件进行有效梳理，以确保不漏项。

(1)建筑构配件出厂质量证明汇总表样式，见表 4-18。

表 4-18 建筑构配件出厂质量证明汇总表

工程名称		施工单位		构件生产单位		生产单位	
序号	证单编号	构件名称	规格、型号	出厂日期	结构性能检验等检查情况		使用部位
施工单位	项目技术负责人： 构件生产单位代表 整理人： 年　月　日	构件生产单位代表： 年　月　日			监理（建设）单位	监理工程师（建设单位代表）： 年　月　日	

(2)填表说明。

1)同一厂家的产品汇总在同一表格内。

2)"证单编号"是指构件厂提供的合格证明单的编号。

3)"出厂日期"是指由构件生产厂家提供的日期。

4)"结构性能检验等检查情况"是指在试验室内对构配件按照有关标准规定进行的检验结果。

5)该表可在构件供货完毕后完善；生产单位的代表应签字确认。

9. 建筑安装工程材料设备出厂合格证汇总表

建筑安装工程材料设备出厂合格证汇总表是用于现场安装资料的汇总，主要是安装材料的质量检查情况。填写该资料能够有效防范进场安装材料复验的漏项，便于有关人员查阅。

(1)建筑安装工程材料设备出厂合格证汇总表样式，见表 4-19。

表 4-19 建筑安装工程材料设备出厂合格证汇总表

分部工程名称				施工单位		
序号	证单编号	材料、设备名称	型号规格	产地、厂家	抽检质量情况	使用部位

施工单位	技术负责人： 记录人： 年 月 日	监理（建设）单位	监理工程师： 年 月 日	其他单位	代表： 年 月 日

(2) 填表说明。

1) 本表是按不同的建筑安装工程分部划分来形成的，"分部工程名称"填写所汇总材料合格质量证明的分部工程名称，如"给水排水""电气安装"等。

2) 同一厂家、同一规格品种的材料在不同时间和不同批次进场时，应分栏逐次填入。

3) "证单编号"由生产厂家提供，有些材料未有编号时，可不填。

4) "抽检质量情况"是指经抽检产品质量是否合格或符合有关产品质量标准的说明；按规定须现场复检的材料方可填写"抽检质量情况"栏的内容。

5) "使用部位"是指所使用的楼层、轴线段或系统编号。

6) 当该分部为分包工程时，有关分包单位的代表应签字确认。

10. 其他材料合格证明和进场复验报告汇总表

其他材料合格证明和进场复验报告汇总表是适用于除钢筋、水泥、构件外的其他主要的建筑材料，包括装饰、防水、幕墙等出厂合格证明、进场复验的材料汇总。

(1) 其他材料合格证明和进场复验报告汇总表样式，见表 4-20。

表 4-20　其他材料合格证明和进场复验报告汇总表

工程名称			施工单位					监理单位			
序号	材料名称	产地、厂家	合格证明文件编号	检测报告编号	型号、规格	进场数量	进场日期	检测单位	结论	使用部位
施工单位	项目技术负责人： 整理人： 　　　　　　年　月　日					监理（建设）单位		监理工程师（建设单位代表）： 　　　　　　年　月　日		

(2) 填表说明。

1) 按规定须现场复检的材料方可填写有关检测栏的内容。

2) 对于砂石等未有合格证的原材料，应把复验报告单汇入此表，有关合格质量栏可不填。

3) 当同一厂家、同一规格品种的材料在不同时间和批次进场时，应分栏逐次填入，并在"进场时间"栏中明确。

4) "合格证明文件编号"由生产厂家提供，有些材料未有编号时，可不填。

5) "检测报告编号"是指试验室对报告单的编号。

6) "使用部位"是指所使用的楼层、轴线段。

11. 材料试验、复验报告

材料试验、复验报告主要包括钢材试验报告、钢筋试验报告、水泥试验报告、砖（砌块）试验报告、粗（细）集料及轻集料试验报告、焊条（焊剂）试验报告、防水材料试验报告等试验报告。

(1) 材料试验报告。

1) 材料试验报告样式，见表 4-21。凡按规范要求须做进场复试的物资，且没有专用复试表格的，都应使用材料试验报告（通用）。填写表格时，应注意写清楚试验的项目和给出明确的结论。

表 4-21 材料试验报告(通用)　　　　　　　　　　　编号：

工程名称及部位				试验编号	
				委托编号	
委托单位				试样编号	
材料名称及规格				试验委托人	
代表数量				产地、厂别	
来样日期				试验日期	
要求试验项目及说明：					
试验结果：					
结论：					
批准		审核		试验	
试验单位					
报告日期					

2)资料要求。材料试验报告(通用)表全部由试验单位填写、签认，其他单位不得涂改。施工单位项目部应及时收集该资料，并登记台账。在收取该报告时，施工单位项目部还应核对工程名称及部位、材料名称及规格、代表数量、来样日期的内容是否有误。

(2)钢材试验报告。

1)钢材试验报告样式，见表 4-22。

表 4-22 钢材试验报告

委托单位：　　　　　　　　　　　报告编号：
建设单位：　　　　　　　　　　　收样日期：
工程名称：　　　　　　　　　　　检验日期：

试样名称							委托编号				
使用部位							试验委托人				
试样规格型号							试样编号				
产　　地							代表数量				
试件规格	力学性能			冷弯 $d=a$	硬度 (HV)	冲击韧性 /MPa	化学成分/%				
	屈服点 /MPa	抗拉强度 /MPa	伸长率 δ_5/%				碳 C	硫 S	锰 Mn	磷 P	硅 Si
依据标准和结论									年　　月　　日		
备注											

检验人：　　　　审核：　　　　技术负责人：　　　　检验单位：（公章）　　　　见证取样人及编号：

2）资料要求。钢材试验报告表应全部由试验单位填写、签认，其他单位不得涂改。施工单位项目部应及时收集该资料，并登记台账。在收取该报告时，施工单位项目部还应核对工程名称及部位、材料名称及规格、代表数量、来样日期的内容是否有误。

(3)钢筋力学性能试验报告。钢筋力学性能试验报告是对现场进场钢筋进行见证取样后得到的复验资料。其是钢筋原材料能够在现场使用的必要资料之一。如无此资料，现场进场钢筋不得下料使用。

1)钢筋力学性能试验报告样式，见表 4-23。

表 4-23 钢筋力学性能试验报告

委托单位				报告编号			
建设单位				收样日期	年	月	日
工程名称				检验日期	年	月	日
试样名称				委托编号			
使用部位				试验委托人			
试样规格型号				试样编号			
产地		代表数量			炉批号		

序号	屈服点/MPa		抗拉强度/MPa		伸长率/%		弯曲条件	弯曲结束
	标准要求	实测值	标准要求	实测值	标准要求	实测值		

备注：

试验结论：
　　1.（依据标准）
　　2.

检验人：	审核：	技术负责人：	检验单位：（公章）	见证取样人及编号：

2）资料要求。钢筋力学性能试验报告表全部由试验单位填写、签认，其他单位不得涂改。施工单位项目部应及时收集该资料，并相应登记台账。在收取该报告时，施工单位项目部还应核对工程名称及部位、材料名称及规格、代表数量、收样日期的内容是否有误。

12. 设备开箱检查记录

在设备进场后，由建设(监理)单位、施工单位和供货单位共同开箱检验并做记录，由施工单位填写设备开箱检查记录。

(1)设备开箱检查记录(通用表)样式，见表 4-24。

表 4-24 设备开箱检查记录(通用表)

工程名称				试验时间			
装箱单号				出厂日期			
设备名称				出厂编号			
型号、规格				制造厂名			
设备检查情况	包装情况						
	设备外观						
	设备零部件						
	其他						
技术文件检查情况	装箱单						
	合格证						
	说明书						
	设备图						
	其他						
存在问题的处理意见							
施工单位	项目技术负责人： 记录人： 年　月　日	监理(建设)单位	监理工程师(建设单位代表)： 年　月　日		其他单位	代表： 年　月　日	

(2)填表要求。

1)"装箱单号"应填写随设备到货的装箱单的编号。

2)"设备检查情况"。"包装情况"应说明其包装是否完好无损，如有破损应加以注明；"设备外观"是指开箱后，设备外观有无破损；"设备零部件"应对照装箱清单及设备图检查零部件有无短缺；"其他"是指除上述情况外的缺陷或不足。

3)"技术文件检查情况"是指对装箱单、合格证、说明书及图纸的份数与张数的核查清点，如有短缺应加以注明。可在"其他"栏中填写国家规定应进行强制认证的产品的认证情况和进口材料的商检证明情况。

4)"存在问题的处理意见"应填写对设备破损、零部件短缺、技术文件差漏等情况的处理意见。此栏由监理工程师填写。

13. 工程报验申请表

施工现场物资材料向项目监理部进行报验时，均使用统一用表，即国家标准《建设工程监理规范》(GB/T 50319—2013)中表 B.06 进场材料、构配件、设备报审表。

(1)工程材料、构配件、设备进场使用报验表样式,见表4-25。

表 4-25　工程材料/构配件/设备进场使用报验表

工程名称:　　　　　　　　　　　　　　　　　　　　　　　　　　编号:

致:　　　　　　　　　　　　(监理单位) 　我方于＿＿＿年＿＿＿月＿＿＿日进场的工程材料/构配件/设备数量如下(见附件)。现将质量证明文件及自检结果报上,拟用于下述部位: 　请予以审核。 附件:1. 数量清单(名称、产地、规格、数量) 　　　2. 质量证明文件 　　　3. 自检结果 　　　　　　　　　　　　　　　　　　　　　　　　　承包单位(章)＿＿＿＿＿＿ 　　　　　　　　　　　　　　　　　　　　　　　　　项目经理＿＿＿＿＿＿ 　　　　　　　　　　　　　　　　　　　　　　　　　日期＿＿＿＿＿＿
审查意见: 　经检查上述工程材料/构配件/设备,符合/不符合设计文件和规范的要求,准许/不准许进场,同意/不同意使用于拟定部位。 　　　　　　　　　　　　　　　　　　　　　　　　　项目监理机构(章)＿＿＿＿＿＿ 　　　　　　　　　　　　　　　　　　　　　　　　　总/专业监理工程师＿＿＿＿＿＿ 　　　　　　　　　　　　　　　　　　　　　　　　　日期＿＿＿＿＿＿

(2)填表说明。

1)工程材料/构配件/设备进场使用报验表的日期必须根据事件发生的实际时间填写,由于每月工程原材料价格具有浮动性,所以,该资料的时间填写尤为重要。

2)数量清单应该另外附表,格式可不统一。

3)工程材料/构配件/设备进场使用报验表格资料加盖项目组章即可。

4)资料员根据该资料填写相关台账。

任务练习

1. 下列不属于工程物资的是(　　)。
　　A. 家用空调　　　B. 施工电梯　　　C. 住宅电梯　　　D. 通风设施
2. 下列不得在原材料报验表上签字认可的是(　　)。
　　A. 项目经理　　　B. 总监理工程师　C. 专业监理工程师　D. 二级建造师
3. 施工现场工程物资一般有(　　)类。
　　A. 1　　　　　　B. 2　　　　　　C. 3　　　　　　D. 4
4. 所有建筑幕墙工程面积为300 m² 以上(点式幕墙与全玻璃幕墙的面积为200 m²)或高度为(　　) m以上,均应进行三性检测。
　　A. 15　　　　　B. 20　　　　　C. 25　　　　　D. 30
5. 钢结构工程主要物资应有质量证明文件,按规定应复试的物资(　　)、焊接材料、高强度大六角头螺栓连接副和扭剪型高强度螺栓连接副等,必须有复试报告。
　　A. 钢材　　　　B. 涂料　　　　C. 防雷　　　　D. 防火

6. 将施工现场物资材料向项目监理部进行报验时，均使用（   ）统一用表。
   A. 当地　　　　B. 当地市区　　　C. 当地省份　　　D. 国家
7. 设备进场后，由建设单位、监理单位、施工单位和（   ）单位共同开箱检验并做记录。
   A. 勘察　　　　B. 设计　　　　　C. 质量监督　　　D. 供货
8. 材料试验、复验报告由（   ）单位填写。
   A. 试验　　　　B. 施工　　　　　C. 监理　　　　　D. 设计
9. "浇灌部位"指（   ）。
   A. 检验批　　　B. 分项工程　　　C. 分段工程　　　D. 轴线或楼层

任务4.4　工程施工测量记录

任务导入

施工测量是指在工程施工阶段进行的测量工作。其是工程测量的重要内容，包括施工控制网的建立、建筑物的放样、竣工测量和施工期间的变形观测等。作为施工过程中较为频繁的活动，工程施工测量形成的资料内容较多。

4.4.1　工程定位测量及复测的基本要求

工程定位测量及复测记录是根据当地行政主管部门给定总图范围内的工程建筑物、构筑物的位置、标高进行测量与复测，以确保建筑物的位置、标高的正确。在工程建设中，测量内容主要包括：工程定位、水准点引测、标高竖向传递、主轴线的竖向投影及平面放线，基础、主体水平、装修＋1 000 mm复核线、安装位置控制线和中心控制线，以及其他模板、钢筋、砌筑、施工、构件等的位置控制线。

1. 测量工作的人员安排

组建一支测量专业队伍，在项目经理部总工程师的领导下负责整个工程的测量与验线工作。测量队由技术组、测量组和验线组三部分组成。技术组负责内业管理、编制作业指导书；测量组负责土建施工期间的日常测量工作；验线组负责各项测量放线的检查验收工作。

2. 图纸校核

（1）总平面图的校核。其内容包括建筑用地红线桩的坐标、角度和距离的校核；建筑物定位依据及定位条件的校核。

（2）建筑施工图纸的校核。其内容包括建筑物轴线的几何关系；平、立、剖面及节点大样的几何尺寸；各层相对高程与总图是否对应。

（3）结构施工图纸的校核。其内容包括校核墙、柱及梁等结构的尺寸校核；校核结构图与建筑图、设备图是否对应。

3. 测量工作的基本要求

通过设计交底和图纸会审后，了解工程设计意图、现场情况和定位条件、建筑物的相互关系及轴线尺寸、控制桩的位置、轴线的位置变化等。

(1)在施工生产过程中,应严格按照设计图纸及施工规范进行测量放线,以确保误差在规范允许的范围内。

(2)测量人员的工作态度应尊重科学、精益求精、一丝不苟、确保精确。

(3)施工测量放线工作应执行《建筑工程施工测量规程》及国家有关规定。

(4)测量放线人员在工作中应遵守施工测量放线工作基本准则和验线基本准则。

(5)测量仪器应按周期送检,未检定、超出检定周期及检定不合格的测量仪器不得使用。

(6)测量放线工作中应认真做好计算、记录工作,并将计算、记录资料及时归档保存。放线后严格执行自检、互检,经检查无误后报监理验线。

(7)钢尺量距应采用往返丈量,并进行三差改正,以保证精度。

(8)施工现场内的测量放线点位、标志均要进行保护,如加护栏、涂刷警戒色,防止碰动、破坏。测量作业前,应对原始依据进行校核,在确定点位无碰动、数据无误后方可进行下一步的作业。

(9)现场内材料堆放、车辆停放应保证测量点位间的通视。

4.4.2 工程定位测量及复测记录用表

1. 工程定位(放线)测量记录

工程定位(放线)测量记录是建筑物在正式施工前的一项重要测量资料,主要对拟建建筑物的坐标、高程、位置进行测量。

(1)工程定位(放线)测量记录样式,见表4-26。

表4-26 工程定位(放线)测量记录

工程名称				施工单位			
测量依据				依据提供单位			
使用仪器及编号		水准点标高/m	相对		场地标高/m	相对	
			绝对			绝对	
定位(放线)记录及示意图 测量人: 年 月 日							
复测情况及结论: 监理工程师: 年 月 日							
施工单位	项目技术负责人: 年 月 日			建设单位	建设单位技术代表: 年 月 日		
注:本表附放线办的定位放线记录。							

(2)填表说明。

1)每个工程均需要填写工程定位测量放线记录、工程定位测量复测记录。

2)对测量时使用的仪器,填写时应注明规格与型号。

3)对实测坐标、高程应如实填写。

4)参加定位测量与复验的建设、监理、施工单位人员必须签字齐全,不得代签。

2. 轴线检查记录

施工前必须用全站仪(经纬仪)施测出主要的轴线,然后依照轴线测量出各碎部构件。为了方便测量,减少计算量,应先按设计图纸各轴线间的尺寸将施工坐标转换为测量坐标。测量时,以基线控制点为基点采用极坐标法分别测出纵、横各轴线点,检查无误后用红油漆做好标志并标明轴线编号。

(1)轴线检查记录样式,见表4-27。

表4-27 轴线检查记录

工程名称		施工单位	
楼层部位 (设计标高)		抄测日期	
抄测依据		抄测仪器	
单线示意图及偏移值:			
检查 结论			
施工 单位	项目技术负责人: 抄测人: 记录: 　　　　年　月　日	监理 (建设) 单位	监理工程师(建设单位代表): 　　　　年　月　日

(2)填表说明。

1)工程名称应该与合同签订的名称一致。

2)抄测仪器应填写仪器的名称和型号。

3)测量数据必须严格根据现场测得的数据填写。

4)轴线检查记录应另外附图。

5)抄测人必须具备相应执业资格。

3. 标高检查记录

在每层楼层施工完成之后,应对楼层标高进行检查,弹好水准线,再用钢尺或水准仪根据水准线引测,即可检查楼层标高。

(1)标高检查记录样式,见表4-28。

表4-28 标高检查记录

工程名称				施工单位	
楼层部位				抄测日期	
抄测依据				抄测仪器	
测点位置	设计标高	实测	误差	附单线示意图	
检查结论					
施工单位	项目技术负责人: 抄测人: 记录人: 年 月 日			监理(建设)单位	监理工程师(建设单位代表): 年 月 日

(2)填表说明。
1)工程名称应该与合同签订的名称一致。
2)抄测仪器应填写仪器的名称和型号。
3)测量数据必须严格根据现场测得的数据填写。
4)单线示意图应另外附图。
5)抄测人必须具备相应执业资格。

4. 垂直度检查记录

在建筑工程中,尤其是民用建筑、工业建筑对垂直度的要求非常高。不仅涉及结构的安全性能,还会对后期设备安装、装饰装修产生影响。垂直度检查记录就是对建筑物在施工过程中垂直度的一个实物数据记录表,其数据如有异常,将是整改施工的重要依据。

(1)垂直度检查记录样式,见表4-29。

表 4-29 垂直度检查记录

工程名称						施工单位				
楼层部位			抄测仪器					抄测日期		
抄测点编号	层间偏差		累计偏差		抄测点编号	层间偏差		累计偏差		
	X	Y	X	Y		X	Y	X	Y	
全高垂直度检查										

抄测点编号	X	Y	X	Y	X	Y	X	Y	X	Y	X	Y	X	Y	X	Y
抄测值																

抄测点平面示意图	
检查结论	

施工单位	项目技术负责人： 抄测人： 记录人： 年　月　日	监理 （建设） 单位	监理工程师（建设单位代表） 年　月　日

(2)填表说明。

1)工程名称应该与合同签订的名称一致。

2)抄测仪器应填写仪器的名称和型号。

3)测量数据必须严格根据现场测得的数据填写。

4)抄测点平面示意图应另外附图。

任务练习

1. 下列不属于结构施工图校核内容的是（　　）。
   A. 框架柱尺寸　　B. 剪力墙尺寸　　C. 连续板尺寸　　D. 砂浆抹灰厚度
2. 下列不属于建筑施工图校核内容的是（　　）。
   A. 平面图　　　　B. 立面图　　　　C. 柱配筋表　　　D. 剖面图
3. （　　）是可以测设点坐标的仪器。
   A. 水准仪　　　　B. 钢尺　　　　　C. 卷尺　　　　　D. 全站仪
4. 施工阶段的测量工作一般在（　　）开始进行。
   A. 设计阶段　　　B. 项目立项　　　C. 图纸会审结束后　D. 开工之后
5. 建设工程测量应遵循（　　）原则。

A. 整体到局部　　B. 局部到整体　　C. 由中间向四周　　D. 由四周向中间
6. 组建一支测量专业队伍，在(　　)的领导下负责整个工程的测量与验线工作。
A. 单位技术负责人　B. 项目技术负责人　C. 测量员　　D. 施工负责人
7. 工程定位(放线)测量记录是建筑物在正式(　　)前的一项重要测量资料。
A. 图纸会审　　B. 施工　　C. 设计交底　　D. 竣工
8. (　　)负责施工现场测量内业管理、编制作业指导书。
A. 技术组　　B. 项目部　　C. 劳务班组　　D. 项目技术负责人
9. 轴线检查记录在施工前必须用(　　)施测出主要的轴线，然后依照轴线测量出各碎部构。
A. 卷尺　　B. 水准仪　　C. 经纬仪　　D. 钢尺
10. 测量放线工作中应认真做好计算、记录工作，并将计算、记录资料及时归档保存。放线后严格执行自检、互检，检查无误后报(　　)验线。
A. 规划部门　　B. 放线办　　C. 总包单位　　D. 监理单位

任务4.5　工程施工技术资料

任务导入

工程施工技术资料是施工阶段资料的主要构成部分，需要在实际操作中反复熟悉，更需要灵活运用，不能生搬硬套。该部分内容属于资料管理中难度较大的部分，不仅要对各类规范数据熟悉，还要对相应的法律、法规、政策熟悉。在学习工程施工技术资料的过程中，还应多看一些图纸和技术文件，并试着揣摩资料的填写方法。

4.5.1　施工技术交底

施工技术交底实为一种施工方法。在建筑施工企业中的技术交底，是指在某一单位工程开工前，或一个分项工程施工前，由相关专业技术人员向参与施工的人员进行的技术性交代。其目的是使施工人员对工程特点、技术质量要求、施工方法与措施和安全等方面有一个较详细的了解，以便于科学地组织施工，避免技术质量等事故的发生。各项技术交底记录也是工程技术档案资料中不可缺少的部分。

1. 施工技术交底的分类

(1)设计交底。设计交底即设计图纸交底，这是在建设单位主持下，由设计单位向各施工单位(土建施工单位与各专业施工单位)进行的交底，主要交代建筑物的功能与特点、设计意图与要求和建筑物在施工过程中应注意的各个事项等。

(2)施工设计交底。施工设计交底一般由施工单位组织，在管理单位专业工程师的指导下，主要介绍施工中遇到的问题和经常性犯错误的部位，要使施工人员明白该怎么做，规范上是如何规定的等。

(3)专项方案交底、分部分项工程交底、质量(安全)技术交底、作业等。

2. 施工技术交底的形式

(1)施工组织设计交底可通过召集会议形式进行技术交底，并应形成会议纪要归档。

(2)通过施工组织设计编制、审批,将技术交底内容纳入施工组织设计中。

(3)施工方案可通过召集会议形式或现场授课形式进行技术交底,交底的内容可纳入施工方案中,也可单独形成交底方案。

(4)各专业技术管理人员应通过书面形式配以现场口头讲授的方式进行技术交底,技术交底的内容应单独形成交底文件。交底内容应有交底的日期,有交底人、接收人签字,并经项目总工程师审批。

技术交底的内容

4.5.2 图纸会审和设计交底记录用表

图纸会审和设计交底记录是现场在开工前由建设单位组织参建各方的会议纪要,用来记录全部交底、问题答疑的文字记录。

1. 图纸会审和设计交底记录样式

图纸会审和设计交底记录样式,见表 4-30。

表 4-30 图纸会审和设计交底记录

工程名称			工程地点	
建设单位			设计单位	
施工单位			监理单位	
交底会审图号			交底会审日期	
交底及会审内容简述: 注:具体内容记录和处理意见作附件。					
参加交底会审人员:					
建设单位		设计单位		施工单位	
项目负责人签字: (公章)		项目负责人签字: (公章)		项目负责人签字: (公章)	
监理单位		(　　)单位		(　　)单位	
项目负责人签字: (公章)		项目负责人签字: (公章)		项目负责人签字: (公章)	
会审主持单位:		会审主持人: 　　年　月　日			
设计交底单位		设计交底人: 　　年　月　日			

2. 填表说明

图纸会审和设计交底记录表主要用于记录图纸会审和设计交底会议的情况,其具体内容和处理意见可以另附附件,"交底会审图号"应填写交底涉及的图纸编号范围。

(1)图纸会审主持人要签字。

(2)有关专业均要有人员参加图纸会审,参加人员签字应齐全、有效;日期、地点要写清楚。

(3)要记录会审中发现的所有需要记录的内容,已经解决的应注明解决方法,未解决的应注明解决时间及方式，记录由设计、施工任一方整理，可在会审时协商确定。

(4)凡会审已经形成的正式文件记录均不得涂改。

(5)会审记录由各方单位盖章后生效。

4.5.3 设计变更

设计变更是指设计单位依据建设单位要求调整，或设计单位需要对原设计内容进行修改、完善、优化。设计变更应以图纸或设计变更通知单的形式发出。如果施工单位提出设计变更，应经业主和监理、设计单位一致同意。

1. 设计变更的类型

(1)在建设单位组织的有设计单位和施工企业参加的设计交底会上，经施工企业和建设单位提出，各方研究同意而改变施工图的做法，都属于设计变更，为此而增加新的图纸或设计变更说明都由设计单位或建设单位负责。

(2)施工企业在施工过程中，遇到一些原设计未预料到的具体情况需要进行处理，因而发生的设计变更。如工程在管道安装过程中遇到原设计未考虑到的设备和管墩、在原设计标高处无安装位置等，需要改变原设计管道的走向或标高，可以经设计单位和建设单位同意后，办理设计变更或设计变更联络单。这类设计变更应注明工程项目、位置、变更的原因、做法、规格和数量，以及变更后的施工图，经各方签字确认后即为设计变更。

(3)在工程开工后，由于某些方面的需要，建设单位提出要求改变某些施工方法，或增减某些具体工程项目等，如在一些工程中由于建设单位要求增加的管线，再征得设计单位的同意后作出设计变更。

(4)施工企业在施工过程中，由于施工方面、资源市场的原因，如材料供应或者施工条件不成熟，认为需改用其他材料代替，或者需要改变某些工程项目的具体设计等引起的设计变更，经双方或三方签字同意才可作出设计变更。

2. 设计变更通知汇总表

(1)设计变更通知汇总表样式，见表 4-31。

表 4-31　设计变更通知汇总表

工程名称			设计单位		
序号	涉及变更图号	变更原因	变更内容简述		执行结果及竣工图号
施工单位	项目技术负责人： 整理人： 　　年　月　日		监理（建设）单位	监理工程师(建设单位代表)： 设计单位 　　年　月　日	设计代表： 　　年　月　日

(2)资料要求。本表由施工单位在竣工前将设计变更通知进行汇总,汇总时,还应特别注意的是,应按专业分类,如土建、安装、市政等。

3. 设计变更通知用表

(1)设计变更通知样式,见表4-32。

表4-32 设计变更通知

工程名称		变更图号	
变更原因			
变更内容及示意图			
设计单位	项目负责人: 专业负责人: 设计人: (公章) 年　月　日		

注:复杂情况另附变更详图

(2)资料要求。

1)所有设计变更必须由原设计单位的相应设计专业人员作出,有关负责人签字,设计单位盖章批准,最后由建设单位(项目负责人)、监理单位(总监理工程师)、施工单位(项目经理)签字盖章生效。

2)应先有设计变更后施工,按签发日期顺序排列。

3)内容明确、具体,办理及时。必要时,应附图,不得任意涂改和后补。

4. 工程洽商记录用表

洽商记录是施工过程中,由于设计图纸本身差错,设计图纸与实际情况不符,施工条件变化,原材料的规格、品种、质量不符合设计要求,以及职工提出合理化建议等原因,需要对设计图纸部分内容进行修改而办理的工程洽商记录文件。

(1)技术变更(洽商)记录样式,见表4-33。

表 4-33　技术变更(洽商)记录

工程名称			图纸编号	
工程部位				
变更原因、变更内容及草图： 　　　　　　　　　　　　　　　　　　　技术负责人：　　提出单位(公章) 　　　　　　　　　　　　　　　　　　　　　　　　　　　　年　月　日				
监理单位审查意见： 　　　　　　　　　　　　　　　　　　　总监理工程师：　　　　(公章) 　　　　　　　　　　　　　　　　　　　　　　　　　　　　年　月　日				
建设单位审查意见： 　　　　　　　　　　　　　　　　　　　技术负责人：　　　　　(公章) 　　　　　　　　　　　　　　　　　　　　　　　　　　　　年　月　日				
设计单位核定意见： 　　　　　　　　　　　　　　　　　　　专业负责人： 　　　　　　　　　　　　　　　　　　　项目负责人：　　　　　(公章) 　　　　　　　　　　　　　　　　　　　　　　　　　　　　年　月　日				

(2)资料要求。

1)洽商记录应该按签订日期先后顺序编号排列，内容明确具体，必要时附图，签字齐全，不得任意涂改和后补。

2)如果另需附图的，应该与该记录一起收集在一起。

3)各个单位应该加盖公章。

任务练习

1. 设计交底由(　　)主持。
   A. 设计单位　　　B. 监理单位　　　C. 建设单位　　　D. 勘察单位
2. 施工技术交底由(　　)主持。
   A. 项目经理　　　B. 技术负责人　　C. 栋号长施工员　D. 质检员
3. 设计变更应加盖(　　)。
   A. 公章　　　　　B. 合同章　　　　C. 法人章　　　　D. 项目章
4. (　　)不属于施工技术交底资料。
   A. 设计交底　　　　　　　　　　　B. 造价文件交底
   C. 现场测量影像资料　　　　　　　D. 施工方案交底
5. 洽商记录是需要对设计图纸(　　)内容进行修改而办理的工程洽商记录文件。

A. 部分　　　　B. 局部　　　　C. 大部分　　　　D. 全部

6. 施工企业在施工过程中，需要改变某些工程项目的具体设计等引起的设计变更，经至少（　　）方签字同意才可作出设计变更。

A. 单　　　　B. 双　　　　C. 三　　　　D. 四

7. 工程洽商记录单各个单位应加盖（　　）章。

A. 项目　　　　B. 执业资格　　　　C. 合同　　　　D. 公

8. 施工设计交底，一般由（　　）组织，主要介绍施工中遇到的问题，和经常性犯错误的部位，要使施工人员明白该怎么做，规范上是如何规定的等。

A. 施工单位　　　　B. 监理单位　　　　C. 劳务单位　　　　D. 建设单位

9. 设计变更由相关负责人签字，设计单位盖章批准，最后由建设单位（项目负责人）、监理单位（　　）、施工单位（项目经理）签字盖章生效。

A. 监理员　　　　B. 监理工程师　　　　C. 总监理工程师　　　　D. 总监代表

10. 图纸会审中发现的所有需要记录的内容，已经解决的注明解决方法，未解决的注明解决时间及方式，记录由（　　）整理，可在会审时协商确定。

A. 监理单位　　　　B. 施工单位　　　　C. 建设单位　　　　D. 分包单位

任务 4.6　工程施工记录

任务导入

工程施工记录是反映施工过程最直接的工程资料，在资料管理体系中占据着很重要的地位。在编写过程中，同样要求灵活运用。在编写前，应熟悉相关国家标准、地方标准、图纸、管理程序及合同要求，需要在前期做好大量准备工作。在编写工程施工记录时，内容应该真实、严谨、不得虚构。

4.6.1　隐蔽工程验收记录

隐蔽工程验收记录是指被下道工序所隐蔽的，关系到结构性能和使用功能的重要部位或项目的隐蔽检查记录。

1. 隐蔽工程的内容

（1）地基与基础工程。地基与基础工程包括地质、土质情况，标高尺寸，坟、井、坑、塘的处理，基础断面尺寸，桩的位置、数量、试桩、打桩记录，人工地基的试验记录，坐标记录。

（2）钢筋混凝土工程。钢筋混凝土工程包括钢筋的品种、规格、数量、位置、形状、焊接尺寸、接头位置、除锈情况，预埋件的数量及位置，预应力钢筋的对焊、冷拉、控制应力、混凝土、砂浆强度等级，以及材料代用等情况。

（3）砖砌体。砖砌体包括抗震、拉结、砖过梁配筋部位品种、规格及数量。

（4）木结构工程。木结构工程包括屋架、檩条、墙体、顶棚、地下等隐蔽部位的防腐、防蛀、防菌等处理。

(5)屏蔽工程。屏蔽工程包括构造及做法。

(6)防水工程。防水工程包括屋面、地下室、水下结构物的防水找平层的质量情况、干燥程度、防水层数、玛琋脂的软化点、延伸度、使用温度，屋面保温层做法，防水处理措施的质量。

(7)水、暖、卫暗管道工程。水、暖、卫暗管道工程包括位置、标高、坡度、试压、通水试验、焊接、防锈、防腐、保温及预埋件等。

(8)锅炉工程。锅炉工程包括保温前胀管情况，焊接、接口位置，螺栓固定及打泵试验等。

(9)电气线路工程。电气线路工程包括导管、位置、规格、标高、弯度、防腐、接头等，电缆耐压绝缘试验，地线、地板、避雷针的接地电阻。

(10)完工后无法进行检查、重要结构部位及有特殊要求的隐蔽工程。

2. 隐蔽工程的检查程序

(1)承包人自检。承包人应当对工程隐蔽部位进行自检，并经自检确认是否具备覆盖条件。

除专用合同条款另有约定外，工程隐蔽部位经承包人自检确认具备覆盖条件的，承包人应在共同检查前48小时书面通知监理人检查，通知中应载明隐蔽检查的内容、时间和地点，并应附有自检记录和必要的检查资料。

(2)监理人应按时到场并对隐蔽工程及其施工工艺、材料和工程设备进行检查。经监理人检查确认质量符合隐蔽要求，并在验收记录上签字后，承包人才能进行覆盖。经监理人检查质量不合格的，承包人应在监理人指示的时间内完成修复，并由监理人重新检查，由此增加的费用和(或)延误的工期由承包人承担。除专用合同条款另有约定外，监理人不能按时进行检查的，应在检查前24小时向承包人提交书面延期要求，但延期不能超过48小时，由此导致工期延误的，工期应予以顺延。监理人未按时进行检查，也未提出延期要求的，则视为隐蔽工程检查合格，承包人可自行完成覆盖工作，并作相应记录报送监理人，监理人应签字确认。监理人事后对检查记录有疑问的，可按重新检查的约定重新检查。

(3)承包人覆盖工程隐蔽部位后，发包人或监理人对质量有疑问的，可要求承包人对已覆盖的部位进行钻孔探测或揭开重新检查，承包人应遵照执行，并在检查后重新覆盖恢复原状。经检查证明工程质量符合合同要求的，由发包人承担由此增加的费用和(或)延误的工期，并支付承包人合理的利润；经检查证明工程质量不符合合同要求的，由此增加的费用和(或)延误的工期由承包人承担。

承包人未通知监理人到场检查，私自将工程隐蔽部位覆盖的，监理人有权指示承包人钻孔探测或揭开检查，无论工程隐蔽部位质量是否合格，由此增加的费用和(或)延误的工期均由承包人承担。

4.6.2 隐蔽工程常用资料表格

1. 隐蔽工程通用检查表

隐蔽工程通用检查表是针对建筑工程中较多隐蔽工程而使用的资料，如回填土、防水、管线覆盖、混凝土浇筑等。

(1)工程隐蔽检查记录样式，见表4-34。

表 4-34 工程隐蔽检查记录(通用)

工程名称				施工单位		检查部位		图号	
隐蔽日期	隐蔽内容	单位	数量	检查情况					
有关测试资料									
名称	测试数据、结论			证单编号		备注			
检查结论									
施工单位	项目技术负责人: 记录人: 年 月 日			监理(建设)单位	监理工程师(建设单位代表) 年 月 日			其他单位	代表: 年 月 日

(2)填表说明。

1)隐蔽工程验收记录应按照专业,分层、分段、分部位按施工程序进行填写。隐蔽工程验收记录按分项工程检验批填写,其内容包括位置、标高、材质、品种、规格、数量、焊接接头、防腐、管盒固定、管口处理等,需附图时应另附图。

2)隐蔽工程验收时,施工单位必须附有关分项工程质量验收及检测资料,包括原材料化验单、质量验收记录、出厂合格证等。

3)工程具备隐蔽检查条件后,由专业工长填写隐蔽工程验收记录,并由质检员提前报请监理单位,验收时由专业技术负责人组织专业工长、质检员共同参加。验收后由专业监理工程师(或建设单位项目专业技术负责人)签署验收意见及验收结论。

4)隐蔽工程验收记录上签字、盖章要齐全,参加验收人员必须由本人签字,并加盖监理单位项目章和施工单位项目章。

2. 钢筋工程隐蔽检查记录

钢筋工程隐蔽检查记录是现场对钢筋工程隐蔽的专用记录表格,可附图说明。

(1)钢筋及预埋铁件隐蔽检查记录样式,见表 4-35。

表 4-35 钢筋及预埋铁件隐蔽检查记录

工程名称			施工单位	
楼层			检查部位	
设计图号或标准图集号			变更(洽)通知编号	
检查内容		检查情况		
1. 钢筋品种、规格、数量、形状、位置、间距				
2. 钢筋接头				
3. 保护层厚度				
4. 钢筋锈蚀				
5. 预埋件数量及位置				
6. 钢筋的锚固			特殊节点详图	
7. (预应力)锚具和连接器品种、规格、数量、位置				
8. 灌浆孔、排汽兼泌水管的品种、规格、数量、位置、形状				
9. (预应力)锚固区局部构造				
10. 钢筋配料表编号(钢筋配料表附后)				
检查结论				
施工单位	项目技术负责人: 记录人: 年 月 日	监理(建设)单位	监理工程师: (建设单位代表) 年 月 日	设计单位	代表: 年 月 日

(2)填表说明。

1)"检查部位"需要注明楼层与轴线编号。

2)"设计图号或标准图集号"用于填写所采用的图集编号或设计图纸图号。

3)特殊节点应该附图至右侧空白处。

4)隐蔽工程验收记录上签字、盖章要齐全,参加验收人员必须由本人签字。

3. 人工挖孔桩成孔隐蔽检查记录

人工挖孔桩成孔隐蔽检查记录是施工现场对人工挖孔桩的专用隐蔽记录,可附图说明隐蔽节点。

(1)人工挖孔桩成孔隐蔽检查记录样式,见表 4-36。

表 4-36 人工挖孔桩成孔隐蔽检查记录

工程名称				检查部位			
施工单位				桩基分包单位			
检查项目	设计要求	实际情况	桩垂直度偏差/‰			桩顶偏位	
桩长							
桩身直径			成孔断面示意图(需标示孔顶、孔底标高)				
开孔直径							
桩底标高							
嵌岩深度							
嵌岩段深度							
持力层岩性							
持力层承载力							
扩大头尺寸/m	直径						
	深度 h						
	深度 h_1						
岩性鉴定、复查结论							
检查结论							
监理(建设)单位: 监理工程师: (建设单位代表): 年　月　日	勘察单位: 代表: 年　月　日			设计单位: 代表: 年　月　日		施工单位: 项目技术负责人: 年　月　日	

(2)填表说明。

1)"检查部位"需要注明楼层与轴线编号。

2)施工单位的名称必须和工程合同签订的名称一致。

3)如果存在桩基开挖分包,就需要填写分包单位名称,名称与合同签订名称一致。

4)成孔断面示意图需要在空白处附图。

5)检查项目应该根据设计文件的要求填写。

4. 砌体配筋隐蔽检查记录

砌体配筋隐蔽检查记录是用于施工现场砌体工程钢筋隐蔽的专用表格，如构造柱、拉结筋、过梁等。

(1)砌体配筋隐蔽检查记录样式，见表 4-37。

表 4-37 砌体配筋隐蔽检查记录

工程名称				施工单位		
检查部位及图号						
检查项目				检查情况		简图
配筋砌体	主筋	品种及直径				
		钢筋的数量				
		钢筋间距				
		锚固长度				
		搭接长度				
	箍筋	品种及直径				
		间距				
		压在灰缝中保护层厚度				
砌体拉结筋、构造筋		品种及直径				
		沿墙高间距				
		锚固长度				
		与基体连接方式				
检查结论						
施工单位	项目技术负责人： 记录人： 年 月 日			监理（建设）单位	监理工程师(建设单位代表)： 年 月 日	

(2)填表说明。

1)"检查部位"需要注明楼层与轴线编号。

2)施工单位的名称必须和工程合同签订的名称一致。

3)需要附上施工实际情况的简图。

4)检查情况应该根据现场实测的数据填写，然后再对照相应规范检验是否合格。

5)签字不得遗漏，无数据处应加以斜杠。

5. 屋面隐蔽检查记录

屋面隐蔽检查记录是对于现场屋面工程隐蔽的专用记录表格。

(1)屋面隐蔽检查记录样式，见表 4-38。

表 4-38 屋面隐蔽检查记录

工程名称			检查部位及图号		
施工单位			坡度		
构造详图					
屋面(檐)材料固定情况(附图)					
检查结论					
施工单位	项目技术负责人： 记录人： 年 月 日		监理(建设)单位	监理工程师(建设单位代表)： 年 月 日	

(2)填表说明。

1)"检查部位"需要注明屋面轴线编号。

2)施工单位与工程的名称必须和工程合同签订的名称一致。

3)需要附上施工实际情况的简图。

4)检查结论应该由项目质量负责人填写。

6. 地下(挡墙)排水隐蔽检查记录

地下(挡墙)排水隐蔽检查记录是针对施工现场地下挡墙结构工程的专用记录表，如挡墙、车库防水剪力墙混凝土浇筑等。

(1)地下(挡墙)排水隐蔽检查记录样式,见表 4-39。

表 4-39 地下(挡墙)排水隐蔽检查记录

工程名称			施工单位	
检查部位及图号				
1. 标高:		设计:		实际:
2. 坡度:		设计:		实际:
3. 断面或厚度:		设计:		实际:
4. 渗排水层(排水孔)或盲沟铺设材料及质量情况:				
5. 渗排情况(有无堵塞情况):				
检查结论				
施工单位	项目技术负责人: 记录人: 年　月　日		监理 (建设) 单位	监理工程师(建设单位代表): 年　月　日

(2)填表说明。

1)"检查部位"需要注明轴线编号及依据的设计文件编号。

2)标高、坡度、厚度数据,首先填写设计文件要求的数值,然后再填写在现场实测的数据。

3)渗排水层(排水孔)或盲沟铺设材料及质量情况,应根据现场实地踏勘后的结果,如实叙述填写。

4)检查结论应该由项目质量负责人填写。

任务练习

1. 下列不属于隐蔽工程的是(　　)。
   A. 绿化工程　　　B. 混凝土工程　　　C. 防水工程　　　D. 管道工程
2. 达到隐蔽工程的条件后,施工单位应提前(　　)小时通知监理项目部复验。
   A. 12　　　　　　B. 24　　　　　　　C. 48　　　　　　D. 72
3. 隐蔽工程验收记录是指被下道工序所隐蔽的,关系到(　　)性能和使用功能的重要部位或项目的隐蔽检查记录。
   A. 结构　　　　　B. 建筑　　　　　　C. 节能　　　　　D. 防水
4. 经(　　)检查确认质量符合隐蔽要求,并在验收记录上签字后,承包人才能进行覆盖。
   A. 质检员　　　　　　　　　　　　　B. 专业监理工程师

C. 建设单位现场代表　　　　　　D. 项目技术负责人
5. 工程具备隐蔽检查条件后，由( )写隐蔽工程验收记录，并由质检员提前报请监理单位，验收时由专业技术负责人组织专业工长、质检员共同参加。
　　A. 专业工长　　　B. 施工员　　　C. 项目技术负责人　D. 监理员
6. 隐蔽工程验收后由( )签署验收意见及验收结论。
　　A. 质检员　　　B. 项目技术负责人　C. 施工员　　　D. 专业监理工程师
7. 在隐蔽工程验收时，( )必须附有关分项工程质量验收及检测资料，包括原材料化验单、质量验收记录、出厂合格证等。
　　A. 供货单位　　　B. 施工单位　　　C. 监理单位　　　D. 专业分包单位
8. 砌体配筋隐蔽检查记录是用于施工现场砌体工程钢筋隐蔽的专用表格，砌体在( )部位不需要配筋。
　　A. 后塞口　　　B. 构造柱　　　C. 墙垛　　　D. 普通砖过梁
9. _____应当对工程隐蔽部位进行自检，并经自检确认是否具备覆盖条件。
10. 除专用合同条款另有约定外，工程隐蔽部位经_____自检确认具备覆盖条件的，承包人应在共同检查前48小时书面通知_____检查，通知中应载明_____、_____、_____。
11. 承包人覆盖工程隐蔽部位后，发包人或监理人对质量有疑问的，可要求承包人对已覆盖的部位进行_____，承包人应_____，并在检查后重新覆盖恢复原状。经检查证明工程质量符合合同要求的，_____，_____；经检查证明工程质量不符合合同要求的，由此增加的费用和(或)延误的工期由_____。
12. 承包人未通知监理人到场检查，私自将工程隐蔽部位覆盖的，监理人有权_____，无论工程隐蔽部位质量是否合格，由此增加的费用和(或)延误的工期_____。
13. 隐蔽工程验收记录应按照专业，_____、_____、分部位按_____进行填写。隐蔽工程验收记录应按_____填写，内容包括_____等，需附图时应另附图。

任务4.7　工程施工试验记录

任务导入

工程试验是施工阶段的主要活动，其资料形成的格式，要根据不同的试验检测单位而定。从资料管理的角度来看，主要是掌握签字人、盖章的类型、报告的日期、报告的数量及报告台账的填写。本任务的难点是报告的数量，要攻克这个难点，需熟悉取样的频率，因此，须将取样频率纳入资料要求内，作为重点掌握的内容。

4.7.1　施工试验报告和记录

1. 施工试验报告

施工试验报告是指为保证建筑工程质量，对用于工程的无特定表示的材料，进行有关指标的测试，由试验单位出具的试验证明文件。

(1)施工试验报告通用表格样式,见表 4-40。

表 4-40 施工试验报告通用表格

序号	品种	生产厂家	出厂批(编)号	材质证明	进场数量	使用部位	送样日期	试验日期	试验报告编号	试验项目		试验结果	备注
										试验项目一	试验项目二		
合计													

注:登记按照施工中每一批次浇筑逐批次进行登记,如果在一批次浇筑中使用了两家以上生产厂家的混凝土,登记要按照不同厂家分开进行登记。登记按日期顺序进行。

(2)填表说明。

1)无特定表示的材料必须有出厂合格证和在工地取样的试验报告,试验单子项目填写齐全,不得漏填或错填,试验报告编号必须填写。

2)试验结论要明确,责任人签字要齐全,不得漏签或代签,并加盖试验单位公章。

3)委托单上的工程名称、部位、品种、强度等级等与试验报告单应对应一致。

4)必须填写试验日期,以检查是否为先试验后施工,先施工后试验为不符合要求。

5)"生产厂家"应填写原材料供应单位,还宜填写中间转发单位。

6)"出厂批(编)号"由厂家质量证明资料提供。

7)材质证明:相关材料的成分证明资料。

8)使用部位:该批材料拟用于工程的某个部位。

4.7.2 钢筋原材料与接头试验报告和记录

1. 钢筋原材料检验批质量试验报告和记录

钢筋原材料在进场使用之前,必须进行原材料检测,经检测合格后方能投入使用。钢筋原材料试验报告和记录可作为质量合格的有效凭证。

(1)钢筋原材料检验批质量试验报告和记录样式,见表4-41。

表4-41 钢筋原材料检验批质量试验报告和记录

工程名称			分项工程名称	钢筋工程	验收部位	
施工单位			专业工长		项目经理	
施工执行标准名称及编号						
分包单位	/		分包项目经理	/	施工班组长	
\	\	施工质量验收规范的规定			施工单位检查评定记录	监理(建设)单位验收记录
主控项目	1	钢筋进场检验		5.2.1条		
	2	抗震框架结构用钢筋		5.2.2条		
	(1)	抗拉强度与屈服强度比值		≥1.25		
	(2)	屈服强度与强度标准值比值		≤1.3		
	(3)	钢筋脆断、性能不良等的检验		5.2.3条		
一般项目	1	钢筋外观质量		5.2.4条		
施工单位检查评定结果						
监理(建设)单位验收结论						

(2)填表说明。

1)施工单位。其名称应与施工合同中的签章一致。

2)工程名称,是指相应的建设项目或单位工程名称,应与施工图的工程名称一致。

3)验收部位,是指该批钢筋原材料拟用于工程的某部位。

4)"施工执行标准名称及编号"填写最新规范的书名和编号。

5)项目经理:签字人必须具有授权资格及相应的执业资格证书。

6)施工单位检查评定记录:施工单位项目质量负责人以相应标准及设计文件为依据,在现场实测后填写。

2. 钢筋连接试验报告

钢筋连接试验报告是指为保证建筑工程质量,对用于工程的不同形式的钢材连接进行有关指标的测试,由试验单位出具的试验证明文件。

(1)钢筋连接试验报告样式,见表4-42。

表 4-42 钢筋连接试验报告

委托单位：　　　　　　　　　　　　　　　　　　　　　　　　试验编号：

工程名称				委托日期	
使用部位				报告日期	
钢材类型		原材料试验编号		检验类型	
接头类型		代表数量		操作人	
公称直径/mm	屈服点/MPa	抗拉强度/MPa	断口特征及位置	冷弯条件	冷弯结果
依据标准：					
检验结论：					
备注：见证单位： 见证人：　　　　　　　　取样人：					
声明：1. 报告无材料试验专用章或检验单位公章无效； 2. 复制报告未重新加盖材料试验专用公章或检验单位公章无效； 3. 报告无试（检）验、审核、批准人签字无效； 4. 报告涂改无效； 5. 对检验报告若有异议，应于收到之日起 15 天内向检验单位提出，逾期不予受理。					
试验单位：　　　　　　技术负责人：　　　　　　审核：　　　　　　试（检）验：					

(2) 资料要求。从资料管理的角度出发，重点要考虑如何具备足够数量的检测报告。报告数量是否足够，取决于取样的应有最低频率。如果检测报告数量不足，就意味着管理的疏漏，现场存在进场材料、现场工艺漏检，未进行见证取样等重大质量风险。因此，应了解掌握取样的方法。资料管理负责人应清楚地知道，若试件取样不当，则不应该制作相关资料交予有关人员签认。

1) 报告数量。

①闪光对焊的频率。同一台班内由同一焊工完成的 300 个同级别、同直径钢筋焊接接头为一批，当同一台班内焊接的接头数量较少，可在一周内累计计算，如累计仍不足 300 个接头，也应按一批计算。取样方法：每批随机抽取 3 个长度约为 450 mm 的接头做拉伸，抽取 3 个长度约为 350 mm 的接头做冷弯。每一批试验，收集一份报告。

②电弧焊、电渣压力焊、气压焊的频率。在一般构筑物中，以 300 个同牌钢筋、同形式接头作为一批；在现浇钢筋混凝土结构中，在同一楼层中 300 个同牌号、同形式接头作为一批；不足 300 个接头，按一批计算。每一批试验，收集一份报告。

③钢筋机械连接的频率。工艺检验：钢筋连接工程开始前及施工过程中，应对每批进场钢筋进行接头工艺检验。现场检验：同一施工条件下采用同一批材料的同等级、同形式、同规格接头，以 500 个为一批。每一批试验，收集一份报告。

2) 试验编号必须填写，以此作为查询试验室及试验台账、核实试验数据的重要依据。

3) 必须实行见证取样，试验室应在见证取样人名单上加盖公章，经手人签字。

4) 无焊工合格证的人员进行施焊为不符合要求。

4.7.3 混凝土施工试验报告与记录

混凝土试验报告可用于核查工程的各种品种、强度等级、数量的混凝土试块。通过资料收集可达到方便检查的目的。

1. 混凝土抗压强度试验报告

混凝土抗压强度试验报告是现场混凝土的抗压试件的专用报告，由检测单位出具，施工单位负责整理后登记造册，填写台账汇总表。

(1)混凝土抗压强度检测报告样式，见表4-43。

表4-43 混凝土抗压强度检测报告

流水号		委托编号		试验编号		
委托单位				委托日期		年 月 日
工程名称				成型日期		年 月 日
使用部位				检测日期		年 月 日
设计强度等级				龄期		
配合比（质量比）				水泥品种强度等级		
水灰(胶)比				砂子品种规格		
水泥用量				石子品种规格		
坍落度				外加剂品种掺量		
养护条件				掺合料品种掺量		
主要仪器设备				试件规格		
见证员	单位：		姓名：		编号：	
执行标准						

试件编号	破坏载荷/kN	试件长度/mm	试件宽度/mm	抗压强度/MPa	强度代表值/MPa	尺寸折算系数	标准试件抗压强度/MPa
1							
2							
3							

结论	检测单位(章)：	备注	

检测人： 审核人： 技术负责人： 批准人：

(2)资料要求。

1)资料报告数量要求。从资料管理的角度出发,应具备足够数量的检测报告。报告数量的依据取决于混凝土检测的频率与方法。每拌制 100 盘且不超过 100 m³ 的同配合比的混凝土,取样不得少于一次;每工作班拌制的同一配合比的混凝土不足 100 盘时,取样不得少于一次;当一次连续浇筑超过 1 000 m³ 时,同一配合比的混凝土每 200 m³ 取样不得少于一次;每一楼层、同一配合比的混凝土,取样不得少于一次;每次取样应至少留置一组标养试件,同条件养护试件留置组数应根据实际需要确定。每一组试验,形成报告一份。

2)试验方法与试块刻写资料内容。混凝土试件应在浇筑地点随机抽取,从同一盘或同一车混凝土中取样,制作尺寸为 150 mm×150 mm×150 mm 试件,每组为 3 个。标养试块制作后应在温度为(20±5)℃的环境下静置一昼夜至两昼夜,然后编号、拆模。拆模后立即进行标准养护(工地无条件的可送至试验室)。同条件养护试块的拆模时间可与实际构件拆模时间相同,拆模后,试块仍需同条件养护。

试块完成终凝后,在见证人员见证下及时在试块表面刻制试样制作日期、部位、强度等级,刻制的文字应清晰可见,否则检测单位将不得在出具的报告上加盖"有见证检测"章。

(3)填表说明。

1)委托单位名称应与施工合同中的签章一致。

2)工程名称是指相应的建设项目或单位工程名称,应与施工图的工程名称一致。

3)使用部位。该试件所代表的混凝土浇筑部位。

4)执行标准应填写最新规范的书名和编号。

5)见证员的签字人必须具有授权资格及相应的执业资格证书。

6)成型日期以现场混凝土浇筑日期发生的时刻为准。

2. 混凝土抗渗试验报告

混凝土抗渗试验报告表是指现场对具有抗渗要求的混凝土所做的抗渗试验的报告用表。其由检测单位出具,施工单位在收集整理后填写台账。

(1)混凝土抗渗试验报告样式,见表 4-44。

表 4-44　混凝土抗渗试验报告

委托单位			抗渗等级		报告日期	
工程名称			试件成型日期		试验日期	
工程部位			养护龄期/天		依据标准	
试件编号	1	2	3	4	5	6
最高水压/MPa						
渗透深度/mm						
结论						
试验单位			负责人		见证单位	
			审核人			
			试验人		见证人	

(2)资料要求。

1)资料报告数量要求。混凝土抗渗试件的频率:同一工程、同一配合比的混凝土,取样不应少于一次,连续浇筑混凝土每 500 m³ 应留置一组抗渗试件,且每项工程不得少于两组,留置组数应视结构的规模和要求而定。取样方法:在浇筑地点随机取样,且与强度试件必须是同一次拌合物,从同一盘或同一车混凝土中取样,每组制作 6 个试件。每一组试验,形成一份报告。

混凝土抗折强度的频率:每 100 m³ 的同配合比混凝土,取样 1 次,不足 100 m³ 按 1 次计。每次取样应至少留置 1 组标准养护试件,同条件养护试件的留置组数应根据实际需要确定,最少 1 组。取样方法:在浇筑地点随机取样,制作尺寸为 150 mm×150 mm×150 mm 的试件,每组为 3 块。每一组试验,形成一份报告。

混凝土配合比的试件频率:同一工程、同一施工工艺、同种材料、同一强度的混凝土应通过试配确定配合比,当原材料发生变化时,应重新进行试配。取样方法:按水泥、砂、石、外加剂等取样规定抽取各种原材料试样,每种配合比取样数量一般为:砂 60 kg,水泥 50 kg,石 120 kg,外加剂 1 kg。每一组试验,形成一份报告。

2)试验方法与试块刻写资料内容。混凝土试件应在浇筑地点随机抽取,从同一盘或同一车混凝土中取样,制作尺寸为 150 mm×150 mm×150 mm 的试件,每组为 3 个。标准养护试块制作后应在温度为(20±5)℃的环境下静置一昼夜至两昼夜,然后编号、拆模。拆模后立即进行标准养护(工地无条件的可送至试验室)。同条件养护试块的拆模时间可与实际构件拆模时间相同,拆模后,试块仍需同条件养护。

试块完成终凝后,在见证人员见证下及时在试块表面刻制试样制作日期、部位、强度等级,刻制的文字应清晰可见,否则检测单位将不得在出具的报告上加盖"有见证检测"章。

(3)填表说明。

1)委托单位名称应与施工合同中的签章一致。
2)工程名称指相应的建设项目或单位工程名称,应与施工图的工程名称一致。
3)工程部位。该试件所代表的混凝土浇筑部位。
4)"依据标准"应填写最新规范的书名和编号。
5)见证人的签字人必须具有授权资格及相应的执业资格证书。

4.7.4 砂浆试验报告与记录

由于在建筑工程施工过程中,承重墙、填充墙的作业皆需要拌制大量砂浆,故根据国家见证取样的要求,涉及承重与功能的砂浆,都需要进行砂浆的试验。砂浆试件抗压强度检验报告是施工单位根据设计要求的砂浆强度等级,在施工现场按标准留置试件,由试验单位进行强度测试后出具的报告单。

1. 砂浆试块抗压强度报告

砂浆试块抗压强度报告样式,见表 4-45。

表 4-45　砂浆试块抗压强度报告

水泥品种		强度等级		产地及厂牌		
砂子		砂等级				
石子产地		种类		公称粒径		
掺合料		产地				
外加剂		其他		搅拌方法		
试验结果							
工程名称				委托日期		
结构部位				报告日期		
砂浆种类				检验类别		
试件边长/mm		配合比编号		养护方法		
试验编号	成型日期	破型日期	龄期/d	强度等级	强度值/MPa	强度代表值/MPa	达到设计强度%
依据标准						
样品状态						
备注						

2. 资料要求

(1)从资料管理的角度出发，应具备足够数量的检测报告。报告的数量取决于砂浆检测的频率与方法。每一楼层或每 250 m³ 砌体中各种强度等级的砂浆，每台搅拌机至少制作抗压试件一组。当强度等级或配合比变更时，应另做试件，基础砌体可按一个楼层计。每一组试验，形成一份报告。

(2)配合比签字、盖章齐全。

(3)试验内容齐全，不得漏项。

(4)归档要求。配合比按种类、强度等级、报告日期依次排序归档。

任务练习

1. 钢筋连接工艺试件台账由(　　)主持编制。
   A. 资料员　　　B. 项目经理　　　C. 专业监理工程师　D. 监理员

2. 试块完成终凝后，在(　　)见证下及时在试块表面刻制试样制作日期、部位、强度等级、刻制的文字应清晰可见。
   A. 见证员　　　B. 资料员　　　C. 标准员　　　D. 施工员

3. 电弧焊、电渣压力焊、气压焊的频率：在一般构筑物中，以(　　)个同牌钢筋、同形式接头作为一批，试验报告应有一份。
   A. 100　　　　　B. 200　　　　　C. 300　　　　　D. 400
4. 连续浇筑混凝土每（　　）m³应留置一组抗渗试件，且每项工程不得少于两组，留置组数应视结构的规模和要求而定。每组试验应有一份报告。
   A. 500　　　　　B. 400　　　　　C. 300　　　　　D. 200
5. 根据国家见证取样的要求，涉及（　　）与功能的砂浆，都需要进行砂浆的试验。
   A. 建筑　　　　　B. 承重　　　　　C. 节能　　　　　D. 结构
6. 每一楼层或每（　　）m³砌体中各种强度等级的砂浆，每台搅拌机至少制作抗压试件一组，当强度等级或配合比变更时，应另做试件，基础砌体可按一个楼层计。每一组试验，形成一份报告。
   A. 100　　　　　B. 150　　　　　C. 200　　　　　D. 250
7. 见证人：签字人必须具有授权资格及相应的执业资格证书。其资格证书应该为（　　）。
   A. 施工员　　　　B. 质检员　　　　C. 见证员　　　　D. 标准员
8. 钢筋原材每批重量不大于（　　）t，应试验一次，应形成相应的试验报告内容数量。
   A. 50　　　　　　B. 60　　　　　　C. 70　　　　　　D. 80
9. 施工试验报告是为＿＿＿＿，对用于工程的无特定表示的材料，进行有关指标的测试，由＿＿＿＿出具的试验证明文件。
10. 闪光对焊的频率：同一台班内由同一焊工完成的＿＿＿＿为一批，当同一台班内焊接的接头数量较少，可在一周内累计计算，如累计仍不足300个接头，也应按一批计算。取样方法：每批随机抽取＿＿＿＿长约＿＿＿＿接头做拉伸，抽取＿＿＿＿长约＿＿＿＿接头做冷弯。
11. 钢筋机械连接的取样方法：工艺检验：每种规格钢筋接头的试件不应少于＿＿＿＿，钢筋母材抗拉强度试件不应少于＿＿＿＿，且应取自接头试件的同一根钢筋。现场检验：在工程结构中随机截取＿＿＿＿接头做＿＿＿＿。
12. 混凝土取样方法：在＿＿＿＿随机抽取，从同一盘或同一车混凝土中取样，制作＿＿＿＿试件，每组＿＿＿＿个。
13. 标准养护试块制作后应在温度为＿＿＿＿的环境下静置＿＿＿＿，然后编号、拆模。拆模后立即进行标准养护（工地无条件的可送至试验室）。
14. 试块完成＿＿＿＿后，在＿＿＿＿见证下及时在试块表面刻制试样＿＿＿＿、＿＿＿＿、＿＿＿＿，刻制的文字应清晰可见，否则检测单位将不得在出具的报告上加盖"有见证检测"章。

任务总结

本项目介绍了建筑工程施工资料管理的基本知识。从施工单位文件资料管理概述、工程施工管理资料、工程施工物资资料、工程施工测量记录、工程施工技术资料、工程施工记录、工程施工试验记录的七个主要方面进行了介绍。本章节难度较大，需要具备一定的专业基础能力，能识图、能熟悉规范，能有一定的判断能力。

巩固训练

一、单项选择题

1. 建筑工程实行总承包的,应在与( )签订施工合同中明确施工资料的移交套数、移交时间、质量要求及验收标准等。
   A. 分包单位　　B. 建设单位　　C. 监理单位　　D. 设计单位

2. 在工程竣工验收前,将工程的施工资料整理、汇总完成是属于工程资料管理职责中的( )。
   A. 建设单位职责　　　　　　B. 勘察、设计单位职责
   C. 监理单位职责　　　　　　D. 施工单位职责

3. 下列工程招标投标及承包合同文件中( )可以由施工单位归档保存的。
   A. 设计招投标文件　　　　　B. 施工招标投标文件
   C. 勘察招标投标文件　　　　D. 监理招标投标文件

4. 下列工程开工文件中( )可以由施工单位归档保存的。
   A. 建设工程施工许可证　　　B. 商务文件
   C. 工程投资估算文件　　　　D. 工程设计概算

5. 在下列监理管理资料中( )是可以由施工单位归档保存的。
   A. 监理会议纪要　　　　　　B. 监理工作日志
   C. 监理规划、监理实施细则　D. 监理月报

6. 子分部工程质量验收及资料形成过程中施工单位组织自检不形成( )。
   A. 子分部工程施工质量验收记录
   B. 子分部工程施工质量控制资料检查记录
   C. 子分部工程安全和功能检验资料核查及主要功能抽查记录
   D. 子分部工程施工感官质量检查评定记录

7. 单位工程质量竣工验收记录应由( )填写。
   A. 建设单位　　B. 施工单位　　C. 设计单位　　D. 监理单位

8. 施工日志是由( )填写并保存的。
   A. 建设单位　　B. 施工单位　　C. 监理单位　　D. 设计单位

9. 下面不属于施工管理资料的内容的是( )。
   A. 建设工程特殊工种上岗证审查　　B. 施工组织设计
   C. 施工现场质量管理检查　　　　　D. 施工日志

10. ( )应根据建设工程施工合同的约定,及时编制施工总进度计划、年进度计划、月进度计划,并及时填写《施工进度计划报审表》报项目监理部审批。
    A. 建设单位　　B. 设计单位　　C. 施工单位　　D. 监理单位

11. 施工单位根据工程变更单完成的工程量,填写( )报项目监理部审查。
    A. 费用索赔报审表　　　　　B. 工程变更费用报审表
    C. 工程进度(结算)款报审表　D. 临时签证报审表

12. 工程洽商记录属于施工单位(通用部分)的( )资料。

A. 施工管理　　　B. 施工技术　　　C. 施工物资　　　D. 施工测量
13. 水泥的强度应以标准养护（　）天的试件试验结果为准。
   A. 7　　　B. 14　　　C. 21　　　D. 28
14. 工程资料应根据不同的收集和整理单位及资料类别，按（　）、监理单位资料、施工单位资料和竣工图分别进行组卷。
   A. 建筑工程综合管理资料　　　B. 建设单位资料
   C. 竣工验收资料　　　D. 施工技术资料
15. 当基坑施工深度达到（　）m时，对坑边作业已构成危险。按照高处作业和临边作业的规定，应搭设临边防护设施。
   A. 1.2　　　B. 1.5　　　C. 2　　　D. 2.5
16. 砂、石的送检要求是同一产地、同一规格、同一进场时间的：每≤（　）m³ 送一批。
   A. 200　　　B. 300　　　C. 400　　　D. 500
17. 施工资料的报验、报审具有（　）要求。
   A. 法定性　　　B. 规范性　　　C. 时限性　　　D. 严肃性
18. （　）是工程建设项目计划的具体化阶段，是组织施工的重要依据。
   A. 可行性研究报告　　　B. 初步设计
   C. 技术设计　　　D. 施工图设计
19. 施工单位在工程的施工过程中所形成的文件是（　）。
   A. 设计文件　　　B. 监理文件　　　C. 行政文件　　　D. 施工文件
20. 对进入施工现场的材料、构配件、设备等按相关标准规定要求进行检验，对产品达到合格与否做出的确认称为（　）。
   A. 查验　　　B. 检验　　　C. 进场验收　　　D. 见证取样检测
21. （　）不属于施工管理资料的内容。
   A. 工程开/复工报审　　　B. 施工日志
   C. 施工现场安全管理检查　　　D. 施工组织设计
22. 下列施工资料中不属于施工单位提供的是（　）。
   A. 地下防水工程淋（蓄）水检验记录　　　B. 墙体传热系数检测报告
   C. 地下工程防水效果检验记录　　　D. 通风（烟）道检查记录
23. 施工单位必须按照（　）施工，不得擅自修改工程设计，不得偷工减料。
   A. 工程设计图纸和施工技术标准　　　B. 建设单位和设计单位意图
   C. 施工企业管理层战略意图　　　D. 最优化施工的要求
24. 有关施工图会审，在工程开工前由（　）进行记录整理汇总，然后填写图纸会审记录，经各方签字后实施。
   A. 建设单位　　　B. 设计单位　　　C. 监理单位　　　D. 施工单位
25. 需要进场试验的建筑材料，应由相关人员取样或见证取样并填写（　）。
   A. 试验报告　　　B. 试样委托单
   C. 材料进场检验记录　　　D. 设备开箱检验记录
26. 工程交付前，由（　）填写室内环境污染物检测委托单委托检测机构进行室内环境污染物的检测。

A. 建设单位　　　B. 监理单位　　　C. 设计单位　　　D. 施工单位

27. 在工程建设基本程序中，（　　）阶段是由投资成果转入生产或使用的重要标志和里程碑。

   A. 施工安装　　　B. 投产使用　　　C. 生产准备　　　D. 竣工验收

28. 施工单位对主控项目的检验应按操作依据（　　）进行自检。

   A. 行业标准　　　B. 企业标准　　　C. 国家标准　　　D. 项目标准

29. 建筑工程中对安全、卫生、环境保护和公众利益起决定性作用的检验项目称为（　　）。

   A. 主要项目　　　B. 关键项目　　　C. 主控项目　　　D. 一般项目

30. 根据我国《建设工程质量管理条例》，建设单位应当及时收集整理建设项目文件资料并在建设工程（　　）后，及时向建设行政主管部门或其他部门移交建设项目档案。

   A. 开工准备　　　B. 施工安装完成　　　C. 竣工验收　　　D. 投产使用

31. 对不合格的工程部位采取的重新制作、重新施工等措施称为（　　）。

   A. 返修　　　B. 修补　　　C. 返工　　　D. 重做

32. 在监理单位或建设单位监督下，由施工单位有关人员现场取样，并送至具备相应资质检测单位所进行的检测称为（　　）。

   A. 旁站　　　B. 见证取样　　　C. 见证检测　　　D. 抽样检验

33. 属于建设、施工、监理单位都只需短期保存的资料是（　　）。

   A. 施工图预算　　　　　　　B. 工程暂停令
   C. 设计变更通知单　　　　　D. 工程质量事故报告

34. 下面不属于施工物资资料的是（　　）。

   A. 出厂质量证明文件　　　　B. 材料、构配件进场检验记录
   C. 工程洽商记录　　　　　　D. 试样委托单

35. 施工物资资料中由供应单位提供的是（　　）。

   A. 水泥试验报告　　　　　　B. 砂石性能检验报告
   C. 轻骨料试验报告　　　　　D. 掺合料试验报告

二、多选题

1. 施工单位的职责包括（　　）。

   A. 应负责施工资料的管理工作，实行技术负责人负责制，逐级建立健全施工资料管理岗位责任制
   B. 应负责汇总各分包单位编制的施工资料
   C. 应在工程竣工验收前，将工程的施工资料整理、汇总完成
   D. 应负责编制两套施工资料，其中移交建设单位一套，自行保存一套
   E. 分包单位应负责其分包范围内施工资料的收集和整理，并对施工资料的真实性、完整性和有效性负责

2. 工程物资进场报验表的附件包括（　　）。

   A. 出厂质量证明文件　　　　B. 进场检验合格记录
   C. 进场试验报告　　　　　　D. 试样委托单
   E. 生产日期

3. 在地基验槽(孔)记录上共同签字的单位有施工单位和( )。
   A. 勘察单位   B. 建设单位   C. 监理单位   D. 设计单位
   E. 咨询单位

4. 施工日志的相关规定与要求包括( )。
   A. 施工日志是施工活动的原始记录,是编制施工文件、积累资料、总结施工经验的重要依据,由项目技术负责人具体负责
   B. 施工日志应以单位工程为记载对象,从工程开工起至工程竣工止,按专业指定专人负责逐日记载,并保证内容真实、连续和完整
   C. 施工日志可以采用计算机录入、打印,也可按规定样式填写,并装订成册
   D. 设计单位如委托建设(监理)单位办理签认,应办理委托手续
   E. 施工日志必须保证字迹清晰、内容齐全,由各专业负责人签字

5. 下列属于工程开工文件的有( )。
   A. 验线合格文件   B. 建筑工程竣工档案责任书
   C. 工程质量监督手续   D. 工程设计概算
   E. 工程决算

6. 下列属于商务文件的有( )。
   A. 工程设计概算   B. 施工图预算
   C. 工程结算   D. 建筑工程施工许可证
   E. 工程决算

7. 供应单位根据供货合同组织工程物资进场提供( )。
   A. 产品合格证书   B. 施工物资进场报验表
   C. 施工物资资料   D. 质量认定证书
   E. 生产日期

8. 资料员应及时收集、整理、核验钢筋及连接材料的出厂质量合格证和试验报告单。如批量较大而提供的出厂合格证又较少时,可做抄件备查,并应注明( ),还应有抄件人签字、抄件单位盖章等。
   A. 原证件号   B. 出厂时间   C. 抄件时间   D. 存放单位
   E. 生产日期

三、判断题

1. 施工过程中形成的资料应按报验、报审程序,可以不用通过相关施工单位审核,便可报送建设(监理)单位。( )

2. 施工单位负责施工资料的管理工作,实行技术负责人负责制,逐级建立健全施工资料管理岗位责任制是监理单位职责。( )

3. 总包单位负责汇总各分包单位编制的施工资料,分包单位应负责其分包范围内施工资料的收集整理,并对施工资料的真实性、完整性和有效性负责是施工单位职责。( )

4. 施工日志是施工活动的原始记录,是编制施工文件、积累资料、总结施工经验的需要依据,由项目技术负责人具体负责。( )

5. 项目建议书是由建设单位自行编制或委托其他有相应资质的咨询或设计单位编制并收报的文件,由施工单位负责收集提供。( )

6. 工程物资进场后,施工单位应根据有关规定对使用的主要原材料、构配件和设备进

行检查,合格后填写工程物资进场报验表,并附出厂质量证明文件、进场复试报告、商检证等相关资料,报送项目监理部,由监理工程师签署审查意见。（　　）

7. 施工中发生的质量事故,应按有关规定上报处理,项目总监理工程师应将质量事故处理资料书面报告有关部门。（　　）

8. 施工单位应根据建设工程施工合同的约定,及时编制施工总进度计划、年进度计划、月进度计划,并及时填写施工进度计划报审表报项目监理部审批。总监理工程师应及时审批后报送建设单位。（　　）

9. 施工单位根据工程变更单完成的工程量,填写工程变更费用报审表报送项目监理部审查。（　　）

10. 在施工图上改绘,应该使用涂改液涂抹、刀刮、补贴等方法修改图纸。（　　）

四、简答题

1. 工程测量资料有哪些?
2. 工程试验检验记录有哪些?
3. 简要描述施工资料的重要性。
5. 施工日志主要内容有哪些?
6. 建筑与结构工程需要收集哪些工程物资资料?
7. 电梯工程在收集物资资料时,要收取哪些资料?
8. 建筑给水排水及采暖工程需要收集哪些资料?
9. 建筑工程的幕墙需要收集哪些资料?
10. 设计变更有哪些资料要求?
11. 什么是工程洽商记录用表?
12. 人工挖孔桩在隐蔽前应收集哪些资料?
13. 资料员岗位如何保证工程试验报告数量足够?
14. 简述混凝土抗压试件取样的频率。
15. 施工试验报告通用表格的资料管理有哪些要求?

五、案例实训

【实训案例背景】

项目概况

工程名称：龙跃大厦

建设单位：龙旺房地产开发有限公司

建设单位甲方代表：丁金鑫

施工单位：瑞安建筑有限公司

项目经理：陈音良

监理单位：宏达监理咨询有限公司

总监理工程师：沈天飞

工程地址：通安市龙腾大道3号

建筑面积：30 000 m^2

事件一：龙跃大厦于2017年3月1日取得一切具备的开工条件,3月3日施工单位填写了施工现场质量管理检查记录表,并由总监理工程师予以签字认可。3月4日在建设单位的组织下,参建各方参加设计文件交底和图纸会审。

事件二：4月1日，温度为16 ℃～21 ℃，天气阴。在施工现场进行了基坑开挖，使用挖掘机21台，运输渣车15辆，施工员、质检员、安全员在场巡视。现场工人26人，使用塔式起重机4台。下午三时许，施工现场进场钢筋为21 t，质检员及时通知相关人员进行了见证取样。下午四时许，现场进场水泥为15 t，施工单位同样进行了见证取样。质检员在巡视过程中发现问题如下：(1)施工现场基坑底部直接使用挖掘机开挖至设计标高。(2)基坑底部部分地质情况与原勘察文件不符。(3)现场的进场钢筋有少量无质量证明文件。安全员在巡视过程中发现现场存在以下问题：(1)现场高处作业工人未正确使用安全带。(2)基坑底部集水坑无临边防护。(3)现场的塔式起重机基础部位存在积水问题，且劳务班组并没有安排相关人员做抽水处理。(4)在对现场挖掘机司机的抽查过程中发现，有2名作业人员未能持有相关执业资格证书。

事件三：在工程开工前，3月16日，施工现场进行了工程定位测量，使用仪器为全站仪，引用坐标A点，X值为2 340，Y值2 133，水准点相对高程为0.00，绝对高程为303.25。

事件四：4月6日，基坑开挖至底部后，进行桩基础作业。施工单位项目经理发现，桩基底部岩层在开挖至设计要求底部标高后，并未进入嵌岩深度。施工单位提出洽商。在后期主体结构施工中，板钢筋原设计要求的钢筋材料为HRB400，直径为8 mm，梁箍筋为HPB300，直径为10 mm，但当地周围无该类型钢材材料购买，施工单位提出设计变更要求。

事件五：工程进入主体施工阶段。柱网之间净空间距为6 m。6月10日，浇筑完第十六层梁板柱剪力墙混凝土。6月29日，质检员张某根据该层楼混凝土标准条件养护下试件达到设计要求80%的强度，下达模板拆除令。模板拆除后出现以下质量问题：(1)轴线Ⓚ交轴线⑯框架梁混凝土在模板拆除后，出现局部变形过大。(2)轴线Ⓑ－Ⓓ交轴线③－④楼板在模板拆除后，混凝土局部出现粘连脱落。(3)轴线Ⓖ交轴线⑬框架梁在模板拆除后，出现均匀弯曲下沉。(4)该楼层局部混凝土模板拆除后还出现大面积混凝土脱落。

事件六：在主体结构施工中，6月18日，第17楼梁板柱墙进行混凝土浇筑前，施工单位按照规定程序向监理单位进行了报验。

事件七：施工现场在6月20日进场一批钢筋，分别为：HRB400，直径为22 mm，达州钢铁厂，68 t；HRB400，直径为22 mm，内江威远钢铁厂，64 t；HPB300，直径为10 mm，内江威远钢铁厂，10 t；HRB400，直径为18 mm，内江威远钢铁厂，15 t。

问题：

1. 请根据事件一填写施工现场质量管理检查记录、图纸会审记录。其中，图纸会审记录的记录内容，请根据所学知识推断设计文件中常见错误，并填写相应内容。

2. 请根据事件二填写施工日志，并填写事件二存在问题的处理方法。

3. 根据事件三填写工程定位测量放线记录。

4. 根据事件四填写设计变更、工程洽商记录，理由必须记录充分，论证准确。

5. 根据事件五填写工程质量问题处理验收记录。

6. 根据事件六填写隐蔽工程报验记录。

7. 根据上述事件填写钢筋原材料检验批质量试验报告和记录，记录数据根据国家规范规定值填写。

8. 根据事件七判断，理论上该施工现场应该收集多少份钢筋原材料复验报告。

项目 5　竣工图的编制与整理

项目目标

竣工图的编制在施工阶段的末期进行。其是反映施工单位工程质量、成本等各项成果的重要文件。对于一个项目管理者来说,竣工图的编制对技能的要求是非常高的,不仅需要熟练掌握CAD等制图软件的技巧,还要对本项目的工程技术内容了如指掌,例如,原设计文件的主要概况,施工过程中的洽商、变更及工程量签证。

教学要求

学习任务	知识点要求
任务5.1　竣工图的编制范围、内容、原则及依据	(1)熟悉竣工图的编制范围和内容; (2)掌握竣工图的编制依据,要能够灵活运用
任务5.2　竣工图的编制主体	(1)熟悉竣工图的编制时间和数量; (2)掌握竣工图的编制单位、人员范围及费用问题的处理
任务5.3　编制竣工图的步骤与基本方法	(1)熟悉竣工图的编制步骤; (2)灵活掌握竣工图的编制方法
任务5.4　编制竣工图的技术要求与竣工总平面图	(1)掌握竣工图的技术要求,熟悉编制竣工图的注意事项; (2)熟悉竣工总平面图的编制内容; (3)掌握竣工总平面图的编制步骤

任务5.1　竣工图的编制范围、内容、原则及依据

任务导入

熟悉竣工图的编制范围及具体内容。在实际操作过程中,掌握竣工图的编制原则和依据。

5.1.1 竣工图的编制范围

《国家建委关于编制基本建设工程竣工图的几项暂行规定》、第二条规定：各项新建、扩建、改建、迁建的基本建设项目都要编制竣工图。特别是建设项目中的基础、地下建筑、管线、结构、井巷、峒室、桥梁、隧道、港口、水坝以及设备安装等工程，都需要编制竣工图。针对工程的隐蔽部位要重点做好竣工图的编制工作。

5.1.2 竣工图的编制内容

竣工图的编制基本内容由总体方面和专业方面两部分组成。

1. 总体方面

(1)项目总平面布置图、位置图及地形图。
(2)设计图总目录。
(3)设计总说明。
(4)总体工程图。
(5)各单项工程图。

2. 专业方面

各专业包括土建工程(含建筑、结构)竣工图；给水排水工程竣工图；电力、照明电气和弱电(包括通信、避雷、接地、电视等)工程竣工图；暖通工程(包括采暖、通风、空调)竣工图；煤气(以及氧气、乙炔气、蒸汽、压缩空气等)工程竣工图；设备及工艺流程竣工图。具体内容如下：

(1)建筑工程竣工图。其内容包括：图纸目录；设计说明；屋面、楼面、地面(含地下室工程)、分层平面图；立面图；剖面图；门窗图；楼梯间、电梯间、电梯井道的平面和剖面详图；电梯机房平、剖面图；地下部分的防水、防潮图；外墙伸缩缝防水图；阳台、雨篷、挑檐及其他建筑大样图；专业性强的建筑图(如声学、光学、热学、抗震、防辐射等)；总体工程中的道路、铁路、围墙、大小堤岸、码头、闸门、桥梁，各种动力管、路、线、网的沟、坑、井、支架等地上和地下的建筑图；属于建筑工程的金属构件、钢筋混凝土的零星构件图。

(2)结构工程竣工图。其内容包括：图纸目录；设计说明；基础平、剖面及结点大样图；屋面、楼面、地面(含地下室工程)分层结构平面布置图；柱详图(包括模板图、配筋图、剖面图、结点大样图)；各层结构布置中的梁、板详图(包括模板图、配筋图、剖面图、结点大样图)；工业厂房屋盖结构中的架、梁、板、支撑平面布置及大样图，吊车梁、吊车轨道及与柱结点大样图；楼梯间、电梯间、电梯井道结构平面、剖面结点大样图；电梯机房结构平、剖面图。

(3)给水排水工程竣工图。其内容包括：图纸目录；设计说明；给水排水设备明细表；各层给水排水平面布置图(包括给水、废水、污水、雨水、透气管)；各种给水排水(同上内容)主管图及透视图；各种给水排水工程实际施工详图；屋顶水箱、屋面给水排水工程图；水泵房、水池、水塔、冷水塔等工程给水排水工程图；总体工程中的给水排水工程图。

(4)电力、照明电气和弱电工程竣工图。其内容包括：图纸目录；设计说明；电气设备明细表；变配电、供电、动力、照明、冷暖通风消防等电管、电线、电缆平面图、系统图、设备、工艺流程、制冷系统电管、电线、电缆走向图；各种高、低压柜、变配电箱原理图；二次接点图；弱电系统的通信、避雷、按地、电视线路图；总体工程中的电力、照明的地上架空线路图及地下线路图。

(5) 暖通工程竣工图。其内容包括：图纸目录；设计说明；暖通设备明细表；各层平面布置图；暖通管道立面透视图；总体工程中的暖通管道系统图。

(6) 煤气工程竣工图（氧气、乙炔气、蒸汽、压缩空气等工程类同，略）。其内容包括：图纸目录；设计说明；各层平面布置图；煤气管道立面透视图；总体工程中的煤气管道系统图。

(7) 设备及工艺流程竣工图。其内容包括：图纸目录；设计说明；设备明细表；设备安装竣工图；管道化生产工艺流程竣工图；总体工程中有关工艺流程系统竣工图。

5.1.3 竣工图的编制原则及依据

1. 竣工图的编制基本原则

(1) 凡在施工中，完全按原设计施工，无任何变动的，则由施工单位在原设计图上加盖"竣工图"标志章，即作为竣工图。

(2) 凡在施工中，虽有一般性设计变更，但能将原施工图加以修改补充作为竣工图的，可不重新绘制，由施工单位负责在原施工图（必须是新图）上注明修改的部分，并附以设计变更通知单和施工说明，然后加盖"竣工图"标志章作为竣工图。

(3) 凡结构形式改变、工艺改变、平面布置改变、项目改变以及有其他重大改变，或者图面变更面积超过35%的，不宜再在原施工图上修改、补充，应重新绘制改变后的竣工图。特别是基础、结构、管线等隐蔽工程部位的变更应重新绘制竣工图。（设计原因——设计单位负责重绘；施工原因——施工单位负责重绘；其他原因——建设单位负责或委托。）

施工图被取消，包括设计变更取消或现场未施工的，不需要编制竣工图。但应在原图纸目录中注明"取消"，并将原图作废。

由于特殊原因，新的施工内容在没有正式施工图的情况下进行施工的（这种情况一般是不允许的），应按实际施工最终状况，由施工单位绘制竣工图，经设计单位签署意见并补充修改依据后方可作为竣工图。

2. 竣工图的编制依据

(1) 设计施工图。建设单位提供的作为工程施工的全部施工图，包括所附的文字说明，以及有关的通用图集、标准图集或施工图册。

(2) 施工图纸会审记录或交底记录。

(3) 设计变更通知单，即设计单位提出的变更图纸和变更通知单。

(4) 技术联系核定单，即在施工过程中由建设单位和施工单位提出的设计修改、增减项目内容的技术核定文件。

(5) 隐蔽工程验收记录以及材料代换等签证记录。

(6) 质量事故报告及处理记录，即施工单位向上级和建设单位反映工程质量事故情况的报告、鉴定处理意见、措施和验证书。

(7) 建筑物、构筑物定位测量资料，施工检查测量及竣工测量资料。

> 任务练习

1. 下列选项中属于竣工图编制专业方面的内容的是（　　）。
   A. 给水排水工程竣工图　　　　　　B. 设计图总目录
   C. 总体工程图　　　　　　　　　　D. 项目总平面布置图
2. 下列选项中属于建筑竣工图的内容的是（　　）。
   A. 柱详图　　　B. 结点大样图　　　C. 剖面图　　　D. 剪力墙详图
3. 竣工图编制的基本内容由总体方面和（　　）两部分组成。
   A. 单项方面　　B. 专业方面　　　　C. 立面　　　　D. 剖面
4. 土建工程竣工图包含建筑和（　　）。
   A. 给水排水　　B. 装饰装修　　　　C. 电梯工程　　D. 结构
5. 凡结构形式改变、工艺改变、平面布置改变、项目改变以及有其他重大改变，或者图面变更面积超过（　　）的，不宜再在原施工图上修改、补充，应重新绘制改变后的竣工图。
   A. 25%　　　　B. 30%　　　　　　C. 40%　　　　D. 35%
6. 凡在施工中，完全按原设计施工，无任何变动的，则由（　　）在原设计图上加盖"竣工图"标志章，即作为竣工图。
   A. 建设单位　　B. 设计单位　　　　C. 施工单位　　D. 监理单位
7. 暖通工程竣工图应该有哪些主要内容？
8. 结构工程竣工图应该有哪些主要内容？
9. 由于特殊原因，新的施工内容在没有正式施工图的情况下进行施工的情况该如何确定竣工图？
10. 竣工图的编制依据有哪些？

任务5.2　竣工图的编制主体

> 任务导入

竣工图究竟在什么时候开始编制呢？竣工图编制的数量又是如何的呢？竣工图的编制需要明确编制的人员范围，在编制过程中费用是如何产生又是如何解决的呢？

5.2.1　竣工图的编制时间

根据国家规定，"编制各种竣工图，必须在施工过程中（不能在竣工后）"。国家对编制竣工图的时间之所以做出这样的规定，其主要原因是编制竣工图的工作具有下列几个特点。

1. 原始资料收集有一定难度

工程建设周期一般较长，若竣工后再编制竣工图，原始记录不易收集齐全，事后许多问题要靠回忆进行整理，往往因为当事人记不清楚，造成编制的竣工图不准确。

2. 人员变动带来编制的困难

施工中往往会出现管理组织、管理人员的变动和交替现象，特别是施工单位的人员变动，这些都会对竣工后编制竣工图有直接影响，容易出现责任不清或互相扯皮现象。

3. 人员组织与分工造成的难度

由于有些施工单位承包的工程项目较多，而技术力量又不足，一个技术人员要负责几项工程，前面的工程刚接近收尾，新的工程又跟着上，全部精力主要用在工程建设上，造成竣工图编制工作"老账未了，新账又来"的局面。随着时间的推移，竣工的项目越来越多，编制竣工图也就更困难了。

4. 时间紧迫

有些施工单位本来技术人员有限，再加上竣工后要整理移交资料，势必牵制一部分技术力量和需要一定的时间，既影响交工验收，又影响新项目的开工。

综上所述，把编制竣工图放在竣工后集中完成，工作量太大，时间要求紧，人员安排难度大，导致赶编出来的竣工图质量低下，不能真实反映工程实体状况，所以，国家相关规定中要求在施工过程中进行竣工图的编制。其优点是：跟随施工进度进行编制，做到细水长流，把繁重的工作量分散，可以克服技术力量不足的困难；跟随施工进度编制，工程情况看得清，摸得准，观测清楚，编制准确；工程质量检查人员，能及时核对竣工资料与实物的误差，以保证竣工图的质量。

5.2.2 竣工图的编制套数

国家有关编制竣工图的规定，原则上规定为：一般不少于两套，一套移交生产使用单位保管，另一套移交有关主管部门或技术档案部门长期保存。国家重点建设项目以及其他重要工程，若两套竣工图不能满足需要时，建设单位、施工单位在施工合同中必须明确其编制竣工图的套数。

5.2.3 竣工图的编制单位

工程竣工后由谁编制竣工图，国家是这样规定的："施工单位在施工中应做好施工记录、检查记录，整理好变更文件，并及时做好竣工图，保证竣工图质量，对竣工图及竣工文件的验收是工程验收的内容之一"。这一规定明确了编制竣工图是施工单位必须履行的职责，以施工单位为主，编制竣工图对落实编制竣工图任务和确保竣工图的质量是十分必要并且有利的。

(1)编制竣工图是施工单位的任务。

(2)按照基本建设程序，每项工程都要经过计划审批，划拨建设用地、征用土地和确定建筑位置，委托设计和审批，组织施工和竣工验收等过程。在施工过程中发生的技术变更，一般都是施工单位及建设单位提出，然后同设计部门协商处理，而设计部门提出技术变更的则很少，因此，除了设计变更较大，需要重新绘图的由设计部门负责外，一般的变更，则是由施工单位完成竣工图的编制任务。

(3)编制竣工图所依据的文件，如图纸会审纪要、隐蔽验收记录、技术变更通知单、建(构)筑物定位测量资料、施工检查测量资料及竣工测量资料等。以上文件基本上都是施工部门形成的。

(4)施工单位是项目产品的直接建造者,对工程变化最熟悉,尤其是对隐蔽部分有实测检验记录,可以保证编制的竣工图符合实际情况。

(5)工程竣工后,施工单位应按国家规定向建设单位提交完整、准确的竣工图等文件材料,作为交工验收的依据。

以上几点充分说明了编制竣工图是施工单位义不容辞的责任和义务,各建筑施工企业应严格遵守国家对编制竣工图的有关规定和要求,加强对该项工作的管理,提高竣工图的编制质量。

5.2.4 竣工图的编制人员

编制竣工图人员应由施工技术人员承担。施工单位在工程建设过程中履行编制竣工图的职责时,必须贯彻谁施工谁负责的原则,一般应由参加工程施工的有关技术人员承担。其原因如下:

(1)编制竣工图是一项技术性较强的工作,而且要承担技术责任,因此,应由参加组织施工的施工技术人员或由(处)队的工程师、技术员负责编制。

(2)负责施工的工程技术人员,其主要任务是按照施工图指导工人施工,解决和处理施工中的技术问题。一旦由于发生技术变更,使建筑物与施工图不相符合时,工程技术人员有责任进行更改绘制竣工图,以保证图、物相符。

(3)负责施工的工程技术人员,对施工情况最了解,对变动部位知道最详细,尤其对隐蔽部位验收质量情况最清楚,而绝大部分原始记录等第一手资料都掌握在施工技术人员手中,因此,由施工技术人员编制竣工图能做到准确,符合实际,并能够保证竣工图的质量。

5.2.5 竣工图的编制费用

编制竣工图所需的费用,凡属设计原因造成的,由设计单位解决;施工单位负责编制所需的费用,由施工单位在建设安装工程造价中解决;建设单位负责编制和需要复制的费用,由建设单位在基建投资中解决;建成使用以后需要复制、补制的费用,由使用单位负责解决。这在建设单位或有关部门在与承包单位签订的合同中要加以明确。

任务练习

1. 建设工程竣工图由(　　)负责编制。
    A. 建设单位　　B. 设计单位　　C. 监理单位　　D. 施工单位
2. 编制竣工图的技术人员专业技术职称不得低于(　　)。
    A. 工程师　　B. 副高级工程师　　C. 高级工程师　　D. 技术员
3. 竣工图的主要费用应由(　　)负责。
    A. 施工单位　　B. 建设单位　　C. 勘察单位　　D. 监理单位
4. 编制竣工图应在(　　)进行。
    A. 工程设计阶段　　B. 竣工完成后　　C. 施工过程中　　D. 主体结构完成后
5. 建设工程竣工图应该编写的套数一般不少于(　　)套。
    A. 1　　B. 2　　C. 3　　D. 4

任务5.3 竣工图的编制步骤与基本方法

> **任务导入**

竣工图的编制是怎样一步步做出来的呢？这里面有很多程序和流程要去遵循。根据国家有关规定，在实际工作中，竣工图大部分是以施工图为基础，以各种设计变更文件、施工技术文件为补充修改依据而进行的。依据竣工图的编制原则，竣工图编制的基本方法有几种？

5.3.1 收集和整理各种依据性文件资料

在施工过程中，应及时做好隐蔽工程检验记录，收集好设计变更文件，以确保竣工图质量。在正式编制竣工图前，应完整地收集和整理好施工图与设计变更文件。施工图是编制竣工图的基础，有一张施工图，就应编制一张相应的竣工图（施工图取消例外）。设计变更文件是编制竣工图的依据，它是所有原设计施工图变更的图纸、文件、有关资料的总称。其中，由设计单位提供的设计变更文件有设计变更单、补充设计图、修改设计图、技术交底图纸会审会议记录、各种技术会议记录、其他涉及设计变更的文件资料等；由施工单位提供的设计变更文件有隐蔽工程验收单、工程联系单、技术核定单、材料代用单、其他涉及设计变更的文件资料等。

5.3.2 分阶段编制竣工图

竣工图是工程实际的反映。为确保竣工图的编制质量，要做到边建设边编制竣工图，也就是说以单项工程为单位，以每个单项工程中的各单位工程为基础，分阶段地编制竣工图。一般来说，在每个单项工程中，竣工图绘制与工程交工验收的时间差，应不大于一个单位工程的施工进程（例如，当结构工程完成后，基础竣工图应绘制完毕；当安装工程完成后，结构竣工图应在一个月内绘制完毕，以此类推）。在每个单项工程交工后，施工单位应在一个月内绘制完成该单项工程的全部竣工图，并提供给建设单位予以复核、检查。建设单位和上级主管部门应对施工单位绘制竣工图的情况进行监督、检查，发现问题及时指正，以确保竣工图的完整、准确、规范化、标准化。

5.3.3 竣工图的审核

在竣工图编制完毕后，监理单位应督促和协助各设计、施工单位负责检查其竣工图编制情况，发现不准确或短缺时要及时修改和补齐。承担施工的项目技术负责人还应逐张予以审核签认。采用总包与分包的建设项目，应由各施工单位负责编制所承包工程的竣工图，汇总整理工作由总包单位负责。竣工图的审核重点是能否准确反映工程施工的实际状况。

审核竣工图的主要内容如下：
(1)所有修改点是否都已修改到位。
(2)图与图之间相关之处是否已作相应修改（平面、立面、剖面）。
(3)所有修改处是否都标注了修改依据。

(4)所有修改依据是否都已手续齐全。

竣工图编制后,应将"竣工图"标记章逐页加盖在图纸正面右下角的标题栏上方空白处或适当空白的位置,以达到图纸折叠装订后"标记章"能显露在右下角的目的。

"竣工图"标记章应由编制人、技术负责人(审核人)及监理负责人签名或盖章,以示对竣工图的编制负责。建设单位技术负责人应责成有关专业技术人员,对施工单位移交的竣工图应逐张予以复核,把好质量关。

对于国外引进项目、引进技术或由外方承包的建设项目,外方提供的竣工图应由外方签字确认。

5.3.4 竣工图的编制基本方法

1. 注记修改法

注记修改法是用一条粗直线将被修改部分划去。注记修改基本上不涉及图纸上线条修改的内容,而用文字、符号加以注释,因此,此法仅适用于原施工图上仅是用文字注释的内容,如建筑、结构施工图的总说明、材料代用、门窗表的修改等变更。

2. 杠划法

杠划法,即在原施工图上将不需要的线条用粗直线或叉线划去,重新编制竣工图的真实情况。此法是竣工图编制工作中最常用的一种方法。其优点是使被划去的内容和重新绘制的内容都一目了然,且编制竣工图的工作量较小;缺点是当变更较大或较多时,图面易乱,表达不清。

3. 刮改法

刮改法,即在原施工底图上刮去需要更改的部分,重新绘制竣工后的真实情况,再复晒竣工蓝图。此法的特点是必须具备施工底图方可进行。对于大型工程和重要建筑物而言,考虑到目前蓝图不利于长期保存,最好编制竣工底图,或者利用现代复印设备,先制作施工底图,再利用刮改法做竣工底图。

4. 贴图更改法

原施工图由于局部范围内文字、数字修改或增加较多、较集中,影响图面清晰,或线条、图形在原图上修改后使图面模糊不清,宜采用贴图更改法。即将需修改的部分,用别的图纸书写绘制好,然后粘贴到被修改的位置上。粘贴时,必须与原图的行列、线条、图形相衔接。在粘贴接缝处要加盖编制人印章。重大工程不宜采用贴图更改法。整张图纸全面都有修改的,也不宜用贴图更改法,应该重新绘制竣工图。

5. 重新绘制新图

重新绘制新图是在施工过程中,随工程分部的修建而逐步编制,待整个工程竣工,各个部分的竣工图也基本绘制完成,经施工部门有关技术负责人审查、核实后,再描绘成底图,底图核签之后即可晒制竣工蓝图。此法的特点是:竣工图清晰准确,系统完整,便于永久保存和利用。

> 任务练习

1. 监理单位在竣工图的签字人员执业资格至少不得低于（　　）。
   A. 监理员　　　　　　　　　　B. 专业监理工程师
   C. 总监理工程师代表　　　　　D. 总监理工程师
2. 下列应该在竣工图上加盖执业资格章的是（　　）。
   A. 建造师　　　B. 工程师　　　C. 高级工程师　　　D. 教授
3. （　　）是工程实际的反映。
   A. 竣工图　　　B. 施工图　　　C. 规划图　　　D. 施工总平面布置图
4. 国外引进项目、引进技术或由外方承包的建设项目，外方提供的竣工图应由（　　）签字确认。
   A. 使用方　　　B. 施工方　　　C. 外方　　　D. 我国相关人员
5. 在每个单项工程交工后，施工单位应在（　　）绘制完成该单项工程的全部竣工图，并提供给建设单位予以复核、检查。
   A. 1个月内　　　B. 14天内　　　C. 三个月内　　　D. 7天内
6. 审核竣工图的主要内容有哪些？
7. 竣工图的编制方法有哪些？

任务 5.4　竣工图的编制技术要求与竣工总平面图

> 任务导入

竣工图的编制技术要求、质量要求以及注意事项，将决定竣工图是否能够达到参建各方的真实工作效果。竣工总平面图从平面上须如实反映建筑物的外围轮廓及四周环境状况等。编制竣工总平面图有哪些需要掌握的呢？

5.4.1　竣工图的编制技术要求

修改处都要标注修改依据。标注修改依据应按设计变更文件名称、编号、条文号、生产日期、其所在案卷号和页号的先后顺序填写（例如，本图修改依据设计变更单建施修1号 1989.3.2 见本卷21页；本图修改依据材料代用单2号 1988.9.1 见本卷58页）。

所有设计变更文件中的变更内容，必须不遗漏地在施工图中全面反映，即每项变更内容，不但要在文件所指的竣工图上反映，而且要在所有涉及的每张竣工图上反映。每一张竣工图的技术要求要一致，同一案卷内竣工图的技术要求也要一致。修改后的文字和数字位置要与被修改部分的位置大致相对应。作为竣工图的蓝图必须是图面清晰的新图纸。

一张更改通知单涉及多图的，如果图纸不在同一卷册的，应将复印件附在有关卷册中，或在备考表中说明。

5.4.2 竣工图的编制质量要求

"百年大计、质量第一"是基本建设的宗旨，而作为基本建设项目的竣工图与工程长期共存，也应视作百年大计。因此，在编制竣工图时必须重视编制质量。其要求包括三个方面：一是内在质量标准，即竣工图必须符合实际，反映施工结束最终状况；二是外观质量标准，即幅面整洁、图形清晰、标志醒目、标注位置合理，达到查阅迅速、利用方便的目的；三是使用质量标准，主要是所用纸张，书写、裱糊、盖章、印泥、印色等材料质量应符合档案长期安全保管的要求。其具体内容如下：

(1)竣工图的图形和有关文字说明必须清楚准确，反映现场变更实际，做到图、物、文字一致，没有错误、遗漏和含糊不清的地方。

(2)利用施工图改绘竣工图时必须在更改处注明变更依据，即在修改时要注明设计变更单、图纸会审记录或材料代用单的编号，做到指示明确，整齐美观，以便于查阅。当无法在图纸上表达清楚时，应在图标上方或左上方用文字说明，并标注有关变更洽商记录的编号。新增加的文字说明，应在其涉及的竣工图上作相应的添加和变更。

(3)蓝图的更改可根据变更的具体情况选用"注改"和"杠改"（划改），不能刮改，以保持图面整洁。应用施工蓝图编制竣工图时，必须使用新蓝图。禁止用在工地上受到磨损、残缺不全和有油垢的旧蓝图编制竣工图。

(4)图上各种引出说明，一般应与图框平行，引出线不得相互交叉，不得遮盖其他线条。

(5)所有竣工图均须由编制单位逐张加盖、签署"竣工图"章。竣工图章中的内容填写齐全、清楚，不得代签。竣工图章盖在图纸标题栏附近空白处。重新绘制的"竣工图"按原图编号，末尾加注"竣"字，或在新图图标的"图名栏"内注明"竣工阶段"字样。

(6)编制"竣工图"必须用碳素墨水笔书写和绘制，不得用其他墨水和颜色的笔绘制，以便长期保存。描绘用纸必须是质地优良、透明度好的硫酸或薄尼龙纸，描绘线条要实在，墨色要均匀，以符合复晒的要求。竣工图章应使用不褪色红印泥。

(7)同一建筑物、构筑物重复的标准图、通用图可不编入竣工图中，但必须在图纸目录中列出图号，指明该图所在位置并在编制说明中注明；不同建筑物、构筑物应分别编制。

(8)竣工图应按《技术用图复制图的折叠方法》，统一折叠成 A4 图幅(210 mm×297 mm)。

(9)竣工图要具备完善的图样目录或文件目录。

(10)竣工图样上各专业名词、术语、代号、图形文字、符号和选用的结构要素，以及填写的计量单位，均应符合有关标准和规定。

(11)为了确保竣工图的编制质量，对竣工图的编制还应做到完整、准确和及时。

1)完整的具体要求：一是竣工图的编制范围、内容、数量应与施工图一致。在没有新增加施工图或没有取消施工图的情况下，必须做到有一张施工图，就有一张相应的竣工图（包括总平面图、位置图、地形图、施工总说明、施工说明、图纸目录、设备明细表等）。有新增加的施工图，也应有相应的竣工图；对没有施工图，但实际进行施工且已竣工的工程，必须编制竣工图；被取消的施工图，不应编制竣工图，但必须将取消的依据纳入竣工图编制资料。二是除被变更、取消或修改外，施工图中原有的内容在竣工图中必须仍然保存，变更增加和修改后的内容，必须在竣工图中得到反映；施工质量事故处理后的情况，包括文字、数字、图形改变，必须在竣工图上反映。

2)准确的具体要求:竣工图必须加盖竣工图标记章,并经有关人员签章。增删、修改必须做到标注依据清楚,文字、数字准确工整,图形清晰,编制要规范化、标准化。

3)及时的具体要求:要及时做好竣工图编制的基础工作,在施工过程中,及时收集和整理资料,注意保管好设计变更文件。变更单位要对出具的设计变更文件统一编号。对变更内容的实际施工日期、修改施工图日期及修改哪几张图等事项应由施工单位及时做好记录。

5.4.3 竣工图的编制注意事项

(1)计算机绘制,宜用激光打印机打印,特殊图纸可晒成蓝图或用档案管理部门认可的其他方法进行复制,禁止手工绘制。图纸格式必须符合范本要求,如 A3、标准图框、尺寸,一律使用"竣工文件编制范本及附件"中的标准图框样式。竣工图一般使用 A3 纸(297 mm×420 mm),其他规格的竣工图应按 297 mm×420 mm 折叠,只允许横向加长,不允许纵向加长。

(2)竣工图中文字应使用长仿宋体,字体大小可参考设计图(字高为 2.5 mm、3.5 mm、5 mm、7 mm、10 mm、14 mm、20 mm),一般情况下,尺寸标注(阿拉伯数字)字高宜采用 2.5 mm,图内右下角说明文字字高宜采用 3.5 mm,标题字高宜采用 5 mm。

(3)竣工图应将设计通用标准图中不需要的部分去掉。图纸工程量表及有关尺寸标注应与工程计量支付的工程量相互一致,即通过标注的尺寸计算与工程量表中的数据相一致,非计量的工程量应与现场实际工程量一致,监理处应注重复核尺寸标注和工程量。

(4)图框上所有的签名应完整,签名严禁打印,宜用手工草签。

(5)竣工图中的线条粗细宜早拟定,特别是不同人绘制同一册图纸,应保持同册竣工图风格一致,整洁,美观。

(6)竣工图纸完整、无遗漏,注意右上角页码的连续性。

(7)竣工图表的编号必须严格按照相关要求进行编号并注意编号的连续性。

(8)承包人绘制完成后,须经过内部审查,并在计量前交付监理处审查,根据监理处审查或修改意见,承包人重新修改,在监理处审查合格并签名后,同计量文件一起报送合同部和竣工文件管理组。

5.4.4 竣工总平面图在竣工图中的地位和作用

根据国家有关文件规定建设项目实行总包制的,各分包单位负责编制分包范围内的竣工图,总包单位除应编制自行施工的竣工图外,还应负责汇总整理各分包单位编制的竣工图,总包单位在交工时应向建设单位提供总包范围内的各项完整、准确的竣工图,因此总包单位应负责绘制竣工总平面图。竣工总平面图作为实际情况的真实反映,它不仅是为了给考察和评定工程质量提供依据,而且在建筑物投产后的管理、维修、扩建等过程中也是可靠的档案资料,在实际应用中是单体工程竣工图无法代替的,如某小区建设中,由于没有做好竣工总平面图,在工程投入使用后,发现下水管被堵,污水漫溢,居民意见很大,后来在处理过程中难于准确判定问题所在位置,不能迅速修复。所以,准确的竣工总平面图是竣工图的综合成果,是竣工图的精华。

5.4.5 竣工总平面图的编绘时间

一个新建工矿企业和一个小区的建设放样过程，主要有以下两种做法：

(1)根据设计总平面图内的主要构筑物(如道路、河道)以及主要建筑物和主厂房、主体建筑来确定周围其他建筑物的位置。在这种情况下，由图纸变成实物，是依靠现有建筑物、构筑物的位置来测定其他建筑物的位置，放样定位本身的机动性较大，而这些局部的可变性对每一单体工程以及整个工程建设的功能影响不大，但对于日后的维修、改建、扩建其影响是不可忽略的。因此，准确的竣工总平面图编绘工作必须严肃认真，准确完整，地上部分竣工总平面图的编绘应在工程全部竣工后，在场内布置控制测量网。通过先室外实测，后室内整理编绘的方法为好，地下部分的竣工图必须在工程覆盖以前进行测量、编绘工作。

(2)由设计总平面图的控制导线网确定其各个建筑物、构筑物的具体位置的场地，因此，除其设计未考虑到的因素所产生的变更以及其测量的系统误差外，相对来说，其位置较准确。它的最大特点是因为有严格的控制导线网，因此，竣工总平面图不必等待工作全部完工后再编绘。其竣工总平面图可以与工程建设同步进行。一个工程完工后，就应立即将工程的准确位置测绘在竣工总平面图上，这样做有以下几个优点：

1)如发现有什么变化可以到现场查对，及时发现问题及时解决。

2)边建设边做竣工总平面图可以将工作量化整为零，直接由施工技术人员利用零碎时间完成，不需要最后集中力量去完成。

3)分阶段、分步骤地完成竣工总平面图可以减少建筑物与建筑物之间在测量工作中带来的相互影响，加快室外工作进展。

4)在工程全部完工后，竣工总平面图也就随着工程的完工而完成，可在竣工验收中及时提供完整的竣工资料，以作为评定工程质量的依据，缩短工程的建设周期，提高企业的竞争力。

5.4.6 竣工总平面图的内容

竣工总平面图的内容包括承建工程的地上建筑物和地下构筑物竣工后的平面位置及高程。

1. 地上建筑物

(1)工矿企业：厂房、办公楼、职工生活服务设施、仓库、道路以及其他各种地上附属建筑物。

(2)小区建设建筑群体：住宅、商店、广场、道路、地上架空线路以及其附属设施。

2. 地下构筑物

地下构筑物主要包括下水管道、给水管道、地下电缆、通信电缆、煤气、供热管运、工业管道、人防以及其他地下建筑物。

这些建筑物都应按前述工程施工的方法分别于不同时期编绘在竣工总平面图上，编绘时必须详细说明所采用的坐标系统及高程系统确保竣工图的质量。

5.4.7 竣工总平面图的分类

由于竣工总平面所要展绘的内容较多，特别是随着人民物质生活水平的提高，各种地下设施、管网纵横交错，很可能使编绘的竣工总平面图线条密集，数据交叉难以辨认，因此，竣工总平面图应根据工程的复杂性加以不同的处理。按工程性质编绘的竣工总平面图一般来说可分为以下几类：

(1)反映地上建筑物、构筑物的竣工平面图。它主要由地面上的房屋建筑、道路、架空电线杆等编绘而成。

(2)反映建筑区域给水排水的地下管网竣工总平面图。

(3)反映建筑区域内供电、电信、供热、煤气等地下管网竣工总平面图。

当然，一项工程采取何种竣工总平面，应视该工程地上、地下设施的复杂性决定。例如，一般民用小区建设就可以采用地下或地上建筑物、构筑物分别表示的竣工总平面图，如果地下管线不是很复杂，也可以表示在同一张竣工总平面图上；而对于复杂的工矿企业有时某一项工程就需专门编绘竣工总平面图，例如，一个煤气制气厂就需要地下煤气管道的竣工总平面图等。

5.4.8 竣工总平面图的附件

为了全面反映竣工成果，施工单位应将竣工总平面图有关的一系列资料作为附件，在竣工验收时一并提交给建设单位。这些资料主要如下：

(1)建筑场地原始地形以及包括在未建设前留下的照片、录像等资料。

(2)设计变更文件及设计变更图(指总平面布置的变更文件和图)。

(3)建筑物定位、放线、检查及竣工测量资料。

(4)建筑物沉降观测与变形观测资料。

(5)各种管线竣工纵断面图等。

5.4.9 竣工总平面图的质量要求

竣工总平面图除了满足单体工程竣工图的一般要求以外，还应满足以下几点要求：

(1)竣工建筑物若是按现有建筑物的关系位置来定位的，则应按竣工位置实测定位关系数据作为编绘竣工总平面图的依据。

(2)各建筑物、构筑物应注明其竣工标高(绝对标高或相对标高不得以地面算起注明地面以上或地面以下××米来代替)。

(3)凡按设计坐标施工的工程，可把竣工实测坐标展绘在图上并与设计坐标进行比较，如果其误差超过规范规定的范围，应按实测位置为准。

(4)对于在施工过程中，由设计部门或建设部门临时指定施工的工程，竣工后应进行线状图测绘，并把主要的实测数据标注在图上。

(5)地上或地下建筑物、构筑物的平面位置一律采用坐标法标注，对于其性质不太重要的地面以上的附属建筑物或重要建筑物的非定位性位置，可以采用其相对坐标法标注。

(6)竣工图图面要整洁，字迹要清楚，线条、符号要符合各专业制图规范。

(7)城区竣工总平面图可采用1∶500以上的大比例尺图，郊区可采用1∶1 000或1∶2 000的比例尺图。

(8)无论哪个部门绘制的竣工总平面图，都必须在图上注以绘制单位、工程负责人姓名，对于与设计图有较明显变化的部分须注以变更的依据。

任务练习

1. 基本建设的宗旨是（　　）。
   A. 预防为主，安全第一　　　　　　B. 百年大计、质量第一
   C. 质量、安全、进度、投资四控制　D. 履行权利及义务
2. 竣工图中应使用的字体为（　　）。
   A. 微软雅黑　　　B. 宋体　　　C. 黑体　　　D. 长仿宋体
3. 竣工图中应使用的纸张型号为（　　）。
   A. 1号　　　B. 2号　　　C. 3号　　　D. 2号加长
4. （　　）应负责绘制竣工总平面图。
   A. 分包单位　　　B. 建设单位　　　C. 设计单位　　　D. 总包单位
5. 分析施工组织设计的平面图和竣工平面图有什么区别。

任务总结

本项目主要讲解了建筑工程竣工图的编制。竣工图是建筑工程的实体表现，是后期进行维修、加固、改建的重要依据，也是工程档案的重要组成部分。真实、准确地编制竣工图对工程项目的建设非常重要。

巩固训练

一、单项选择题

1. 由（　　）提供作为工程施工的全部施工图，包括所附的文字说明以及有关的通用图集、标准图集或施工图册。
   A. 建设单位　　　B. 设计单位　　　C. 承包单位　　　D. 工程管理单位
2. 由设计原因导致结构形式改变，应（　　）。
   A. 由施工单位重绘竣工图　　　B. 由设计单位重绘竣工图
   C. 由施工单位改绘竣工图　　　D. 由设计单位改绘竣工图
3. 竣工图的绘制应在（　　）进行。
   A. 竣工后　　　B. 使用中　　　C. 施工前　　　D. 施工中
4. 竣工图一般使用（　　）纸。
   A. A4　　　B. A3　　　C. A2　　　D. A1
5. 应以（　　）为单位编制竣工图。
   A. 单项工程　　　B. 单位工程　　　C. 分部工程　　　D. 分项工程
6. 分包工程的竣工图由（　　）编制。
   A. 总包单位　　　B. 劳务分包单位　　　C. 分包单位　　　D. 总分包共同
7. 承包人绘制完成后，经内部审查，并在计量前交付（　　）审查。
   A. 甲方　　　B. 监理机构　　　C. 设计单位　　　D. 建设主管部门

8. 在原施工图上将不需要的线条用粗直线或叉线划去，重新编制竣工图的真实情况，是（　　）。
   A. 注记修改　　　B. 杠划法　　　C. 刮改法　　　D. 重新绘制
9. 蓝图的更改不能（　　），以保持图面整洁。
   A. 注记　　　B. 杠改　　　C. 刮改　　　D. 划改
10. 由（　　）编制竣工图能做到准确，符合实际，能够保证竣工图的质量。
    A. 项目经理　　B. 安全管理人员　　C. 技术人员　　D. 检测人员

二、多项选择题

1. 各项（　　）的基本建设项目都要编制竣工图。
   A. 新建　　　B. 扩建　　　C. 改建　　　D. 迁建
   E. 规划
2. 竣工图的各专业部分包括（　　）。
   A. 土建工程竣工图　　　　　B. 给水排水工程竣工图
   C. 暖通工程竣工图　　　　　D. 照明电气工程竣工图
   E. 绿化工程竣工图
3. "竣工图"标记章由（　　）签名或盖章，以示对竣工图编制负责。
   A. 编制人　　B. 技术负责人　　C. 设计负责人　　D. 监理负责人
   E. 甲方代表
4. 编制竣工图时必须重视编制质量，其要求包括（　　）。
   A. 内在质量标准　　　　　　B. 外观质量标准
   C. 使用质量标准　　　　　　D. 绘制质量标准
   E. 设计质量标准
5. 郊区可采用（　　）的比例尺图。
   A. 1∶3 000　　B. 1∶500　　C. 1∶1 500　　D. 1∶1 000
   E. 1∶2 000

三、名词解释

1. 竣工图
2. 注记修改法
3. 刮改法

四、简答题

1. 竣工图的编制特点有哪些？
2. 编制竣工图的费用由谁负责？
3. 竣工总平面图的内容有哪些？

项目6 建筑工程资料组卷和归档

项目目标

建筑工程资料组卷和归档是建筑工程资料管理的重要环节,通过本项目的学习,使学生熟悉建筑工程资料组卷的原则,培养学生对工程资料进行组卷和归档的能力。

教学要求

学习任务	知识点要求
任务6.1　建筑工程资料的组卷	(1)熟悉建筑工程组卷的原则和要求; (2)能够独立完成建筑工程资料的组卷
任务6.2　建筑工程资料的归档与质量要求	(1)掌握建筑工程资料的归档; (2)掌握建筑工程资料的质量要求
任务6.3　建筑工程资料的验收与移交	掌握建筑工程资料的验收和移交

任务6.1 建筑工程资料的组卷

任务导入

组卷又称为立卷,是按一定的原则将有价值的资料整理成卷的过程,组卷应遵循工程资料的自然形成规律,保持卷内文件资料的有机联系,便于档案的保管和利用。

6.1.1 建筑工程资料组卷的基本原则

建筑工程资料组卷是指将有保存价值的资料按一定的原则和方法进行系统整理、编制目录、详细核对后装订成宗卷。其基本原则如下:

(1)施工资料应按照专业、系统划分组卷,每一专业、系统再按资料类别顺序排列,并依据资料数量多少组成一卷或多卷。

(2)常用案卷厚度一般不超过40 mm。

(3)竣工验收文件按单位(子单位)工程组卷,竣工图按子单位、专业组卷。

(4)卷内不应有重份文件,不同载体的资料应分别组卷。

(5)工程资料应按照不同的收集、整理单位及资料类别,按工程准备及竣工验收阶段资料、监理资料、施工资料和竣工图分别进行组卷。

6.1.2 组卷的质量要求

(1)组卷前要详细检查施工资料是否收集齐全、完整。
(2)达不到质量要求的文字材料和图纸,一律重做。
(3)组卷时应符合当地档案部门的规定要求后才能装订成册。

6.1.3 卷内文件的排列

(1)文字材料按事项、专业顺序排列:同一事项的请示与批复、同一文件的印本与定稿、主件与附件不能分开,并按批复在前、请示在后,印本在前、定稿在后,主件在前、附件在后的顺序排列。
(2)图纸按专业排列,同专业图纸按图号顺序排列。
(3)既有文字材料又有图纸的案卷,文字材料排前,图纸排后。
(4)卷内资料排列顺序要依据卷内的资料构成而定,一般顺序为:封面、目录、文件部分、备考表、封底。组成的案卷力求美观、整齐。
(5)卷内资料若有多种资料时,同类资料按日期顺序排列,不同资料之间的排列顺序按资料的编号顺序排列。

6.1.4 案卷封面

(1)案卷封面包括名称、案卷题名、编制单位、技术主管、编制日期、保管期限、密级(以上由移交单位填写)、共 册第 册等;工程档案案卷封面还应包括档案馆代号、档号、缩微号等(由城建档案馆填写)。常见案卷封面的格式如图 6-1 所示。

(2)名称:填写工程建设项目竣工后使用名称,若本工程可分为几个单位工程应在第二行填写单位工程名称。

(3)案卷题名:填写本卷卷名。为简明准确地揭示卷内文件的内容,第一行填写案卷的具体标题,如该单位工程的准备及竣工验收阶段资料、监理资料、施工资料、竣工图等。若

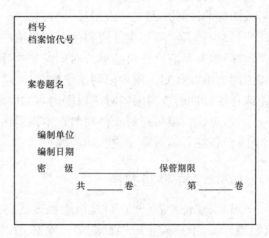

图 6-1 案卷封面

准备及竣工验收阶段资料、施工资料、各专业竣工图又分若干卷,可在卷名后加画横线,注明本卷具体题名和组卷编码,如施工资料——钢筋混凝土工程卷,第二行填写本卷包含的资料名称或编号。

(4)编制单位:本卷档案的编制单位,并盖章。
(5)技术主管:编制单位技术负责人签名或盖章。
(6)编制日期:填写卷内文件材料形成的起止日期。
(7)保管期限:按有关规定的保管期限填写,由城建档案馆保存的由建设单位填写。保管期限可分为永久、长期、短期三种期限。永久是指工程档案需永久保存;长期是指保存

期限等于工程的使用寿命;短期是指保存期限在 20 年以下。同一案卷内有不同保管期限的文件,该案卷保管期限应以长期的期限为本卷的保管期限。

(8)密级:由保存单位按照本单位的保密规定填写,由城建档案馆保存的由建设单位按照本单位的保密规定和有关规定填写,可分为绝密、机密、秘密三种。同一案卷内有不同密级的文件,应以高密级为本卷密级。

6.1.5 案卷目录

(1)填写的案卷目录(图 6-2)应与案卷内容相符,排列在案卷文件材料的首页之前,原文件目录及设计图纸目录不能代替。

(2)序号:按卷内文件排列先后用阿拉伯数字从 1 开始依次标注。

(3)题名:即文字材料或图纸名称,无标题或无相应表格的文件应根据内容拟写标题。

图 6-2 案卷目录

(4)文件编号:填写文件的文号或图样的图号,无文号或图号可空白。

(5)责任者:填写文件资料的直接形成单位或主要责任者。

(6)编制日期:资料的形成时间,如文字材料为原文件形成日期,汇总表为汇总日期,竣工图为编制日期。用 8 位阿拉伯数字标注,如 2017 年 1 月 1 日,标注为 20170101。文件上未注明日期的资料编制时应根据内容加以考证后填写。

(7)页次:填写每份文件材料在本案卷内首页的页号或起止页次。

(8)备注:填写需要说明的问题。

6.1.6 宗卷备考表

(1)宗卷备考表(图 6-3)是该卷档案的备注说明,必填的项目一般是本卷的页数、立卷(归档)人、审核人、归档日期等。除必填项目外,对该卷档案的归档情况说明以及与其他有联系的相关案卷的情况等有时也是非常重要的。

(2)表中要标明本案卷已编号的文件材料的总张数:指文字、图纸、照片等的张数。

(3)说明:填写立卷时文件材料的完整和质量情况,主要说明卷内文件复印件情况、页码错误情况、文件的更换情况等,没有需要说明的事项可不必填写。

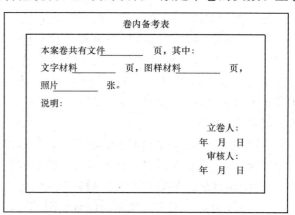

图 6-3 卷内备考表

(4)立卷人:由责任立卷人签名。
(5)审核人:由案卷审查人签名。
(6)年月日:按立卷、审核时间填写。

任务练习

1. 常用案卷厚度一般不超过( )mm。
   A. 40　　　　　B. 20　　　　　C. 30　　　　　D. 45
2. 工程资料的密级可以分为秘密、机密和( )。
   A. 非公开　　　B. 绝密　　　　C. 保密　　　　D. 公开
3. 工程资料保管期限中短期时指( )年以下。
   A. 10　　　　　B. 20　　　　　C. 30　　　　　D. 40
4. 按照一定的原则和方法将有保存价值的文件分门别类地整理成案卷的过程是( )。
   A. 立卷　　　　B. 归档　　　　C. 存档　　　　D. 保管
5. 建设工程资料案卷的保管期限可分为( )种。
   A. 两　　　　　B. 三　　　　　C. 四　　　　　D. 五
6. 不同载体的文件可以归为同一卷。( )。
   A. 正确　　　　　　　　　　　　B. 错误
7. 卷内资料的一般顺序为:封面、目录、文件部分、备考表、封底。( )。
   A. 正确　　　　　　　　　　　　B. 错误
8. 卷内文件允许重份。( )。
   A. 正确　　　　　　　　　　　　B. 错误
9. 同专业图纸组卷时应按施工先后顺序排列。( )。
   A. 正确　　　　　　　　　　　　B. 错误
10. 在施工单位资料组卷的排列顺序中建筑与结构工程施工资料为第一分册,下列四项的排列顺序为( )。
    ①施工管理资料;②施工物资资料;③施工技术资料;④施工测量记录。
    A. ①④②③　　B. ①③②④　　C. ①②③④　　D. ①②④③

任务 6.2　建筑工程资料的归档与质量要求

任务导入

建筑工程资料经形成、收集、整理、组卷后应向相应部门归档。作为资料员,应熟练掌握工程资料归档的范围及质量要求。

6.2.1　建筑工程资料的归档

1. 归档范围

凡是与工程建设有关的重要活动,能够记载工程建设主要过程和现状,具有保存价值的各种载体的文件和资料，都应收集齐全并整理组卷后，向相应部门归档。对于一个建设工程而言，归档有以下三个方面的含义：

（1）建设、勘察、设计、施工、监理等单位将本单位在工程建设过程中形成的文件向本单位档案管理机构移交。

（2）勘察、设计、施工、监理等单位将本单位在工程建设过程中形成的文件向建设单位档案管理机构移交。

（3）建设单位按照现行《建设工程文件归档整理规范》(GB/T 50328—2014)要求，将汇总的该建设工程文件档案向地方城建档案管理部门移交。

2. 向城建档案馆报送工程档案的工程范围

（1）民用建筑工程。

1）住宅建筑。

2）办公用房：机关、企业、其他。

3）文化：图书馆、档案馆、博物馆、影剧院、文化馆、俱乐部舞厅等。

4）教育：高等院校、中专、技校、中学、小学、幼儿园等。

5）医疗保健：医院、疗养院、防疫站、敬老院、殡仪馆等。

6）体育：体育场、体育馆、游泳馆等。

7）商业：商场、商店等。

8）金融：银行、保险公司等。

9）服务：宾馆、饭店、旅社、招待所等。

10）科技信息：情报中心、信息中心等。

11）政治、纪念性建筑：会堂、纪念碑、纪念塔、纪念堂、故居等。

（2）工业建筑工程。

1）冶金工业：钢铁厂、轧钢厂、冶炼厂、加工厂等。

2）机械工业：机械厂、机床厂、制造厂、修理厂等。

3）石化工业：炼油厂、化工厂、橡胶厂、塑料厂等。

4）轻纺工业：纺织厂、造纸厂、针织厂、印染厂等。

5）电子仪表：计算机厂、电子仪表厂、机电设备厂等。

6）建材工业：水泥厂、砖厂、保温防火材料厂、建材厂等。

7）医药工业：制药厂、制剂厂、卫生保健用品厂等。

8）食品工业：粮食加工厂、食用油加工厂、饮料加工厂等。

9）其他：矿山、采石场等。

（3）改建、扩建或抗震加固的工程。凡是民用建筑、工业建筑工程，需要进行较大规模的改建、扩建或采取抗震加固措施等的，均应报送工程档案。

6.2.2 归档资料的质量要求

（1）归档的工程文件应为原件。

（2）工程文件的内容及其深度必须符合国家有关工程勘察、设计施工监理等方面的技术规范、标准和规程。

（3）内容必须真实、准确，与工程实际相符合。

（4）文件内容应采用耐久性强的书写材料，不得使用易褪色的书写材料。

(5)工程文件字迹应清楚,并应选用蓝黑墨水的笔填写,图样清晰、图表整洁、资料进度必须与工程现场进度一致、做到签字及时、盖章手续完备。

(6)工程文件中文字材料幅面尺寸规格宜为 A4 幅面(297 mm×210 mm),图纸宜采用国家标准图幅。

(7)工程文件的纸张应采用能够长期保存的韧力大、耐久性强的纸张。

(8)图纸一般采用蓝图,竣工图应是新蓝图,所有竣工图均应加盖竣工图章。

(9)竣工图章的基本内容包括:"竣工图"字样、施工单位、编制人、审核人、技术负责人、编制日期、监理单位、现场监理、总监理工程师等。

(10)竣工图章应使用不易褪色的红印泥,并应盖在图标栏上方空白处。

(11)利用施工图改绘竣工图,必须标明变更修改依据,凡施工图结构、工艺、平面布置图等有重大改变,或变更部分超过图面 1/3 的,应当重新绘制竣工图。

(12)不同幅面的工程图纸应按《技术制图 复制图的折叠方法》(GB/T 10609.3—2009)统一折叠成 A4 幅面(297 mm×210 mm),图标栏露在外面。

任务练习

1. 凡是用于改绘竣工图的图纸,都必须是(　　)或绘图仪绘制的白图,不得使用旧图或复印的图纸。
   A. 新蓝图　　　　B. 图纸目录　　　C. 手绘图纸　　　D. 手绘白图
2. 建设工程资料中归档的工程文件应为(　　)。
   A. 复印件　　　　B. 原件　　　　　C. 电子文档　　　D. 光盘
3. 工程文件中文字材料幅面尺寸规格宜为(　　)幅面。
   A. A3　　　　　　B. A4　　　　　　C. A5　　　　　　D. A1
4. 由(　　)向城建档案馆移交资料。
   A. 施工单位　　　　　　　　　　　B. 监理单位
   C. 建设单位　　　　　　　　　　　D. 设计单位
5. 施工单位向(　　)移交施工资料资料。
   A. 施工单位　　　B. 监理单位　　　C. 建设单位　　　D. 设计单位
6. (　　)不得作为归档资料。
   A. 打印表格　　　B. 复印表格　　　C. 手写表格　　　D. 电子表格
7. 当施工资料不能确定工程是否合格时,工程不能交付使用。(　　)。
   A. 正确　　　　　　　　　　　　　B. 错误
8. 竣工图章应使用不易褪色的红印泥。(　　)。
   A. 正确　　　　　　　　　　　　　B. 错误
9. 工程质量事故处理资料不须纳入工程档案。(　　)。
   A. 正确　　　　　　　　　　　　　B. 错误
10. 施工单位应保存所有原材料的合格证、试验检验报告的原件。(　　)。
    A. 正确　　　　　　　　　　　　　B. 错误
11. 施工物资合格证、试验检验报告的抄件(复印件)应保留原件的所有内容,并注明原件的存放单位。(　　)。
    A. 正确　　　　　　　　　　　　　B. 错误

任务 6.3　建筑工程资料验收与移交

任务导入

建筑工程竣工验收前，参建各方需要对各自形成的资料进行竣工审查，在工程资料满足相应要求后，才能进行建筑工程的竣工验收。工程竣工验收通过以后，由建设单位向城建档案馆移交一套符合规定的工程档案资料。

6.3.1　建筑工程资料的验收

工程竣工验收前，各参建单位的主管（技术）负责人应对本单位形成的工程资料进行竣工审查；建设单位应按照国家验收规范规定和城建档案管理的有关要求，对勘察、设计、监理、施工单位汇总的工程资料进行验收，使其完整、准确。

单位（子单位）工程完工后，施工单位应自行组织有关人员进行检查评定，合格后填写单位工程竣工预验收报验表，并附相应的竣工资料（包括分包单位的竣工资料）报送项目监理部，申请工程竣工预验收。总监理工程师组织项目监理部人员与施工单位进行检查验收，合格后由总监理工程师签署单位工程竣工预验收报验表（表 6-1）。

表 6-1　单位工程竣工预验收报验表

工程名称		编号	
地点		日期	
致：_____（监理单位）： 　　我方已按合同要求完成了_____工程，经自检合格，请予以检查和验收。 附件： □单位（子单位）工程质量竣工验收记录表； □单位工程质量控制资料自检记录； □单位工程观感质量评定表。			
承包单位名称：_____		项目经理（签字）：	
审查意见： 经预验收，该工程： 1.□符合□不符合我国现行法律、法规要求； 2.□符合□不符合我国现行工程建设标准； 3.□符合□不符合设计文件要求； 4.□符合□不符合施工合同要求。 综上所述，该工程预验收结论：□合格　　□不合格 可否组织正式验收：□可　　□否			
监理单位名称： 总监理工程师（签字）： 日期：　　年　月　日		建设单位： 项目负责人： 日期：　　年　月　日	

单位工程竣工预验收通过后，应由建设单位(项目)负责人组织设计、监理、施工(含分包单位)等单位(项目)负责人进行单位(子单位)工程验收，形成单位(子单位)工程质量竣工验收记录表(表6-2)。当参加验收各方对工程质量验收意见不一致时，可请当地建设行政主管部门或工程质量监督机构协调处理。国家、市重点工程项目或大型工程项目的预验收和验收会，应有城建档案馆参加验收。属于城建档案馆接收范围的工程档案，由城建档案馆管理部门对工程档案资料进行预验收，并出具建设工程竣工档案预验收意见。

凡列入城建档案馆接收范围的工程档案，经城建档案馆验收不合格的，应由城建档案馆责成建设单位重新进行编制，符合要求后重新报验。

表6-2 单位(子单位)工程质量竣工验收记录表

工程名称					
施工单位		技术负责人		开工日期	
项目经理		项目技术负责人		竣工日期	
序号	项目	验收记录 （施工单位填写）		验收结论 （监理或建设单位填写）	
1	分部工程	共_____分部，经查分_____部，符合标准及设计要求分_____部			
2	质量验收记录表	共_____项，经审查符合要求_____项			
3	观感质量验收	共抽查_____项，符合要求_____项，不符合要求_____项。			
4	综合验收结论 （建设单位填写）				
参加验收单位	建设单位	勘察单位	设计单位	施工单位	监理单位
	（公章） 单位(项目) 负责人： 年 月 日	（公章） 单位(项目) 负责人： 年 月 日	（公章） 单位(项目) 负责人： 年 月 日	（公章） 单位(项目) 负责人： 年 月 日	（公章） 单位(项目) 负责人： 年 月 日

6.3.2 建筑工程资料的移交

施工、监理等有关单位应将工程资料按合同或协议约定的时间、套数移交给建设单位，办理移交手续，移交套数至少为两套。凡列入城建档案馆接收范围的工程档案，竣工验收通过后3个月内，建设单位应将汇总后的全部工程档案移交城建档案馆并办理移交手续。推迟报送日期，应在规定报送时间内向城建档案馆申请延期报送，并申明延期报送原因，经同意后办理延期报送手续。

任务练习

1. 工程竣工验收前各参建单位的（　　）应对本单位形式的工程资料进行竣工审查。
   A. 技术负责人　　B. 质量负责人　　C. 项目负责人　　D. 资料员
2. 建设单位在工程竣工验收后（　　）个月内向城建档案管理部门提交工程档案。
   A. 1　　　　　　B. 2　　　　　　C. 3　　　　　　D. 4
3. 施工、监理等有关单位将资料移交给建设单位，移交套数不少于（　　）套。
   A. 1　　　　　　B. 2　　　　　　C. 3　　　　　　D. 4
4. 最终归档的工程档案，由（　　）对工程档案资料进行预验收，并出具建设工程竣工档案预验收意见。
   A. 质监站　　　　B. 建设单位　　　C. 城建档案馆　　D. 监理单位

任务总结

建筑工程资料形成后，应按相关规定整理、组卷、归档和移交。组卷和归档的目的是为了审阅、查找资料时更为便利，所以，资料员必须掌握组卷和归档的相关质量要求。

巩固训练

一、单项选择题

1. 当竣工图改动部分超过（　　）时，应重新绘制。
   A. 20%　　　　　B. 30%　　　　　C. 40%　　　　　D. 50%
2. 列入城建档案管理部门接收范围的工程，建设单位在工程竣工验收后（　　）个月内向城建档案管理部门移交一套符合规定的工程档案。
   A. 1　　　　　　B. 3　　　　　　C. 6　　　　　　D. 9
3. 工程文件可以采用的书写材料是（　　）。
   A. 红色墨水　　　B. 纯蓝墨水　　　C. 铅笔　　　　　D. 蓝黑墨水
4. 单位（子单位）工程完工后，施工单位应自行组织有关人员进行检查评定，合格后填写（　　）。
   A. 单位工程竣工预验收报验表　　　B. 观感质量验收报验表
   C. 竣工验收报验表　　　　　　　　D. 实体质量验收报验表
5. 当参加验收各方对工程质量验收意见不一致时，可请（　　）协调处理。
   A. 城建档案馆　　　　　　　　　　B. 建设行政主管部门
   C. 安全监测部门　　　　　　　　　D. 建设单位
6. 根据《建设工程质量管理条例》的规定，（　　）在建设工程竣工验收后，应及时向建设行政主管部门或其他有关部门移交建设项目档案。
   A. 监理单位　　　B. 施工单位　　　C. 设计单位　　　D. 建设单位
7. 下列不是资料员在施工准备阶段的工作内容的有（　　）。

A. 熟悉建设项目的有关资料和施工图　　B. 协助编制施工组织设计
C. 编写开工报告　　　　　　　　　　D. 工程资料组卷

8. 分包单位应该将工程档案向(　　)移交。
   A. 建设单位　　　B. 监理单位　　　C. 城建档案馆　　D. 总包单位

9. 停建、缓建建设工程的档案,暂由(　　)保管。
   A. 施工单位　　　B. 监理单位　　　C. 建设单位　　　D. 设计单位

10. (　　)负责工程档案的最后验收,并对编制报送工程档案进行业务指导、督促和检查。
    A. 建设单位　　　B. 施工单位　　　C. 地方城建档案馆　D. 设计单位

11. 目前使用的载体中,最常用的是(　　)。
    A. 纸质载体　　　B. 缩微品载体　　C. 光盘载体　　　D. 磁性载体

12. 根据规定,(　　)两个分部工程必须单独验收。
    A. 地基与基础和装饰装修分部　　　B. 装饰装修和屋面分部
    C. 地基与基础和主体分部　　　　　D. 主体和屋面分部

13. 单位工程完成后,施工单位应首先进行预验收,由总监组织相关单位对工程进行初验,在施工单位根据相关单位意见完成对工程质量的整改后,由(　　)组织进行工程的竣工验收。
    A. 建设单位　　　B. 监理单位　　　C. 施工单位　　　D. 建设部门

14. 同一事项的请示与批复、同一文件的印本与定稿、主件和附件按从前到后顺序排列,下列正确的是(　　)。
    A. 批复—请示—印本—定稿—主件—附件
    B. 请示—批复—印本—定稿—主件—附件
    C. 批复—请示—定稿—印本—主件—附件
    D. 批复—请示—印本—定稿—附件—主件

15. 凡报送的工程档案,如验收不合格应将其退回给(　　)。
    A. 建设单位　　　B. 监理单位　　　C. 施工单位　　　D. 档案管理部门

二、多项选择题

1. 工程文件立卷时,卷内文件的排列应该(　　)。
   A. 同一事项的请示与批复不能分开　　B. 同一文件的印本与定稿不能分开
   C. 主件在后　　　　　　　　　　　　D. 定稿在后

2. 建筑工程资料的保存期限有(　　)。
   A. 永久　　　　　B. 长期　　　　　C. 短期　　　　　D. 临时

3. 单位(子单位)工程质量竣工验收参与单位有(　　)。
   A. 城建档案馆　　B. 建设单位　　　C. 施工单位　　　D. 监理单位
   E. 勘察设计单位

4. 向城建档案馆报送工程档案的工程范围有(　　)。
   A. 民用建筑　　　　　　　　　　　　B. 工业建筑
   C. 抗震加固工程　　　　　　　　　　D. 改建、扩建工程
   E. 军事工程

5. 工程资料的密级分为(　　)。

A. 秘密　　　B. 机密　　　C. 绝密　　　D. 保密
E. 公开

6. 竣工图的编制依据有（　　）。
   A. 施工图　　　B. 技术交底　　　C. 设计变更　　　D. 图纸会审记录

7. 下列不属于竣工图的是（　　）。
   A. 建筑、结构竣工图　　　　B. 施工日志
   C. 装饰、装修竣工图　　　　D. 施工组织设计

8. 下列属于竣工验收阶段施工单位备案实施要点的有（　　）。
   A. 如实填写"工程款支付证明"
   B. 积极配合建设单位做好单位工程竣工验收
   C. 掌握工程特点和关键
   D. 服从主管部门备案结论，妥善保管备案资料

9. 档案管理的目标是使其具有（　　）。
   A. 科学性　　　B. 完整性　　　C. 真实性　　　D. 系统性

10. 下列属于建设工程资料的有（　　）。
    A. 竣工验收文件　　B. 规划用地文件　　C. 施工文件　　D. 竣工图

三、案例分析

某工程为综合办公楼，框架结构为六层，层高为 3.3 m，总高为 19.8 m，建筑面积为 5 225 m²，现工程已竣工验收合格，正在进行立卷和归档工作。

问题：1. 什么是资料载体？建设工程档案可以有哪几种载体？
　　　2. 卷内文件如何排列？
　　　3. 对归档文件有哪些要求？

项目 7　建筑工程资料管理软件的应用

项目目标

随着建筑行业的发展，对建筑工程资料管理的要求与日俱增，建筑工程资料管理软件的出现，彻底改变了过去落后的手工资料填制方式，在整个行业中带来了一场重大的技术革命，在提高建筑资料管理工作效率的同时，极大地促进了建筑工程资料管理信息化建设的进程。

教学要求

学习任务	知识点要求
任务 7.1　建筑工程资料管理软件	了解建筑工程资料管理软件的功能
任务 7.2　软件的应用	(1)掌握品茗资料管理软件的操作应用； (2)能够独立运用品茗资料管理软件制作施工资料和监理资料

任务 7.1　建筑工程资料管理软件

任务导入

伴随着我国经济水平的迅速提高，先进信息管理技术在建筑企业中得到了非常广泛的应用。信息管理技术的普及，标志着建筑企业传统落后的资料管理方式已经退出了历史的舞台。能够熟练操作资料管理软件成了当前资料员的必备技能之一。

目前，建筑工程资料管理软件有恒智天成资料管理软件、筑业资料管理软件、PKPM资料管理软件和品茗资料管理软件，这些软件都大致具有以下功能：

(1)软件为每张表格都提供了范例，复杂的表格有多个范例；可"双屏"同时显示正在填写的表格及范例，范例的内容可方便复制到表格当中，并可任意修改。

(2)软件收录了所有与填表相关的规范、标准，并可将相应的规范标准显示在所填表格的右侧，方便随时查看。

(3)可将各种格式的图片放到表格中，并可以随意拖拽和放大、缩小，包括 BMP、JPG、DWG 等各种格式的矢量图或位图；软件还提供自行绘图的工具，可以自己绘制需要的图形。

(4)软件提供现行的施工工艺标准库,可以自动生成技术交底文件。

(5)软件可以实现自动在线升级,及时调整、补充各类资料表格,确保工程资料的及时、有效填报。

(6)可以和住宅工程分户验收方案设计及资料管理软件实现无缝对接,生成分户验收软件所需数据。

(7)自动生成资料管理目录及表格流水号。

(8)批量更新功能,可快速替换整个工程的工程信息。

(9)可以按节点批量打印表格。

(10)利用下拉选框的方式,实现快速、简便的输入。

(11)灵活多样的编辑功能,丰富、齐全的规范规程资料库、词库和特殊符号库。

(12)软件具备强大的表格查询功能。

(13)根据相应规范实现自动计算、评判及统计的功能。

(14)软件对数据进行加密后存储,确保文件的安全性。

(15)支持自定义表格模板。

软件不但能完成工程项目建设各个阶段的工程资料的规范填写、全面收集、系统整理、精确查询、科学组卷、清晰打印等工作,还提供了丰富的资料库及数据统计、管理功能,全面实现了从原始数据录入到信息检索、汇总、维护一体化管理的目标。

任务 7.2　软件的应用

任务导入

信息管理技术的普及,标志着建筑企业传统落后的人工填制资料的管理方式已逐步退出历史的舞台。建筑企业应该顺应时代发展的需求,积极引进并使用先进软件对资料进行管理,持续强化自身资料的管理技能,提高市场竞争能力。

1. 新建工程

(1)软件登录。打开桌面上的快捷方式,启动品茗二代资料,显示软件登录界面,输入用户名、密码,单击"登录"。默认用户名:Admin;密码:admin。品茗软件启动界面,如图 7-1 所示。

图 7-1　品茗软件启动界面

(2)专业选择。首次打开软件，请选择"工程"下拉菜单中的"新建工程"按钮。品茗软件主界面，如图7-2所示。

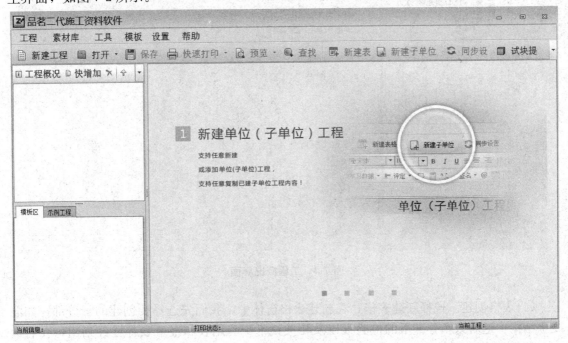

图7-2 品茗软件主界面

在弹出的新建工程向导界面中选择"专业"及"模板包名称"，右侧显示模板的预览节点。选择模板界面，如图7-3所示。

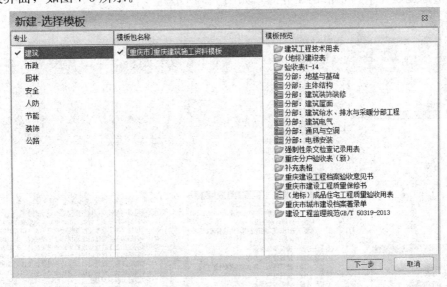

图7-3 选择模板界面

单击下一步，进行工程概况的填写。

(3)工程概况的输入。在左边工程名称栏中输入工程名称，在右边信息库中输入相应的工程概况，单击确定后，完成工程新建，进入工程的主界面。工程概况界面，如图7-4所示。

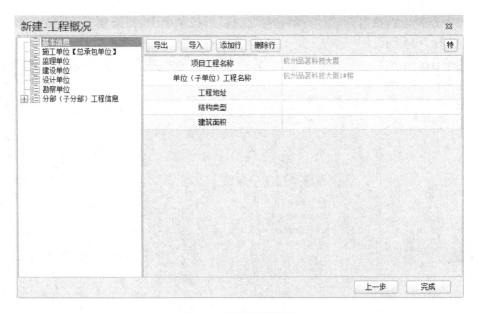

图 7-4　工程概况界面

(4)表格创建。选择新建表格,在新建表格窗体中,我们先选择要创建的子分部,如混凝土结构,这时该子分部下的检验批以及相关技术配套用表和报审表都已经列出,在右边验收部位框输入相关的验收部位名称,勾选要创建的检验批表格,如需同时创建施工技术配套用表,单击施工技术配套用表插页,输入表格名称,勾选技术用表后,输入后可以切换到其他分部、子分部、分项节点及其他的通用表格节点上,重复新建步骤,完成后点击确定,表格即创建完毕。表格创建界面,如图 7-5 所示。

图 7-5　表格创建界面

上述步骤操作好以后，一个新的工程创建完毕。工程创建界面，如图 7-6 所示。

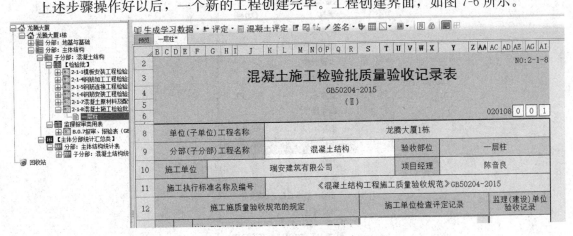

图 7-6　工程创建界面

在进行表格选择时也可以通过右键的全选或者反选来快速选表。表格选择界面，如图 7-7 所示。

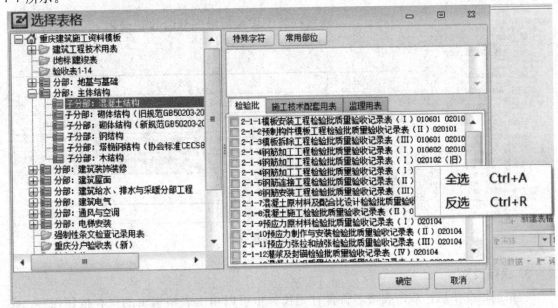

图 7-7　表格选择界面

2. 表格编辑

（1）工程展开。工程建好后可以单击右键菜单的展开按钮，展开当前工程下所有的表格，如图 7-8 所示。选择要编辑的表格双击，在右边的编辑区域进行表格编辑、修改。

（2）表格编辑。双击以后，表格出现在右边编辑区域内，对表格的文字输入、学习数据生成、示例数据导入、检验批评定，都通过表格编辑栏的按钮操作即可。也可以多张表格同时打开，选中要编辑的表格，一张张双击添加到右边的编辑框即可。表格编辑界面，如图 7-9 所示。

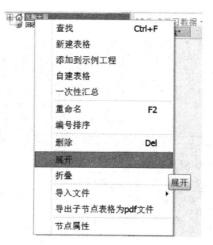

图 7-8　工程展开界面

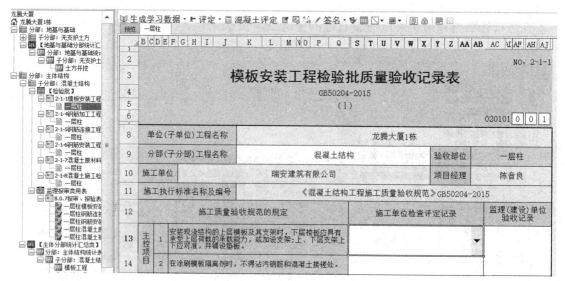

图 7-9　表格编辑界面

3. 保存表格

表格编辑完毕后，双击表格名称保存退出。也可以单击表格编辑的保存按钮保存。多表一起保存的话，可以右键选择【保存所有页】，也可以选择工程工具栏中的【保存】来快速保存。保存表格界面，如图 7-10 所示。

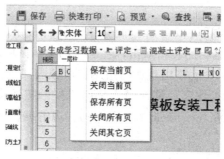

图 7-10　保存表格界面

4. 自动汇总刷新

品茗软件能自动生成汇总表。报审表无须勾选自动生成；增加一张检验批，汇总表自动汇总更新。自动汇总界面，如图 7-11 所示。

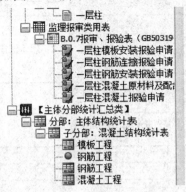

图 7-11 自动汇总界面

5. 填写检验批

(1) 双击某验收部位的检验批表格，进入表格编辑状态，如图 7-12 所示。

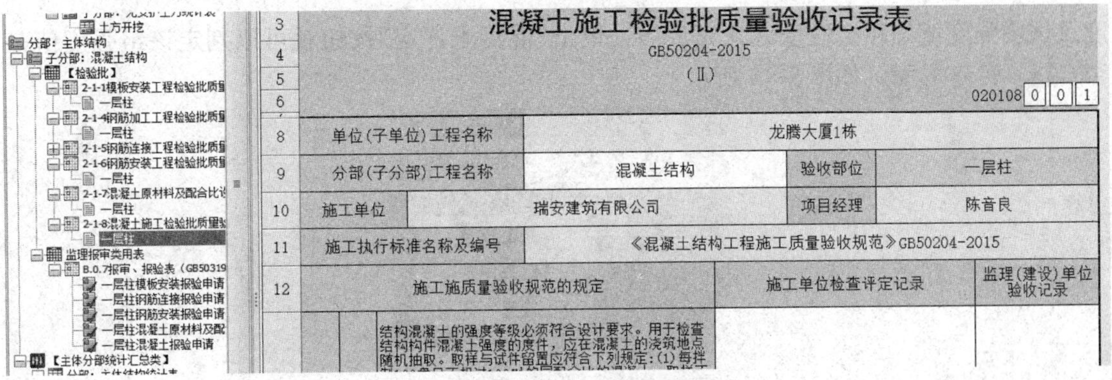

图 7-12 检验批表格编辑界面

(2) 自动导入表头信息。新建工程时输入的表头信息已经自动导入，无须手动填写，如图 7-13 所示。

单位(子单位)工程名称		龙腾大厦1栋		
分部(子分部)工程名称		混凝土结构	验收部位	一层柱
施工单位		瑞安建筑有限公司	项目经理	陈音良
施工执行标准名称及编号		《混凝土结构工程施工质量验收规范》GB50204-2015		

图 7-13 自动导入表头界面

(3) 学习数据生成。对于有多选的实测项目，首先选中单元格中勾选下拉框，再单击表格编辑条上的数据生成按钮，此时对应单元格中会出现相应的学习数据内容，并自动生成一般项目超偏数据，打上超偏符号△，如图 7-14 所示。

(4) 评定。填写好的实测数据需要进行评定，单击如图 7-15 所示的表格编辑条上的"评定"按钮，选择"施工单位评定"，系统给出评定结果；混凝土评定时，在用户把试块设计强

· 203 ·

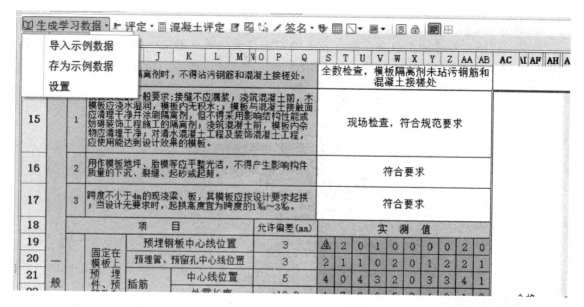

图 7-14 学习数据生成界面

度及试块强度值等相关信息输入完成后,单击"混凝土评定"按钮就可以判定该组强度值是否合格。评定界面,如图 7-15 所示。

图 7-15 评定界面

6. 表格打印

当所有表格编辑完以后,要打印输出。如果我们要打印单表,可以直接单击"快速打印",如图 7-16 所示,无须设置,直接打印输出,是否打印成功可以查看软件的状态栏显示信息。也可以在"快速打印"的下拉菜单中单击"批量打印",在打印管理中进行打印类别的选择,如图 7-17 所示。

图 7-16 快速打印选项

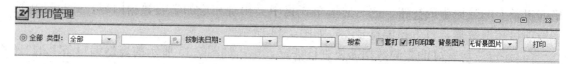

图 7-17 打印管理

7. 工程菜单栏介绍

(1)工程下拉菜单，如图 7-18 所示。

1)新建工程：当需要按不同模板创建工程的时候请单击此按钮。

2)打开：可以打开保存在不同目录、不同存储设备中的工程文件。

3)保存：可以批量保存当前正在编辑的所有表格。

4)导出：将当前工程导出为 Excel 或 Word 格式文档。

5)导入：将其他工程导入本电脑。

6)备份：对当前操作工程状态进行备份。

7)恢复：对备份过的工程进行恢复。

8)用户管理：自由设置用户，满足多样的软件编制需要。

9)退出：退出本系统。

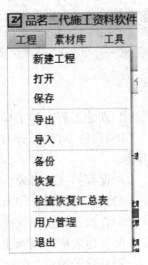

图 7-18　工程下拉菜单

(2)素材库下拉菜单，如图 7-19 所示。

1)国家规范：里面有针对现场施工及资料编制的相关规范，可以进行预览及打印。

2)技术交底：大量的技术交底素材，涉及整个施工过程，可以对其进行再编辑及打印。

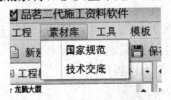

图 7-19　素材库下拉菜单

(3)工具下拉菜单，如图 7-20 所示。

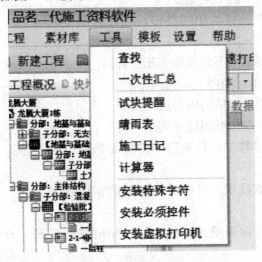

图 7-20　工具下拉菜单

1)查找：对工程或模板中的表格进行查找、替换、定位。

2)晴雨表：自动生成当天的气象信息，并且可以打印当月的气象信息（Word 格式）。

(4)主工具栏，如图 7-21 所示。

图 7-21　主工具栏

1)新建工程：为工程进行新建的第一步操作。

2)打开：可以打开移动设备及电脑其他位置保存的工程，也可以在下拉选项中直接切换。

3)保存：在编辑表格的过程中，可以随时单击保存按钮对输入内容进行保存。

4)预览：表格打印前预览。

5)查找：对工程或模板中的表格进行查找、替换、定位。

6)新建表格：该新建表格界面中包括整个模板的所有节点。

7)新建子单位：当有多个单位工程时，可以通过该按钮来增加单位工程来实现同步。

8)同步设置：在该设置中，可以通过勾选来选择工程是否同步。

9)试块提醒：输入相应的试块信息，程序会根据信息来判断标养、同条件是否达到送检要求，及时提醒用户。

10)施工日记：当天施工情况的填写工具，自动生成当天气象信息，同时，也可以根据地方要求来制作新的施工日记样式，导入后作为模板使用。

图 7-22　工程目录操作栏

(5)工程目录操作栏，如图 7-22 所示。

1)工程概况：对当前工程概况进行更新。

2)快增加：对检验批类表格进行批量复制。

3)删除：对工程目录中的节点删除。

4)上移、下移：跟节点移动功能类似，对表格的排列顺序调整。

5)报审表切换：不同标准下的报审表相互切换。

(6)表格编辑右键菜单，如图 7-23 所示。

1)复制：对当前选中单元格的内容进行复制。

2)粘贴：将复制的内容粘贴到选中的单元格。

3)按单元格生成学习数据：只对选中的单元格进行学习数据生成。

4)学习数据小数位数设置：可以对生成的数据设置保留的小数位数。

5)单元格设置：可以设置单元格的类型，如是数值型或者是文本型。

6)行高、列宽：对当前选中的行列进行高度、长宽调整。

7)显示行标和列标：显示所有的行标和列标，行以数字 1、2、3 顺序排序，列根据字母 A、B、C 顺序排序。

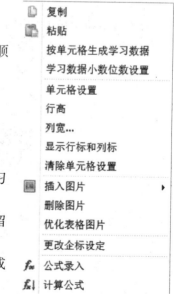

图 7-23　表格编辑右键菜单

8)清除单元格设置:清除选中单元格设置的公式、格式等。
9)插入图片:插入各种类型的图片,介绍如下:
①可编辑式粘贴,适用于粘贴各种AUTOCAD版本的图片。
②截取图片,可以随意截取当前选中单元格范围的图片。
③直接插入BMP、JPG等常见图片格式的文件。
④直接插入用AUTOCAD软件保存的文件。
⑤插入用品茗画图程序绘制的图片。
⑥调用操作系统画图板,并用画图板保存所绘制的图片。
10)删除图片:删除当前单元格中的图片。
11)清除表格图片:清除当前单元格所包含的所有图片。
12)更改企标设定:针对需要配置企业标准的用户自由设置检验批上、下限。
13)公式录入:自由用平台所提供的函数配置公式。
14)计算公式:对当期表格配置好的公式进行计算。
15)清空公式:清空当前所选单元格的公式。

任务练习

1. 打开品茗软件后,第一步为(　　)。
   A. 新建工程　　　B. 新建子单位工程　C. 新建表格　　　D. 评定
2. 选择新建表格,在新建表格窗体中,我们先选择要创建的(　　)。
   A. 分部　　　　　B. 子分部　　　　　C. 分项　　　　　D. 子单位
3. 在品茗软件中输入的文字不能完全显示时,应单击(　　)。
   A. 居中　　　　　B. 删除行　　　　　C. 折行显示　　　D. 合并单元格
4. 批量修改品茗软件中黄色底色部分的内容,应在(　　)处修改。
   A. 工程概况　　　B. 素材库　　　　　C. 模板区　　　　D. 示例工程
5. 根据介绍的品茗资料管理软件,练习基本操作功能,完成建筑工程全过程的资料填写工作。

任务总结

能够熟练运用资料管理软件管理建筑工程资料是当前建筑行业对资料员的基本要求,品茗资料管理软件表格齐全,使用简单,功能强大,能快速实现表格填写、打印输出、多类型汇总统计、资料表格库管理(修改、添加模板文件)、工程备份/恢复等操作,能够满足不同项目的资料管理需求。

巩固训练

一、简答题

1. 建筑工程资料管理信息化建设的意义是什么?

2. 建筑工程资料管理软件有哪些特点？

二、案例操作题

2017年3月10日，施工现场进行第22楼主体结构梁、板、柱、墙混凝土的浇筑。当日21时30分开盘浇筑，施工单位到场人员分别为：项目经理李某、质检员黄某、施工员张某、安全员雷某、电工范某。混凝土于次日早晨6时50分浇筑完毕，一共使用罐车30辆，塔式起重机一台，地泵一套。浇筑的过程中，在监理员的见证下，进行了混凝土试件的取样，并进行了封存。在浇筑的过程中发现如下问题：(1)混凝土坍落度过小；(2)混凝土运输至现场时间超过45 min；(3)现场浇筑过程中工人踩踏钢筋严重，导致部分钢筋偏位；(4)混凝土浇筑过程中发现部分梁模底模漏浆严重；(5)现场塔式起重机探照灯光线过强，容易导致附近居民投诉。

根据上述案例，用品茗资料管理软件编写混凝土施工记录、施工日志及旁站监理记录。

三、实训案例

【实训案例背景】

项目概况

工程名称：龙跃大厦

建设单位：龙旺房地产开发有限公司

建设单位甲方代表：丁金鑫

施工单位：瑞安建筑有限公司

项目经理：陈音良

监理单位：宏达监理咨询有限公司

总监理工程师：沈天飞

工程地址：通安市龙腾大道3号

建筑面积：30 000 m²

重庆版资料软件
5.0操作视频

施工过程

建设单位于2016年7月10日组织参加各方进行设计交底及图纸会审，图纸会审中的相关意见已经落实。总监理工程师沈天飞(注册号：4400629)在开工前组织监理机构成员开展了施工准备工作的审核，核查施工单位现场质量管理、安全生产管理体系的建立，施工管理及劳务人员、施工机械及工程材料进场情况；施工现场道路及施工用水、用电、通信办公临时设施完成情况。并组织专业监理工程师参加了设计交底和图纸会审，审核了施工组织设计。施工单位于2016年7月17日向监理单位提出开工申请，项目监理部于7月19日认可施工单位完成施工准备，具有开工条件后，同意送建设单位于7月20日审批同意"工程开工报审表"后，项目监理部于7月21日签发工程开工令。

2016年8月3日，进场了由重钢生产的30 t钢筋，炉号为D3－855，施工项目部管理人员张宏按规范要求检查了该批钢筋的进场合格证(编号为：5000219)、出场检验报告，并在监理工程师的见证下进行了抽样复试(试验编号为：2005－3654)。其后，该批钢筋用于本工程地下室及地上一层至六层的梁板柱施工。

在征得建设单位同意(合同条款12.1)后，总承包单位拟将门窗安装工程分包给重庆瑞凯建筑有限公司，分包工程合同额为260万元，总包单位将分包单位资质报送项目监理机构审核。

2016年11月3日，专业监理工程师陈路在现场巡视检查过程中发现，外脚手架密目网封闭不严，有漏洞；且施工现场有个别施工人员未佩戴安全帽或系安全带。据此，监理机构于8月3日发出监理通知单，要求施工项目部进行整改，施工项目部整改后于8月5日报监理机构复查。

2016年12月30日，5层梁、板钢筋安装在施工单位自检合格后通知监理工程师进行了该处钢筋隐蔽工程验收，监理工程师检查合格允许进行下一步施工，施工单位已于1月3日提出混凝土浇筑申请，并已通过建设单位、施工单位、监理三方确认，同意于2017年1月6日9时~20时进行混凝土浇筑，各项准备工作已准备就绪。

监理机构委派专业监理工程师黄大明到场旁站，施工单位在浇筑前已用自来水润湿整个模版，现场管理人员王诚已到，钢筋工2人，木工2人，混凝土工12人已到，泵车、振动棒、坍落度筒已备好，见证取样标准养护试块和同条件养护试块各两组，整个浇筑方法符合施工方案的要求。建立过程中发现少数混凝土工随意踩踏板面钢筋。

其后，施工单位于2017年2月4日提出混凝土拆模申请。

按施工合同专用合同条款第12.4条约定，主体结构验收工作完成后，建设单位应在2017年3月30日前支付该工程主体结构的工程款，施工单位申报款项为29 213 421元，专业监理工程师审查后的施工单位应得款项为29 102 352元，应扣款项为188 236元。施工单位于2017年3月19日向建设单位提出支付基础工程分部部分工程款的申请，建设单位审批后，总监理工程师于3月21日签发工程款支付证书。

2016年7月1日，施工单位已完成施工合同所约定的所有工程量，并完成自检工作，工程验收资料已整理完毕，向项目监理机构提出竣工验收申请。项目监理机构对本工程进行了预验收工作：单位(子单位)工程质量竣工验收记录完整；单位(子单位)工程质量资料核查记录完整；单位(子单位)工程安全和功能检验资料核查及主要功能抽查记录完整；单位(子单位)工程观感质量检查记录完整。

【练习】请使用品茗资料管理软件完成施工单位相应表格填写。

施工资料相关表格

参 考 文 献

[1] 中华人民共和国住房和城乡建设部.GB/T 50319—2013 建设工程监理规范[S].北京：中国建筑工业出版社，2013.

[2] 中华人民共和国住房和城乡建设部.GB/T 50328—2014 建设工程文件归档规范[S].北京：中国建筑工业出版社，2014.

[3] 中华人民共和国住房和城乡建设部.GB 50300—2013 建筑工程施工质量统一验收标准[S].北京：中国建筑工业出版社，2013.

[4] 中华人民共和国住房和城乡建设部.JGJ/T 185—2009 建筑工程资料管理规程[S].北京：中国建筑工业出版社，2009.

[5] 中华人民共和国建设部.GB/T 50326—2007 建设工程项目管理规范[S].北京：中国建筑工业出版社，2006.

[6] 重庆市建委.DBJ 50—129—2011 重庆市建设工程档案编制验收标准[S].重庆：重庆市城市建设档案馆，2011.

[7] 单明荟，李传红，周本能.建筑工程资料管理[M].北京：理工大学出版社，2016.

[8] 陈年和.建筑工程竣工验收与资料管理[M].北京：中国建筑工业出版社，2010.

[9] 资料员一本通编委会.建筑施工现场管理人员一本通系列丛书：资料员一本通[M].北京：中国建材工业出版社，2010.

[10] 刘宏敏.建筑工程资料管理[M].北京：机械工业出版社，2013.

[11] 赵虹.建筑工程资料管理[M].北京：北京理工大学出版社，2012.

[12] 廖奇云.重庆市建筑工程施工技术资料编写手册[M].重庆：重庆出版社，2012.